紹興大典

史部

紹興縣志資料

5

中華書局

紹興縣志資料

第一輯

疆域及沿革　山川　道路　雨量及温度
田賦
司法

李生翁題

中華民國二十八年一月

紹興縣修志委員會刊

紹興縣志資料第一輯第十冊目錄

此册原擬分兩册尚有蠲卹捐税預算軍警四類亦經編就徒以印刷裝釘不能迅捷故將已印成者合爲一册冀早日傳布而已至編輯之蕪雜亦以怱率之故而裕更衰敝實甚力既不足又不容中道而廢寧受大雅唾責而已　編者王世裕識

紹興縣志資料第一輯

疆域

本縣自清末山會兩縣合併即以兩縣之彊域爲彊域無所變動惟有瀝海所劃界一案而已故資料極少

紹興縣之經界

錄二十七年紹興縣政公報

東境與上虞縣境毗連上虞在東紹興居西兩縣之南均與嵊縣接壤其起點爲三界鎮即上虞嵊縣紹興三縣交界處也自南至北經方邱橋石隴山折東北入曹娥江又過羅村山龍會山鳳凰山而至曹娥劃江爲界沿江自百官鎮折西北流至紹興新埠頭對江再向東北而至瀝海所城由城之東過前邵中邵後邵北向至纂風寺大塘以外再東西分徑至瀝海所城內則自東徂西以東門至西門大街爲標準北部屬紹南部屬上虞

東南境與嵊縣毗連兩縣交界處自會安橋起沿水口山高地登東山坪橋山諸山頂至白雲山頂折下過後山頂經鳥灣山達石山分水嶺止西北部分屬嵊縣東南部分屬紹興並於會安橋白雲山及石山均各設置界標自會安橋以北之天然河流分界因界址分明不再設置界標又自獅子山起沿龍塝山折上過大奇山分水線至界址嶺右山而達石山分水嶺止於獅子山大奇山石山均有界標設置自石山經湖寺嶺[illegible]宅達王城止獅子山至大奇山東北部屬紹西南部屬嵊自大奇山至王城西部屬紹興東部屬嵊縣

西南境與諸暨縣東北境毗連南自駱家尖起經上谷嶺向北沿界山崗過駐日嶺至華尖越龍潭崗鹿頭崗折西北沿作丹崗之南越花塢嶺古博嶺躍渡江山至金松嶺再越折西北蜿蜒經蘭嶺苦竹嶺關口山穿茅陽嶺過涼帽山跨銅井山南頂均憑最高山脈分水爲界線又經一字崗上甘嶺巧溪嶺均以崗之南北分界自北經蠡斯嶺西折至輝金山又依山崗之分水向西直下至四眼塘再自四眼塘至蘭豆角迤西迄浦陽江畔之金霔浦閘止則以橫大路爲界

西北境與蕭山縣境毗連自紹蕭諸三縣交界之金霔浦閘爲起點沿浦陽江流域分東西界線向北曲折流經浮橋順流經洪家莊許家莊之東至中沙渡河兜直至臨浦鎮之大廟廟以西爲蕭山縣界廟以東爲紹興縣界沿街路落北順河流至鐵路橋向東南過烏石橋到茅山閘之東穿塘入河往東到麻溪壩即以西小江流域爲天然分界直北向西經張家橋西橋至美施閘再向東經大浜橋落北至安橋向西至三叉河口再向東經汀豆頭至所前市裕通橋蜿蜒至鳳鳴橋順流至陳孚堰之南經田家灣落北而至魚林關之保安橋順西小江曲折至張吳渡經楊汛橋折而東經錢清鎮過西河頭越興橋折東北過泰支橋至新田村直北至三祇庵越北海大塘順塘下高灣西下至東橋向東直至太平橋過中流界繞陰山地以北過東直至越家灣之尾爲終點

東北境與海寧縣接界由海寧尖山直出至蕭山與紹興交界之杭州灣中心起依水勢中流向東至海甯鳳凰山直對暴風寺之杭州灣中心

止以江水中流爲界杭州灣北半部屬海甯南半部屬紹興

紹興縣之面積 錄二十七年紹興縣政公報

類別	方里	舊畝
平地	二・六三四	一・四二二・三三五
山地	二・六三四	一・四二二・三三五
道路	一一	五・九四〇
河湖	三六	一七〇・六三七
沙塗	一七九	九六・六五八
海灣	五〇五	二七二・六九五
總面積	六・二七九	三・三九〇・六〇〇

說明

一、表列數字係根據本省陸地測量局所測成之地形圖計算

一、面積計算係根據十六年九月中央公布一萬方公尺等於一六畝二七六卽三三一七七六方公尺爲一方里合五三九畝九九強

一、方里及畝數概以整數計之整數以下從略

一、道路面積係汽車道大道等所佔有之面積小徑面積不計在內

一、海灣面積之界限以我國領海權尚未確定故僅算至最外島嶼爲止

紹興上虞兩縣劃定瀝海所縣界呈民政廳文 二十五年五月

案查紹上兩縣管轄之舊瀝海所城原有縣界爲自城西南角至東北角取對角線虛擬管轄不明嗣以戶口複雜辦理自治諸多窒礙曾於十九年度由省府一再派員查勘釐訂界線准以城東門至西門大街爲界南部劃歸上虞北部劃歸紹興經二十三年二月初由紹上兩縣政府檢具劃圖會呈鈞廳層轉核示並於是年四月九日奉省政府民字第一〇七號訓令准內政部民字第四九二號咨奉行政院第八四八號指令准予備案在案祇以原送圖說方向南北註錯現經兼縣長揚靈派第一科主任科員袁飛翰疆界調查員陳立縣長大訓派疆界調查員孫繼緒前往瀝海所地方會同就地鄉鎮長邵作霖傳立松開勘界談話會議決一瀝海城區界限依據十九年份勘定界線以東西城門對穿大街爲界北部屬紹南部屬上二原有圖說方向南北註錯由紹上兩縣會銜呈廳更正並會示周知三自民國二十五年五月一日起確定界限行政司法等事宜均依照十九年份劃定界限歸轉辦理等語紀錄在卷除准予照辦並會銜布告外理合將派員履勘應予更正情形連同勘界談話會錄一份呈請鑒核准予層轉備案實爲公便

三吳說 見清烏程董斯張遐周吳興備志〔附錄〕

三吳之說世末有定論十道四蕃志以吳郡及丹陽吳興爲三吳又以義興吳興及吳爲三吳元和郡國圖經同前說水經注云漢陽羨周嘉上

晉以縣遠赴會至難求得分置遂以浙江西爲吳東爲會稽後分爲三曰三吳吳興吳郡會稽其一焉按晉書成帝咸和三年蘇峻反吳興太守虞潭與庾冰王舒起義兵於三吳時冰爲吳郡太守舒爲會稽太守又孫恩攻陷會稽劉牢之遣將桓寶率師救三吳又陶回爲吳興太守年饑穀貴三吳尤甚回開倉振之一境獲全詔會稽吳郡依回振恤據此則吳郡與吳興會稽三郡爲三吳甚明又虞潭傳蘇峻反潭爲吳興太守詔加潭督三吳晉陵宣城義興五郡事又寧康二年太后詔曰三吳奧壤水旱併臻宜時拯恤三吳義興晉陵及會稽遭水之縣全除一年租據此則義興固此三吳之外而太后之詔會稽亦復在三吳之外豈一時稱謂未有定說抑史文自有詳簡差互耶或云虞潭所督三吳晉陵宣城吳興計六郡而稱五郡潭自爲吳興太守奚增督五郡蓋丹陽其一也又以太后詔攷之則會稽決不在三吳之數桓寶救三吳者以孫恩旣陷會稽遂逼吳中故云今當以十道四蕃志及郡國志別說爲正（范成大吳郡志）

紹興縣經緯度

（一）山陰縣三十度五分三秒偏度東四度四分會稽縣同（錄浙江續通志稿經緯度里度〔原註〕依張作楠揣籥小錄中度里補以丁取忠度里表爲得其全）

（二）經度　一二〇度二八分〇秒二　緯度三〇度〇分一八秒八　依杭州府舊藩署紫薇園水準原點推算至紹興府山

按赤道周爲三百六十度每度等分六十分每分等分六十秒海里一里卽赤道周之一分據數理精蘊所載在天一度在地二百里〔華里〕則每海里爲華里三里又三分里之一適相脗合（錄二十七年紹興縣政公報）

吳越分野　明周述學撰　見後村周氏淵源錄（附錄）

紹興府領八縣隸浙江布政司疆域不及古會稽十之一所分天度無幾所干災祥甚微當以吳越通占况斗牛二宿同在星紀一次闔輿之中亦不宜分論惟風雲物氣乃一郡所發庶可以專視也今清類以辰次配野丑爲吳越分屬揚州一行以爲在地江河之精氣在天爲雲漢地有南北河雲漢亦分兩派南戒自嶺徼達於甌閩爲南紀江源自南紀之首循梁州南徼達華陽與地絡相會並行而東流謂之南河揚州吳越當南河之末流斗牛當雲漢之南派故星紀應揚州吳越之分南斗當淮海間牽牛去南河寖遠自豫章抵會稽南逾嶺徼訖蒼梧南海爲越分清辰次躔度亦道起虛六度外爲的黃道自斗三度至女一度爲星紀之次仍元守敬以弧矢定也考班固自斗十一度至婺女七度費直分斗十度至女六度蔡邕分斗六度至女二度晉天文志自南斗十二度至須女七度一行初南斗九度中南斗二十四度中女四度其分躔次之殊者以古辰次與節氣相係各据當時歷數與歲差之變也据以南斗爲吳分則廣陵當屬斗而晉志以屬牛入牽牛爲越分則豫章當屬牛而晉志以屬斗十据清類斗三度入丑則斗一度在燕不得屬九江女二度入子則女六度在齊不得以屬六安非惟躔度分次之失而宿度配郡亦訛

故惟据一行之配野守敬之分次則分野之論定矣其經星分野紫微垣外北斗七星据石氏第四星主吳春秋文曜鉤以會稽於北斗七星屬權星据東漢天文志第六星主揚州常以五巳日候丁巳日爲吳郡會稽太微垣外三台六星春秋元命苞以上台下星主荆揚天市垣二十二星宋兩朝天文志東南第六星爲吳越南斗六星第二星主會稽建星在吳越分所主經始之謀女宿南十二諸國十六星周天全度入牛宿七度去北極一百二十三度爲越星畢宿北五車五星列星度數以東南一星爲司空主楚越其緯星分野木星据精義以南方熒惑丙丁吳楚史記天官書吳分於五行屬火亦相同也其十干分野淮南子甲齊乙東夷若以甲乙俱屬華則甲爲齊魯乙爲吳越天官書以吳越分其曰屬丁其十二支分野据精義寅卯屬東方木卯爲吳越淮南子以戌爲吳分其九宮八卦分野按河圖四宮巽屬東南屬吳越經星惟斗牛其餘各星僅備參驗而已緯星以木爲主以火爲輔天干以嶺微之內屬乙而外爲屬丁支辰以屬卯爲得正又爲屬戌者取其合也其宮卦則重於加照

（原書下闕）

謹按霞嶼公封常言少時族中有傳雲淵子奇門法者取亂石布爲局引大雄雞從死門入則雞伏不動引至生門則長鳴而去時欲學而未果今其傳絕矣公一名玉虬善畫純用中鋒初學王叔明中年筆墨一變淡寂淵勁入爭重之家貧僅蓄一古琴唐貞觀時物今尚存又酷好太乙奇門六壬等術游幕所至徧求神道大編惟得華羅五星數種不能多也蓋此編卷帙浩繁未有刻本勢必至於散佚黃黎洲先生傳云甲戌余邂逅其諸孫周仲見雲淵子神道大編數十册册皆方廣二尺餘仲言遺書多失去此不能十之一二復見其地理圖縱八尺橫二丈畫方以界遠近每方百里唐呂溫所序無以過丙戌亂後於故書鋪中得中經測圖地理數種丙午見其歷宗通議而後知邢雲路律歷考皆雲淵之說掩爲己有也後遇仲之諸子問以遺書所存惟算學耳在梨洲先生與霞嶼公時已流傳無幾迄今又百數十年宜其散佚益甚矣玆特摘錄數首嘗鼎一臠亦可知味云又地理圖李公亨特修紹興府志時曾有人見之云藏於山陰某家不甚寶貴意欲廉價求售訪之而其人已攜此遠出想輾轉移易歸於烏有而有心者卒不得一見惜哉

沿革

本縣沿革悉詳舊志今取新採訪者數則錄之

紹興縣之沿革

錄二十七年紹興縣政公報

禹貢	揚州之域於越國地
春秋	越王勾踐都
戰國	屬楚

秦		二十五年置山陰縣屬會稽郡
漢		因秦制
後漢		永建四年爲會稽郡治
晉		仍後漢制
前五代	宋	仍晉制
	齊	仍宋制
	梁	仍齊制
	陳	會稽郡治析置會稽縣
	隋	開皇九年廢郡治入會稽縣
唐		武德七年復置爲越州治八年省垂拱二年復置大歷二年省七年復置元和七年省十年復置
後五代	梁	越州治
	唐	仍梁制
	晉	仍唐制
	漢	仍晉制
	周	仍漢制
宋		紹興元年爲紹興府治
元		至元十三年爲紹興路治

明	紹興府治
清	爲紹興府治分置山陰會稽兩縣宣統三年七月廢縣存府
民國	改紹興縣屬會稽道十六年廢道制二十五年設行政督察專員制屬第三區

會稽郡吳郡分治考　錄漢書地理志校注　見徐維則越中文獻輯錄（附錄）

家兄穀塍曰地理志當如表式分上下方而旁行書之疆界井然可見會稽郡即其例也紹蘭按續漢書律歷志推入蔀術一條分爲四格第一天紀歲名自甲子癸卯以後第二地紀歲名自庚辰丙申以後第三人紀歲名自庚子丙辰以後第四蔀首自庚申一丙子二以後皆旁行如表式又黃道去極一條分爲八格第一二十四氣第二日所在第三黃道去極第四晷景第五晝漏刻第六夜漏刻第七昏中星第八旦中星亦皆旁行如表式此知有表式之證也它如後漢書馬武傳後載圖畫二十八將及王常李通竇融卓茂合三十二人於南宮雲臺今本一行平列名位參差薛士龍取其文相間者分作兩排讀之然後次第秩然逸周書謚法解盧氏召弓謂亦分作兩重墨子經上曰讀此書旁行正無非皆此例矣今依式列之於左

吳（郡治）
曲阿（今鎮江府丹陽縣）
毗陵（今常州府）
陽羨（今常州府宜興縣）
無錫（今常州府無錫縣）
丹徒（今鎮江府丹徒縣）
婁（今蘇州府崑山縣）
由拳（今嘉興府）
海鹽（今嘉興府海鹽縣）
烏程（今湖州府烏程縣）
餘杭（今杭州府餘杭縣）
錢唐（西部都尉治今杭州府錢唐縣）

烏傷（今金華府義烏縣）
餘暨（今紹興府蕭山縣）
諸暨（今紹興府諸暨縣）
山陰（今紹興府山陰縣）
餘姚（今紹興府餘姚縣）
上虞（今紹興府上虞縣）
剡（今紹興府嵊縣）
太末（今衢州府西安龍游等縣）
句章（今寧波府鄞及慈谿等縣）
鄮（今寧波府鄞及奉化等縣）
鄞（今寧波府鄞縣）

富春（今杭州府富陽縣）　　治（今浙閩濱海等縣　治志譌治據宋書州郡志訂正）

回浦（東部都尉治東志譌南據太平御覽訂正今寧波台州二府皆有其地）

按漢吳縣爲會稽郡治居首故列上方而別自爲行漢回浦縣爲東部都尉治居末故列下方亦別自爲行其上方之曲阿毗陵陽羨無錫丹徒婁今隸江蘇在大江以南海鹽由拳烏程餘杭錢唐富春今隸浙江在浙以西當漢時則太守統轄之其武職並爲西部都尉所掌也下方之烏傷餘暨諸暨山陰餘姚上虞剡太末句章鄞鄮今隸浙江在浙以東治則閩浙沿海之地北自鎭海南至同安當漢時亦太守統轄之其武職並爲東部都尉所掌也（漢書閩粵王傳稱漢立無諸爲閩粵王王閩中故地都冶又立搖爲東海王都東甌海內南經甌居海中閩在海中敦璞注謂臨海永寧縣卽東甌閩越卽西甌漢書楊雄傳東南一尉孟康謂卽會稽東郡都尉吳志虞翻傳注引會稽典錄元鼎五年除東越因以其地爲冶立東部都尉後徙章安續志章安故冶是閩中有冶東甌亦有冶也甌閩並在歧海中元鼎中設東部都尉其治在回浦今志回浦下譌作南部據孟康注及典錄皆稱東部與御覽所引志文正合會稽南部之名吳時始見殆非漢制詳見冶縣及回浦下）漢志分別部居不相雜厠今本置書參差幾不可讀由會稽一郡推之其它郡可知而次第之淩獵蓋又有甚焉者矣

曼壽謹按後漢書順帝紀永建四年分會稽爲吳郡吳志虞翻傳注引會稽典錄曰永建四年劉府君上書浙江之北以爲吳郡會稽還治山陰太平御覽（卷一百七十一）引輿地記曰順帝時陽羨人周嘉上書請分浙江西爲吳郡東爲會稽郡今考續志會稽郡所屬正如前志之下方吳郡所屬正如前志之上方益知志有表式茲亦依式列之於左

會稽郡	吳郡
山陰	吳
鄮	海鹽
烏傷	烏程
諸暨	餘杭
餘暨	毗陵
太末	丹徒
上虞	曲阿
剡	由拳
餘姚	安（養新錄曰疑卽婁之壞字因婁譌爲安校書家疑有脫漏又增婁

句章

鄞

章安（故冶閩越地光武更名）

永寧（永和三年以章安縣東甌鄉爲縣）

東部（今温州府輿地志曰永嘉郡本會稽東部地）

於無錫下并改十二城爲十三）

富春

陽羨

無錫

婁（饔新錄曰監本無婁字卽新邦本依宋本增之其實宋本未必是監本未必非也）

曼壽謹按續志章安下劉昭注引晉元康記曰本鄞縣南之回浦鄉章帝章和元年立未詳蓋謂章安本回浦鄉而志云故冶閩越地本章帝置而志云光武更名故引元康記以疑之曰未詳（元康宋書州郡志十道志並作太康）今考前書錢唐下云西部都尉治回浦下云南部都尉治南部御覽引作東部典錄亦言東部東部正與西部對文（宋書州郡志東陽太守本會稽西部都尉臨海太守本會稽東部都尉此吳時制也亦東部西部相對立文之證更知南部之譌矣）漢制郡有都尉（漢書百官公卿表郡尉秦官掌佐守典武職甲卒秩比二千石景帝中二年更名都尉）兹取續志區以別之列於上方之會稽郡自山陰至東部其武職皆東部都尉所掌列於下方之吳郡自吳至婁其武職皆西部都尉所掌條理分明一覽可曉是知前書之冶據東部當分屬閩甌續志之章安據故冶當附近回浦司馬彪言故冶甚明言越地則混（師古亦仍其誤）蓋不知南部當爲東部東部兼典甌閩故有此說以致劉昭之疑也

紹興縣志資料第一輯

山川

山陰會稽兩縣水陸道里記錄浙江水陸道里記

山陰縣沿革

禹貢揚州之域於越國地春秋越王句踐都戰國屬楚秦二十五年置山陰縣屬會稽郡漢因之後漢永建四年爲會稽郡治晉以後因之隋開皇九年平陳廢入會稽縣唐武德七年復置爲越州治八年省垂拱二年復置大歷二年省七年復置元和七年省十年復置五代因之宋紹興元年爲紹興府治元至元十三年爲紹興路治明爲紹興府治清因之

山陰水路道里記

浦陽江

經流

金霪浦前　浦陽江自諸暨縣流至此入境又西北流至石浦橋西二里三分水深八尺面闊三十丈金霪浦迤西北與蕭山縣分水以下皆同

小滿村　自石浦橋西首北流折而西又折而東至此二里九分水深一丈面闊三十五丈

匯頭鐘村　自小滿村西流至此四里水深八尺面闊三十丈

浮橋　自匯頭鐘村北流折而西至此八里五分水深一丈二尺面闊三十三丈

沈家渡村　自浮橋曲曲北流至此五里八分水深一丈四尺面闊三十五丈

新閘口　自沈家渡村北流折而西又折而東至此八里四分水深一丈五尺面闊三十七丈由天樂溪過貓山閘出新閘自東來注之

臨浦鎮　自新閘口北流折而西至此一里九分水深一丈二尺面闊四十丈與蕭山縣分界

運河

經流

錢清鎮錢清橋西首　運河自蕭山縣流至此入境又南少東流越西小江至南錢清村五里水深五尺面闊二丈八尺有鑑湖支水自南來注之

行義橋　自南錢清村東南流至此二里水深五尺七寸面闊三丈三尺

太平橋　自行義橋東南流至此四里九分水深九尺面闊十三丈北通大畈蕩

柯橋鎮　自太平橋東南流至此四里九分水深一丈一尺面闊八丈

梅墅大橋　自柯橋鎮東南流至此五里五分水深五尺面闊三丈五尺北有瓜渚湖面積八里周十里

高橋　自梅墅大橋東南流至此六里水深四尺一寸面闊四丈一尺有魚瀆大港水自西南來注之

霞川橋　自高橋東南流至此三里七分水深一丈二尺面闊三丈有青電湖水自南來注之

西郭門　自霞川橋東南流至此四里七分

北海橋　自西郭門入城東南流至此一里二分

大江橋　自北海橋東南流至此二里二分有鑑湖自南來會之見後又東流一里一分至探花橋與會稽運河合流入銅盤湖港水深九尺面闊五丈大江橋迤東至探花橋與會稽縣分水

銅盤湖港

經流

探花橋　銅盤湖港自此承運河之水東北流出昌安門至昌望橋五里探花橋至昌安門與會稽分水

桶盤湖　自昌望橋北流至此三里五分

黃莊漊橋　自桶盤湖北流至此三里七分西南有上灘港縱三里橫四分深九尺

傅林大橋　自黃莊漊橋北流至此二里八分水深八尺面闊十丈

斗門市東老閘頭　自傅林大橋北流至此六里二分水深七尺面闊三丈二尺有狹猻湖自西南來會之湖周十五里面積二十五里又北流八分至港口與西小江會

西小江（一名錢清江）

經流

古萬安橋西南　西小江自蕭山縣流至此入境又東北流折而北至所橋四里一分（水深一丈四尺面闊十四丈三尺古萬安橋迤東北與蕭山縣分水以下至宏濟橋相同）

鳳仙橋　自所橋西北流折而東北至此五里二分強（水深一丈九尺面闊十八丈五尺）

漁臨橋　自鳳仙橋曲曲東北流至此六里二分（水深一丈一尺面闊二十八丈四尺）

江橋　自漁臨橋東北曲曲流至此十三里七分強（水深一丈三尺面闊四十八丈）

永濟橋　自江橋東北流至此三里（水深七丈三尺面闊四十七丈八尺）

羅山橋　自永濟橋北流折而東至此三里八分強（水深一丈四尺面闊四十六丈）

臨江大橋　自羅山橋北流折而東至此八里八分弱（水深一丈三尺面闊四十六丈）

會源橋　自臨江大橋東流折而南至此二里八分弱（水深一丈四尺面闊四十八丈）

宏濟橋前　自會源橋東南流至此七里八分弱（水深一丈四尺面闊四十六丈五尺有西溪自南少西來會之）

錢清鎮（錢清橋西）　自宏濟橋前東南越蕭山境混運河之水至此一里七分（此段全入蕭山縣界錢清橋西首迤東仍入本境與蕭山縣分水以下至永安橋皆同）

袁家橋前　自錢淸橋西首東少南流至此二里七分

隆興橋　自袁家橋前南流折而東至此四里七分（水深五尺五寸面闊五丈九尺）

西莊村西　自隆興橋東流折而北至此六里四分弱（水深四尺二寸面闊二丈三尺）

永安橋　自西莊村西首北流迤東過通明橋至此四里三分

安昌鎮（金家橋）　自永安橋東少南流至此五里（水深五尺面闊二丈五尺）

馬迴橋北　自金家橋東少南曲曲流至此六里二分（水深八尺面闊五丈）

潁川橋　自馬迴橋北首東流過下方橋市至此五里五分（水深一丈面闊五丈）

裕港村　自潁川橋北流至此三里

連山橋　自裕港村曲曲東少南流至此六里五分

夾蓬閘　自連山橋東南流至此二里八分（水深七尺面闊二丈）

港口　自夾蓬閘東南流至此五里（有銅盤湖港自南來會之見前）

三江閘　自港口東流至此三里五分强入海

枝流（西溪）

雞頭山　西溪自此發源西北流至毛婆溪村五里五分

大樹下村　自毛婆溪村東北流至此六里弱水深一尺面闊六尺

銅溪村　自大樹下村東北流折而西北至此三里五分弱水深四尺面闊九尺

巧溪口　自銅溪村西北曲曲流至此六里弱有巧溪自西南來注之

白栗山麓　自巧溪口北流少西至此六里弱水深四尺五寸面闊一丈一尺

夏履橋市　自白栗山麓西少北流至此五里五分弱水深一丈五尺面闊一丈

興福橋　自夏履橋市西流折而北又折而東北至此七里弱水深八尺面闊三丈有江塘河分西小江之水自西北來注之

廣陵橋　自興福橋東北曲曲流至此五里弱分一支東南流爲鑑湖見後

聚龍橋　自廣陵橋北流曲曲至此七里弱又北流少東四里弱至宏濟橋前入西小江

枝流鑑湖

大王廟前　鑑湖自廣陵橋分西溪之水東南曲曲流至此五里弱水深九尺面闊七丈有樞里溪自南來注之

西跨湖橋　自大王廟前東南流至此三里强水深九尺面闊十丈有古城溪自南來注之

桃花塢村北　自西跨湖橋東南流至此二里五分水深一丈二尺面闊二十五丈

三家村西　自桃花塢村北首東南流至此二里八分水深一丈一尺面闊二十二丈有乾溪水自南來注之

柯山下村　自三家村西首東流迤而東南至此六里七分水深一丈面闊十八丈

仁讓堰橋　自柯山下村東少南流至此四里四分水深一丈一尺面闊九丈

壺觴村　自仁讓堰橋東南流至此五里八分水深一丈面闊十三丈有直埠溪自西來注之

伏龍橋　自壺觴村東南流至此五里四分强水深九尺面闊二十二丈有漓渚河自南來會之見後

跨湖橋　自伏龍橋東南流折而東至此三里九分水深八尺面闊七丈有婁宮河自南來會之見後

飛來山北　自跨湖橋東少南流由水偏門入城至此三里八分有樓皃河自南入城來注之　又北流二里强至大江橋入運河飛來山北首迤北與會稽縣分水

枝流漓渚河

雞頭山東麓　漓渚河自此發源南少東流至曹家村五里

漓渚市永安橋　自曹家村東北流至此四里二分水深五尺面闊二丈以下通舟

福仙橋　自永安橋東北流至此八里八分水深一丈面闊五丈

徐山橋　自福仙橋東北流至此五里二分水深一丈面闊十五丈　又東北流四里强至伏龍橋入鑑湖

枝流婁宮河

大慶嶺西麓　婁宮河自此發源西北流至謝家橋市七里

分水橋　自謝家橋市曲曲北流至此十四里五分强分一支西流爲阮港

婁宮埠　自分水橋東北流至此二里以下始通舟

外木栅橋　自婁宮埠東北流至此六里六分水深八尺面闊六丈有木栅河自東南來注之

何山橋　自外木栅橋東北流至此六里又東北流三里三分至跨湖橋入鑑湖水深八尺面闊八丈

山陰陸路道里記

植利門即南門

幹路

支橋　自植利門外伏虎橋南行至此一里六分

新橋　自支橋南行至此四里四分强

南池市　自新橋南行折而東南至此五里六分

施家橋　自南池市南行至此二里二分弱

胡家塔村　自施家橋東南行至此二里五分

覆釜嶺　自胡家塔村東南行至此七里弱與會稽縣分界嶺高二十丈三尺

常禧門即旱偏門

幹路

跨湖橋　自常禧門外西行至此二里弱

中堰橋　自跨湖橋西行至此二里五分强

伏龍橋　自中堰橋西北行至此一里四分强

壺觴村　自伏龍橋西北行至此四里四分

清斌閣　自湖觴村西北行至此二里四分

澄灣村　自清斌閣西北行至此一里九分

仁讓堰橋　自澄灣村西北行至此二里五分

西澤村橋　自仁讓堰橋西行至此二里二分

柯山下村　自西澤村橋西行至此三里二分

蔡堰村橋　自柯山下村西北行至此一里九分

葉家堰橋　自蔡堰村橋西行至此一里八分

會元橋　自葉家堰橋西行折而北至此二里七分南通犁塘市諸市

湖塘堰橋　自會元橋西北行至此一里七分强

安橋　自湖塘堰橋西行過西跨湖橋又南行至此三里五分

古城村　自安橋西行折而南至此二里

古城嶺頂　自古城村南少西行至此三里二分嶺高二十丈

蒲棚街　自古城嶺頂西行折而北至此二里五分强

王家莊　自蒲棚街西南曲曲行至此五里二分强

五部廟　自王家莊南行至此一里四分

門臺裏村　自五部廟南少西行至此二里三分

雙橋頭村　自門臺裏村南少西行曲曲至此九里二分

巧溪嶺　自雙橋頭村南行至此二里六分

曹塢村　自巧溪嶺西北行至此二里七分

廟后黄村　自曹塢村西北行至此四里五分

山頭埠　自廟后黄村北行折而西至此三里一分
溪橋　自山頭埠西北行至此六里四分
猫山閘　自溪橋西北行至此六里五分
臨浦鎮　自猫山閘西行過新閘又北行至此一里四分抵浦陽江濱
枝路
絹山頭村　自跨湖橋西南行至此六里一分
外木栅橋　自絹山頭村西南行至此三里四分弱
分水橋　自外木栅橋西南行至此九里五分强
七眼橋　自分水橋南行至此一里三分强
虹橋　自七眼橋南行至此八里弱
古博嶺　自虹橋南行至此十里一分强嶺高十八丈四尺與諸暨縣分界
枝路
新橋　自跨湖橋西南行至此四里七分强
峽山村橋　自新橋西南行至此六里强

漓渚市　自峽山村橋西南行至此八里九分强

曹家村　自漓渚市西南行至此三里五分强

關口　自曹家村西南行越茅洋嶺至此八里四分强關高二丈九尺與諸暨縣分界

枝路

傅家塢村　自會元橋東南行至此一里九分

型塘市　自傅家塢村南行至此三里弱南通型塘嶺高十二丈

壽勝埠頭市　自型塘市東北行至此二里六分强

師姑嶺　自壽勝埠頭市東南行至此四里七分强嶺高一丈

東橋　自師姑嶺東南行折而西南至此十里弱

贔石嶺　自東橋西南行至此七里三分强嶺高十五丈

小埠會源橋　自贔石嶺東南行至此二里九分弱又西南行折而東南四里九分强至漓

渚市與自跨湖橋起之枝路合

枝路

大王廟前　自安橋曲曲西北行至此四里四分强

廣陵橋　自大王廟前西北行至此四里四分

里仁橋　自廣陵橋西南行過鄭家閘又西北行至此七里一分

萬安橋　自里仁橋西北行至此八里二分

盛家灣村　自萬安橋西南行過趙塢嶺嶺高三丈至此八里三分

張家村　自盛家灣村西行至此三里六分强

金雞橋　自張家村西行至此二里六分强

所前市所橋　自金雞橋西南行至此三里二分

娘娘廟前　自所橋西南行至此七里五分又西南行三里五分至新橋與蕭山縣分界

迎恩門郎西郭門

幹路

迴龍堰橋　自迎恩門外西行至此一里四分

霞川橋　自迴龍堰橋西少北行至此三里三分

高橋　自霞川橋西少北行至此三里七分强

梅墅大橋　自高橋西少北行至此六里

柯橋　自梅墅大橋西少北行至此五里五分强

行義橋　自柯橋西少北行過太平橋至此九里八分强

錢清鎮　自行義橋西北行折而北過禹會橋又東北行至此七里四分與蕭山縣分界

枝路

東浦大川橋　自霞川橋北少西行至此七里一分弱

後瀧橋　自東浦大川橋曲曲北行至此六里五分

陽川橋　自後瀧橋東北行折而西北至此四里六分强

茶亭橋　自陽川橋北少西行至此六里三分强

安昌市金家橋　自茶亭橋西北行至此六里五分强

鎮龍橋　自金家橋西少北行至此三里八分以下爲水道

昌安門即北門

幹路

陡山橋　自昌安外北行至此十一里八分强

斗門市　自陡山橋北行至此八里二分强

三江閘　自斗門市曲曲東行折而北至此七里一分强閘高二丈一尺廣三十八丈二十八洞以下爲海塘

湯灣新閘　自三江閘東北行至此一里七分閘高一丈八尺廣五十丈

丁家堰村　自湯灣新閘東北行折而西北至此五里四分强

姚家埠　自丁家堰村西北行至此一里一分

直河頭　自姚家埠西行至此三里七分弱

夾竈　自直河頭西行至此三里六分弱

潭前村　自夾竈西行至此五里九分弱

黨山鎮　自潭前村西行至此一里六分

黄茅坂村　自黨山鎮西北行至此四里五分弱

後盛陵村　自黄茅坂村西北行至此三里九分弱

三祇菴　自後盛陵村西北行至此三里八分强與蕭山縣分界

枝路

宋家漊　自三江閘東南行至此七里三分與會稽縣分界

會稽縣沿革

禹貢揚州之域於越國地春秋越王句踐都戰國屬楚秦會稽郡山陰縣地陳析置會稽縣爲會稽郡治隋因之宋紹興元年爲紹興府治元至元十三年爲紹興路治明爲紹興府治清因之

會稽水路道里記

曹娥江 一名舜江

經流

五婆嶺麓　曹娥江自上虞縣流至此入境又東北流至小江口二里二分水深九尺八寸面闊六十一丈二尺有小舜江自西來會之見後五婆嶺麓迤東北與上虞縣分水以下至龜山東首皆同

龜山東　自小江口西北流至此二里六分龜山東即上虞縣獅子山東南自此迤東北歷蒿壩至梁湖壩皆上虞縣境

曹娥鎮拖舟壩　自上虞縣流至此復入本境其西爲運河又東北折而西北曲曲流至塘角十六里五分水深一丈四尺面闊六十二丈拖舟壩對江即上虞縣之梁湖壩自此迤西北仍與上虞縣分水以下至黃公浦皆同

黃草閘港口　自塘角西北流折而北至此三里三分水深一丈四尺面闊七十二丈有黃草閘水自西南來注之

楝樹下村　自黃草閘港口西北流折而西南至此二十一里水深二丈面闊一百八丈有楝樹閘水自南來注之

黃公浦　自楝樹下村西北流至此四里二分

宋家漊　自黃公浦西北流至此九里六分又東北流會宣港入海宋家漊迤東北入海皆與山陰縣分界

枝流小舜江

王城市界橋　小舜江自嵊縣在嵊縣雙港溪爲流至此入境又北流折而東南至烏嘴山南麓二里一分烏嘴山南麓迤東北復入嵊縣境

烏嘴山北　自烏嘴山南麓東北流折而西北至此五里七分強烏嘴山北麓迤北仍入本境

下園村　自烏嘴山北麓曲曲北流至此六里二分水深二尺四寸面闊六丈有饅頭石溪自西來會之見後

界址嶺南　自下園村東南流至此二里七分界址嶺南麓迤東北復入嵊縣境

普濟橋　自界址嶺南麓東北曲曲流至此十里強水深二尺七寸面闊六丈普濟橋迤東北復入本境

橫嶺東南　自普濟橋東北流至此一里九分水深二尺八寸面闊五丈四尺

新市村　自橫嶺東南麓東北曲曲流至此八里五分水深三尺七尺面闊五丈七尺

官陽村　自新市村東北流至此二里一分水深三尺一寸面闊八丈

湯浦鎮望洋橋　自官洋村東北流至此四里三分水深三尺一寸面闊十一丈有寒溪橫溪自西來注之

石浦渡　自望洋橋東北曲曲流至此六里六分水深五尺九寸面闊十五丈六尺又東北流折而東南七里五分至小江口入曹娥江水深七尺三寸面闊十二丈

枝流饅頭石溪

桃嶺　饅頭石溪自此發源兼納駐日黄來等嶺之水東北曲折流至饅頭石村九里强

車前市　自饅頭石村東北流至此六里水深一尺面闊二丈四尺有小水自北來注之

青壇村　自車前市曲曲東流至此八里有王顧嶺陶晏嶺之水自北來注之

天寶橋東　自青壇村東流折而南又折而東過黄壇市天寶橋至此六里有寨嶺溪水自南來會之

見後又東流二里至下園村入小舜江

枝流寨嶺溪

童家嶺　寨嶺溪自此發源東少北流至仰嶺北麓十里又東北流五里至天寶橋東入饅頭石溪水深一尺三寸面闊九尺

運河

經流

白米堰橋　運河自曹娥鎮之拖舟壩起西少北流至此七里七分水深七尺六寸面闊三丈八尺有清水閘水自南來注之運河南則次第受諸溪河之水北則次第分水流赴西湖黄草棟樹等閘出海

東關市西眞橋　自白米堰橋西流至此四里七分水深七尺三寸面闊四丈二尺

太平橋　自西眞橋西少北流至此四里有石屑溪自西來會之見後

白塔橋　自太平橋西流至此六里水深九尺面闊五丈

陶堰市西堰橋　自白塔橋西少北流至此六里南通白塔洋縱七里橫六里深三丈北通賀家池縱二里橫四里深一丈

正平橋　自西堰橋西少南流至此三里七分水深一丈二尺面闊十一丈有洋牌湖水自東南來注之

皋埠市登雲橋　自正平橋西流至此五里一分水深一丈八尺面闊二十三丈

會龍橋　自登雲橋西流至此一里四分水深九尺三寸面闊十二丈

通陵橋　自會龍橋西少南流至此四里一分水深七尺五寸面闊三丈九尺有攢宮河水自東南來會之見後

梅龍橋　自通陵橋西少北流折而西南至此六里強

五雲門釣橋　自梅龍橋西流至此一里五分有若耶溪下流之划船港水自南來會之見後

探花橋　自五雲門釣橋北流折而西入都泗門過縣署西南隅又北少西流至此四里

與山陰縣運河會二河會後合流入銅盤湖港其港在城內者與山陰縣分水詳見山陰水道記

枝流若耶溪

西化山　若耶溪自此發源北流至五雲山麓五里八分有駐日嶺後嶺大慶嶺諸山之水自西來注之

平水埠　自五雲山麓東北流過平水市至此十四里一分水深二尺面闊四丈九尺有西湖水自西南來注之始通

舟楫

昌源橋　自平水埠北流至此二里八分（水深三尺面闊五丈）

蛤山頭　自昌源橋北流至此七里四分（有上竈溪自東南來會之見後以下又名雙溪港）

浪煖橋前　自蛤山頭西北流至此一里五分（分一支北流爲浪煖港以下又名平水港划船港）

東郭門外　自浪煖橋前西北流至此五里九分（有大禹河自南來注之）又西北流一里八分至五

雲門釣橋入運河

枝流（上竈溪）

日鑄嶺　上竈溪自此發源西北曲曲流至人和橋九里（水深三尺面闊一丈八尺）

永禎橋　自人和橋西北流至此二里七分（水深四尺面闊二丈六尺）又北流三里五分至蛤山頭入

若耶溪（水深四尺二寸面闊七丈四尺）

枝流（攢宮河）

五峯嶺麓　攢宮河（一名宋六陵御河）自此發源北少西流過宋六陵西至攢宮埠五里六分

永興橋　自攢宮埠北流至此二里五分（水深四尺面闊二丈二尺）

任家灣村　自永興橋西北流至此二里五分（水深三尺八寸面闊二丈四尺）

拱陵橋　自任家灣村西北流至此六里四分强

通濟橋　自拱陵橋西北流過翠山灣村至此三里水深六尺面闊三丈六尺又西北流一里强至通陵橋入運河

枝流石屑溪

石屑嶺　石屑溪自此發源北少西流至富盛山南麓八里

沈鳳村　自富盛山南麓東流迤而東北至此五里

鎖橋北　自沈鳳村東北流至此四里八分水深四尺面闊四丈一尺有康家湖水自東南來注之又東北流四里六分至太平橋入運河

會稽陸路道里記

五雲門在城東少北

幹路

泗水橋　自五雲門外東少北行至此三里强

通陵橋　自泗水橋東少南行至此四里四分强

皋埠市　自通陵橋東少北行至此四里八分弱

樊江市　自皋埠市東行至此五里四分弱

陶堰市　自樊江市東少北行至此七里七分强

白塔汎　自陶堰市東行迤而東南至此六里五分

東關市　自白塔汎東少南至此九里五分

長來橋　自東關市東行至此二里四分

白米堰橋　自長來橋東南行至此二里八分

中市村　自白米堰橋東行至此一里六分

曹娥下沙　自中市村東南行至此四里三分

曹娥上沙　自下沙南行至此一里八分與上虞縣分界

枝路

翠山灣　自通陵橋東南行至此四里

任家灣　自翠山灣東南行過阮家灣至此七里六分

攢宮埠　自任家灣東南行至此五里

五峯嶺　自攢宮埠南少東過宋六陵西至此八里九分嶺高三十七丈

董家塔村　自五峯嶺東南行至此七里六分

太平橋　自董家塔村東南行至此六里一分

望洋橋　自太平橋東南行至此六里五分

漁渡口　自望洋橋東北行折而東至此四里二分水深四尺渡闊十二丈

花碪嶺　自漁渡口過渡南少東行至此五里四分嶺高二十二丈與上虞縣分界

腰軟嶺　自太平橋北少西行至此七里嶺高八尺

上王村　自腰軟嶺北行過方家塢村至此八里一分東南通石屑嶺

紡泉橋　自上王村西少北行過富盛嶺至此三里一分

仰山嶺　自紡泉橋東北行至此二里五分嶺高五丈五尺

倉塘市　自仰山嶺東少南行過沈鳳村下凰村至此十四里七分

南湖村　自倉塘市西南行過松門至此八里北通石屑嶺

長山頭涼亭　自南湖村曲曲南少東行至此六里五分又西南行折而南少東四里二分至湯浦市望洋橋與本條支路合

枝路

星沙村　自曹娥上沙北行折而西北曲曲行至此八里六分强

西湖閘　自星沙村曲曲北行過塘角又西少南行至此八里一分閘長七丈高一丈七尺計三洞

黄草閘　自西湖閘西北行至此八里五分閘長六丈八尺高一丈七尺計三洞

偁山東　自黄草閘西北行至此二里四分依山爲塘

偁山西　自偁山東麓西北行至此三里一分

堰頭村　自偁山西麓西北行至此六里三分

楝樹閘　自堰頭村西北行至此二里七分

新埠頭　自楝樹閘西北行過炮臺至此二里

防倭炮臺　自新埠頭西北行過黄公浦至此五里八分

宋家漊　自防倭炮臺西北行至此五里二分與山陰縣分界

東郭門即東門

幹路

五仙橋　自東郭門外東南行至此六里弱

望仙橋　自五仙橋東南行至此三里九分

會源橋　自望仙橋南行至此二里六分

毓秀橋　自會源橋南行至此一里七分

平水埠　自毓秀橋南行至此一里九分

平水市　自平水埠南行至此八里一分

永鎭橋　自平水市西南行至此五里七分

高畈頭村　自永鎭橋西南行至此六里一分

新楊樹下村　自高畈頭村西南行至此八分

橫溪市　自新楊樹下村西南行至此二里

㕚路口村　自橫溪市西南行至此三里八分

駐日嶺　自㕚路口村西南行至此十二里一分嶺高十四丈六尺與諸暨縣分界

枝路

永禎橋　自五仙橋東行過浪熂橋又東南行過蛤山頭至此六里

上竈市　自永禎橋南行過入和橋至此六里五分

日鑄嶺　自上竈市東南行至此十里七分强嶺高五十二丈九尺

宋家店　自日鑄嶺東南行至此十里三分

太平村　自宋家店東南行至此十里三分

太平嶺　自太平村西南行至此一里八分嶺高十二丈八尺與嵊縣分界

嶼嶺　自太平村東北行過青店村至此五里二分嶺高三十五丈九尺

五琶嶺麓　自嶼嶺東南行過嶺下村至此五里五分

湯浦市南　自五琶嶺麓東北行至此五里三分又北行一里五分至望洋橋與五雲門

自通陵橋起之枝路合

普濟橋　自五琶嶺麓西行過五琶嶺又西南行至此七里弱與嵊縣分界

筆山嶺　自五琶嶺麓南行折而西北又折而西南至此四里

駐蹕嶺　自筆山嶺西南行折而東南至此六里三分强嶺高四十八丈八尺

蔣岸橋北　自駐蹕嶺東南行至此四里七分南通蔣岸橋入嵊縣界

范家橋　自蔣岸橋北首東行折而東北過八鄭村至此九里

界橋　自范家橋東少北行過范洋村至此三里弱與上虞縣分界

蘄蔔嶺　自湯浦市南首西南行過柴埠渡渡闊九丈水深二尺七寸東南行至此五里六分嶺高四十丈

又南行折而東南四里二分至范家橋西入本條支路

長橋堍　自范家橋南行至此六里

新橋　自長橋堍入嵊縣界南行至此一里五分

馬石嶺　自新橋復入本境東少南行至此四里七分

方邱橋南　自馬石嶺東行至此一里九分與上虞縣分界

枝路

黄枋嶺　自平水埠西少北行至此五里五分嶺高三丈二尺與山陰縣分界

枝路

陶晏嶺　自平水市南少東行過金魚嶼至此八里四分嶺高八十八丈

謝家村　自陶晏嶺南少東行至此五里

青壇村　自謝家村南行過高江村至此七里九分

天寶橋　自青壇村東行折而南又折而東少北至此五里

界址嶺　自天寶橋東行迤而東少南至此四里六分嶺高四丈二尺與嵊縣分界

王城市界橋　自天寶橋南少西行過仰嶺至此十里六分與嵊縣分界

枝路

覆釜嶺　自平水市西北行至此三里四分嶺高二十丈三尺與山陰縣分界

枝路

分水嶺　自永鎮橋西南行折而南過化山路口村至此九里五分嶺高二尺

車頭市　自分水嶺南少東行至此五里一分

塚斜村東　自車頭市東少南行過東山嶺又東南行至此二里二分又曲曲東少北行七里至青壇村與自平水市起之枝路合

饅頭石村　自車頭市西南行至此七里

桃嶺　自饅頭石村西南行過冠佩村至此十四里八分嶺高七十九丈與諸暨縣分界

童家嶺　自塚斜村東首西南行迤而南少西過小西嶺大西嶺及寨嶺口又西南行至此十一里二分嶺高四十二丈

鱟石嶺　自童家嶺西南行至此二里七分與嵊縣分界

枝路

老楊樹下村　自新楊樹下村西北行至此一里一分

童坑　自老楊樹下村北少西行至此四里八分

大慶嶺　自童坑西少南行至此三里八分嶺高三十二丈與山陰縣分界

枝路

苦嶺頭　自乂路口村曲曲南少東行至此三里五分又東南行七里一分至饅頭石村與自永鎮橋起之枝路合

枝路

黄來嶺　自駐日嶺麓東南行過韓婆嶺又東南行折而西南再折而西北至此十里八分嶺高三十五丈與諸暨縣分界

稽山門即東南門

幹路

大禹陵　自稽山門外東南行至此四里七分

南鎮　自大禹陵東南行至此二里弱以下皆山

越中山脈水利形勢記

李鏡燧槐卿稿

世界形形色色原其始一陰陽之氣相摩相蕩分道積累而成者也清輕者上浮而爲天重濁者下凝而爲地負陰抱陽秉中和之氣者則爲人天地人具造化之能號曰三才載萬物者莫大乎地崗嶺川澤高下形勢逶迤曲折非漫然無統系者所謂山脈水脈地脈曷爲而稱脈如人身然土石猶骨肉水之流行猶氣血大地山河脈絡貫通陰陽二氣四時運行化育萬物地道人道一也夫山出一脈而兩水分焉山脈行則兩水夾之以俱行山脈止則兩水因之而會合其勢然也水之合而又分也是脈之斷而續行也山脈之斷續起伏水隨之而或分或合是故分合者起伏之情流行者高下之勢山脈之止也有祖山出脈之分水同時交會而止雖分流相隔或百里或數十里各赴其脈止之處以相交會此山脈川流之大要也古之明哲相其陰陽觀其流泉據山川之形勢建都邑設城市立村宅占龍蟠虎踞之雄寓毓秀鍾靈之美卜吉一隅控制千里種植辨其土宜人民藉以安堵非具巨眼卓識安能規畫鴻基是以地理之學亦爲賢者所從事後世堪輿之道流於術士大雅之士輒唾棄之以爲戔戔者不足道亦未深究夫地道之本原耳燧略窺涯涘涉跡於遊釣之鄉拾前賢已然之說證目前天然之形就蹤迹耳目之所及綜其大略藉資流覽

山脈一

越中之山自西南赴北東盡於海隅由福建仙霞嶺發脈而來祖大盆大盆山在東陽縣境而宗鵝鼻鵝鼻山距紹興城南四十里（闕瑞伯地理述）南幹自仙霞嶺至衢州左分爲蘭溪嚴州至桐廬富陽右分爲台州東陽至華頂大盆再分右爲嵊縣剡溪而下左爲諸暨浣紗溪而下中至鵝鼻大慶嶺至秦望覆福嶺（一作覆釜嶺）天柱峯禹陵而止案闕瑞伯疑即唐越州刺史闕稜齊州章邱人見府志職官志始於諸暨連界之駐日嶺入會稽境駐日嶺之先曰黃來山（在諸暨）東麓一部亦屬會稽駐日嶺北行曰七隻里再北曰尖子岡又北曰龍潭岡曰鹿頭岡又北曰作丹岡又北爲鵝鼻峯一名刻石山計分三幹在尖子岡右分一支出茅園嶺東行者曰東幹東至曹娥而北盡於三江屬會稽在作丹岡左分一支出皂夾嶺古博嶺度茅洋嶺西行者曰西幹至西小江牛頭山折北迤東至駝峯而盡於三江蜃戶山一名彈烏屬山陰鵝鼻北行出大慶嶺度張大嶺起歪頭岡土名或稱豁閃岡圖爲大頭岡爲中幹分兩支出脈兩支中間北出大蕉嶺至干溪塘嶺角者爲別一小枝非正幹也歪頭岡右支北偏東出法華嶺又度後嶺起秦望山秦望山北稍東出覆釜嶺北度太平嶺起天柱山即秦望山出橫枋嶺北行起香爐峯至大禹陵山而止是爲中幹之正脈禹陵山餘氣北出塗山而盡於渡東橋歪頭岡左支西北出妃子嶺嶺上有妃子廟北行起朱華峯朱華峯開幛分三支中支出脈北行至盛塘俗稱坡塘落坪盛塘市中有洪溪爲脈行之界渡水穿田北起琶山再北行斷續迤邐在狀元橋張大人山分左支西出爲亭山絹山至小隱山分右支東出許家嶼爲蠱塢鳳凰山至鯉魚山正脈中出北行至龍涇莊至鮑郎山由鮑郎山一名陽堂山入城至臥龍山而止是

爲中幹分支之正脈　朱華右幛一支東北出趙馬嶺（嶺右爲干溪嶺左爲樓㠒）經五臺山又東北至南池施家橋姣娥山而止　朱華左幛一支西北行過陳家嶺（一名雲松嶺）分二支左支西行出黃塢嶺再西度三家嶺至摩旗尖而止（西爲謝家橋東爲董塢）陳家嶺右支西北度黃牛嶺（北分一支出井亭灣至蟠龍嶼）又西北過擣米嶺起筆架峯至木栅起鷓哥山至楊秀塢山頭金而止此越中山脈形勢之大略也

緒言

聞之先哲曰秦望朱華同出中幹譬之兄弟秦望爲宗子朱華爲支子又曰秦望形爲水星體天柱形爲木星體爐峯形爲火星體禹陵平岡爲土星體平岡之下山頂圓起者爲金星體水生木木生火火生土土生金仙霞千里來龍山形星體五行順序相生而結穴堪輿家稱爲大地宋布衣賴文進（著有四元天星見尙友錄）有鉗記詩（記禹陵山詩曰東南大地惟神禹我來相看眞歎喜仙霞大嶂九十九龍興龍輦復龍樓五星正變三江合日月捍門天地別東南西北五百里無非環拱朝宗此相傳賴公自仙霞嶺循山脈而至禹陵又記臥龍山詩曰神龍來脈自東南列鼓張旗勢萬千前有貪狼（一作朝堂）九曲水龍樓鳳閣雲中起後應端嚴仙隱峯（指梅山）日月拱護山重重立穴御屏南面局美哉不數吳山麓）後人稱秦望至禹陵之山脈曰王龍以禹王而名也稱朱華至臥龍之山脈曰府龍以紹興府署在臥龍山而名也溯自鵝鼻大慶嶺至秦望山至禹陵山蜿蜒四十里山脈牽連不斷就此山脈分兩縣境界其南面與東面俱屬會稽北面與西面俱屬山陰縣名山陰者在此山

脈之陰也案鵝鼻至秦望至禹陵舊稱會稽山陰者會稽山之陰也而朱華至臥龍全屬於山陰從知當日劃分縣界亦據此山脈之偏正以爲區別秦望朱華雖同屬中幹而宗子支子之說亦不爲無見也

秦望朱華界水記略

秦望朱華既爲共祖分宗之山則源流界水亦各支分派別爰述大略如左

秦望山右界水發源於丁坑及後嶺下出平水大溪有小西湖之水加入落平水埠入河有東幹溪流數處加入同流出毓秀橋望仙橋北經雙溪港東幹上中下三竈溪水於此加入合流由葛山頭龍舌嘴北趨王家橋出王家橋西分一支流入化龍橋至禹廟山麓至稽山弔橋之東迎合左界水又鴨嘴橋西分一支流出塗山亦至稽山城直至東郭渡東橋與南池港東流之左界水會合　秦望山左界水發源於法華嶺及後嶺北面之馬園出胡家塔至龍口大溪與朱華右界干溪水合流落南池施家橋東分一流入謝墅朱華水至此西一流分去入瓜山棲鳧又北出南池下埠入河出玉山橋橋外至半港廟與謝墅水合流沿塘北流出伏龍橋至南門城隍折而東出稽山門弔橋至東郭渡東橋與平水港之右界水會合約言之平水港至東郭爲秦望之右界水南池港至南門稽山門爲秦望之左界水

朱華山右界水發源於妃子嶺由干溪至龍口大溪與秦望左界水合流至南池施家橋姣娥山麓溪流折西入瓜山至棲鳧入河出琶山鷂塢港又南池上埠入河西出琶山口入鷂塢港出伏虎橋至南門又鼈

山東麓沿塘由廿畝頭村西至鮑郎山復東至南門入城直趨江橋與婁宮港入西郭偏門之左界水會合同出昌安　朱華山左界水發源於紫洪山及下家塢出虹橋謝家橋之水南來合流落婁宮埠入河出蘭渚橋經亭山大港遂由何山橋至偏門城隍分兩路其一由偏門弔橋至西郭入城至江橋與入南門之右界水會合其一入水偏門由拜王橋凰儀橋至酒務橋北至倉橋又東分入由倉橋水澄港至江橋轉西至大木橋鯉魚橋繞臥龍山後與古貢院西來之水交會又一支流在酒務橋北首西分入鳳儀橋經蓮花橋大郎橋清涼橋此處至龐公池一帶河道小如溝瀆大半爲居民屋基所佔轉西北入王公池一作龐公池遂由城河東折經古貢院前至錦鱗橋鯉魚橋與大木橋東來之水交會合流由西小路出北海橋折東北至江橋與入南門之右界水大交會同出昌安約言之龜塢港入南門至江橋者爲朱華山脈右界水婁宮港入西郭及偏門至江橋者爲朱華山脈左界水

案朱華山脈縱二十餘里横亦二十餘里左右大小界水不論溪水河流皆至江橋交會合流而出北門足爲朱華山脈至臥龍山盡止之證宣源順山陰山脈支派記謂府山餘氣至蕺山者不足爲據而謂彭山白馬山之出自蕺山者更無論矣故前記山脈采用闞瑞伯記以蕺山屬於西幹分支之梅山入城者以彭山白馬山屬於東幹分支之西施山在五雲門外官塘北入城者

山脈二

東幹自尖子岡右分東出茅園嶺（此據省測量局圖以下參縣圖）再東爲苦嶺頭（北三溪口東北西化山）分水嶺（北遶郭南車頭東南王化東王成）東北出王顧嶺起東化山（東南青壇）度陶晏嶺（俗稱唐袁嶺疑卽此）北至日鑄嶺（東南宋家店王化西爲平水埠日鑄嶺左分一支西北起白鹿峯北出中竈起少咀山北東爲小關北至炭竈嶺逦西爲大關西出箭弓嶺至下竈柏仙岡北行至花貓山度裘家嶺起石圻山至箸簣山一作遶門山渡河爲西施山〔在官塘岸〕再渡河入城至白馬山彭山而止炭竈嶺至箭弓嶺南面爲大關北面爲山王下皋西堡東堡楊梅山至吼山）東出五峯嶺（左支出攢宮宋六陵再北爲富盛又北出樊塢至大輅山小輅山五峯嶺東北出九憐峯再北爲凰嶼義峯山）東北腰軟嶺東起諸葛峯（東南爲湯浦東爲下徐漁渡范洋等處再東爲花坎嶺湯浦西南爲蔣岸橋）東北出梅塢嶺再東北起龍會山（東爲駐蹕嶺又東爲蒿壩白鶴山清水閘）又東爲蒿尖山東北至鳳凰山曹娥江（以下采闞記）沿江而下至稷山𠋫山馬山至三江而止（采訪來稿謂諸葛山倉塘美女山龍會山至白鶴灣蒿尖山鳳凰山而止又諸葛山至陳鳳駱駝山義峯山銀山壩擔山蛇山東至白塔山北至稷山至道墟青山與闞記略異幷錄之以備參考）

山脈三

茅洋嶺一峽爲西幹百餘里諸山之咽喉茅洋嶺以前耳目所及尙堪臚舉茅洋嶺以下至牛頭山一段幹參縣圖支采宣源順山陰山脈支派記牛頭山以下則主闞瑞伯說

西幹自作丹岡左分西行出皂夾嶺至古博嶺（俗稱琥珀嶺）西北至辣嶺（東爲柵溪黃牛塘西北至苦竹其間東分一支出橫嶺至華嚴尖再東爲蘭亭山辣嶺西南爲諸暨包村）度苦竹嶺起栲栳山至茅洋嶺（北東分一支出中嶺至峽山戴旂山）出倒山嶺（此據縣圖案闕）

記爲嶽翠嶺查舊志有嶽翠而無倒山是一是二未詳闞記嶽翠南爲大木灣礁石徐村再南至長安山〔入諸暨〕又嶽翠西南爲黃山嶺銅井山起雞頭山分四大支西北一支爲型塘嶺古城樞里九岩至廣陵北東一支小雞頭至漓渚西南至寶壽寺蔡家塢北出起螭山過夏嶺渡河至龍尾山再渡爲鸚山再渡至覆船山北一支出大人嶺至雄山起大鑊尖又北東起五子尖至梅里尖梅里尖北東至三山北西至海山又大鑊尖西北出二鑊尖至項里州山翠峯河塔壽省寺山峯山蓬山柯山西出黃山嶺爲銅井山又看怕嶺至大巖尖右支出夏履橋左爲天樂采訪來稿天樂自大巖山冕旋峯過歡潭嶺南旋起太石山尖龍潭崗由石浦嶺至松軒嶺止又過黃倉嶺起慈姑大山過慈姑嶺南旋過興教嶺從邵家搭東皎西皎發城山又起太平山至橫江俞止左支過上山嶺起蓮花峯北度小西嶺爲越王峥大尖山闞記藏山嶺西南至青化尖爲天樂白峯嶺藏山嶺北爲越王峥大尖山北渡芝塘湖再北爲牛頭山牛頭山北出至航塢山〔在蕭山縣境〕航塢北至白洋壺瓶山北至白洋壺瓶山北東至金白山銀白山駝峯山一名蓬萊山至三江蛋戶一作彈烏山而止闞瑞伯記曰牛頭山東爲錢清錢清東爲白馬山西辰山再東爲上方山更東爲西山東南爲梅山又東南入城至蕺山而止蓋以白馬山屬於牛頭山東之分支與宣源順山陰山脈支派記互異宣於梅山亦云從海門逆上而以白馬山爲三江沿海北條之祖或云從牛尾渡江或云從皇步疑而未決宣特囿於山陰境界故耳闞則以牛頭山北爲航塢山下接白洋山等不以航塢之在蕭山境界所限目光較大故采其說

是稾爲友人慫恿率爾操觚中幹山脈行度不過數十里生長於斯見聞較確惟爲精神與時間所囿未及周詳東西兩幹延亙三百餘里且崇山峻嶺枝脚分歧耳目未能周徧采訪之縣圖又未精確省測量圖縮印太小標記山名各不相同閉門造車舛誤不免姑述概略以作基礎冀糾正於來者并識

源流形勢

紹興居浙東南下游爲江海交會之區東西經流兩條東之經流曰東小江卽曹娥江爲會稽邊界源出天台關嶺西至新昌又西至嵊縣（戴琥水利形勢圖說）天姥山之水東北來從東陽之水出白峯嶺諸暨之水出皂角嶺合流會於嵊縣南門之東至上虞東山會稽湯浦之水出小江口自西從之又東至蒿陸會於曹娥由東關鰳浦入海西之經流曰西小江亦名錢清江爲山陰邊界源出金華之東陽浦江義烏合流至諸暨經山陰天樂天樂大巖慈姑城之水合於上下瀛等五湖西北出麻溪經蕭山東復過山陰（水利形勢圖說）出麻溪東西分流東歷蕭山白露塘又東至錢清山陰之萸瀆越銅井之水西由九眼陡門注之故道湮塞併入山會中村而所謂三十六源以及秋湖沸石湖容山湖之亂於運河連黃坨東西瓜汙央茶等湖橫流出新竈柘林閘白洋西匽金帛馬鞍諸水南出夾蓬扁拖閘抵會稽而入海

東小江西小江兩經流爲山陰會稽兩縣東西邊界包舉鑑湖而鑑湖三百五十八里跨兩縣境受三十六源之水統名鑑湖區分爲二在州城之東曰東湖屬於會稽受平水三竈寶山謝憩長塘高瀝靑塘等山溪之水在州城之西南曰南湖屬於山陰受婁宮阮港漓渚型塘西溪等山溪之水鑑湖會運河北趨同出三江此源流形勢之大略也

水利沿革

越中地屬海隅南並山北臨海地勢南高而北下江流溪源下注海潮怒激江與海相通吐納

無節本天然一澤國耳（毛奇齡曰紹興本澤國以古越千巖萬壑之水而山會蕭三縣當之）似今之一望膏腴農村鱗比無水旱之患而安居稱樂土者繇千數百年來諸先哲之經營竭人工之締造以彌補地維之缺陷者也漢以前無可稽永和五年太守馬臻相度形勢於州城左右築兩隄塘東西橫亘一百六十里周三百五十八里受三十六源之水是爲鑑湖（在山陰境內者自偏門西至廣陵斗門六十里〔山陰志〕曰南湖塘曰南塘卽今所稱鑑湖者在會稽境內者自五雲門東至曹娥九十二里〔會稽志稾〕曰東湖塘曰東塘卽今之稱東官塘者）沿隄塘置堰閘以時啓閉（舊志沿塘置十一堰五閘今堰閘俱廢爲橋僅存其名如東湖塘之泗水堰梅龍堰董家堰陶家堰白米堰等南湖塘之中堰石堰沈釀堰清水閘蔡家堰等土人猶習言之）湖高於田丈許田高於海丈許水少則洩湖之水以灌田水多則閉湖洩田之水以入海溉兩縣十四鄉之田九千餘頃（曾鞏曰非湖水能溉九千頃之田蓋江田盡於九千頃也）民利賴之唐貞元初觀察使皇甫政建玉山斗門閘計七門北四屬山陰南三屬會稽以洩山會蕭三縣之水又有扁拖閘以分其流鑑湖下游之水亦有節制（曾鞏鑑湖圖說曰其東曰曹娥斗門蒿口斗門水之循南隄而東者由之以入於東江其西曰廣陵斗門新逕斗門水之循北隄而西者由之以入於西江其北曰朱儲斗門〔卽玉山斗門殆約指之耳〕去湖最遠蓋因三江之上兩山之間疏爲二門而以時視田中之水小溢則縱其一大溢則盡縱之使入於三江之口所謂湖高於田丈餘田高於海丈餘水少洩湖水以溉田水多洩田水以入於海是也）自此水患稀而農田常稔矣宋祥符慶歷間民有盜湖爲田者（祥符間七戶慶歷間四戶爲田四頃）治平（盜湖爲田者八千餘戶爲田七百餘頃）熙寧以降占田至二千三百餘頃歲得租米六萬餘石鑑湖遂廢而爲田當時雖屢有復田爲湖之爭議而熙寧中盧州觀察推官江衍謫官至越思復湖而

未能（乃立牌於水牌內者聽其爲田入租凡八千餘戶田七百餘頃（嘉慶山陰志））至郡守王艤則聽民占田（牌外占湖爲田者二千餘頃）湖乃盡廢（舊有之田曰江田占湖之田曰湖田）湖廢而水無所瀦時而浣江之水灌於西江山陰遂成巨浸（舊志）當局者或於上游分其源或於下游疏其流各據要津增置塘壩堰閘以爲補救如明成化中郡守戴公琥邑令張煥輩建新竈柘林甲蓬新河諸閘以洩湘湖與麻溪之水猶不足以殺其暴漲也乃爲決塘之計決則驟涸然後疲民以築塞焉功未成而又患旱乾矣（見山陰志又會稽志水利考每於蒿口賀盤黃草瀝直落施等處開掘塘缺雖少舒一時之急而即欲修補以備瀦蓄又難爲工矣是以不免恆有旱乾之患）天順間郡守彭公誼大營西江塘採輿論相視臨浦江中有山名磧堰鑿通磧堰令浦陽江水趨錢塘江匯上江水以入海惟潮水大上時江水弱不得下反挾江潮犯浦陽江故並築壩於臨浦麻溪既而戴公琥乃建閘於茅山之麓土人復於茅山嘴至鄭家山建築江塘以斷浦陽江水內趨入麻溪之故道（嘉靖中建茅山閘以司啓閉萬曆中築大塘永捍江流不使內犯）自此來源江流由上游改道而去內地水患始弭嘉靖中郡守湯公紹恩於三江建星宿大閘兼作水澇築土塘開新河立水則所以籌之者備至由是尾閭暢達啓閉有則前規後隨有舉無廢則水患永除矣上所論述皆在山陰縣境蓋越中水患在西南經流浦江與諸暨下洩之水會於西小江經山陰而趨海積五縣之水包舉內地雖有瓜渚狭猱諸湖不足以容會歸之巨流故洋溢入於會稽而爲患若會稽本境上游舜江之水有曹娥蒿壢

一帶塘壩爲障由曹娥江徑趨入海捍江流於境外曹娥江舊有閘又有斗門宋縣令曾公亮所置本縣之水東流入江斗門廢而爲堰壩水遂卻行入官河同諸堰北注之水匯玉山斗門出三江入海而內地水源祇屬溪流有梅湖白塔洋獨樹湖等以爲瀦蓄有沿塘諸堰逐節分洩故無水患之虞（徐渭水利考）會稽支分派別之水其源數十其橫而受水者則曰運河焉自鵝鼻迤邐東北出入千巖萬壑中而流者曰平水北會西湖謝湖周湖孔湖鑑浦上竈諸水經若耶樵風涇而分爲雙溪西會禹池通鴨塞港抵城隍而入於官河遂由弔橋梅龍堰而東會浪港經大湖頭划船港而入於官河遂由石堰而下又源出寶山者曰御河北流會鰻池西折通洞浦入官河而爲獨樹洋遂由董家皋埠二堰而下　源出諸葛山曰靑塘等溪西入盧家蕩南接富盛溪北流入官河爲茅洋爲白塔洋遂由樊江茅洋政平陶家瓜山五堰而下源出白木岡曰倉塘會謝憩康家泉湖西斟等湖出於涇入於河遂由夏家黃家彭家三堰而下再東爲東關河有白米堰東流爲曹娥壩南折爲蒿灑壩俱舊有陡門遺址尙存也凡諸河道縱橫一皆鑑湖遺跡而諸堰下注玉山斗門以入於海所患者西面山陰溢入之水耳故言水利者多注重於山陰（徐渭水利考）浦陽諸暨諸湖之水逾漁浦流注錢淸江北出白馬等閘以入於海今閘久淤塞水道不通一有泛溢則不東注而以會稽爲壑雖有玉山斗門不足以洩橫流之勢顧自三江閘建後治水之道已臻完備而明季崇禎元年七月小金團及偁浦宋家漊一帶塘潰廬舍冲流人民溺死萬計由居民開塘穴建橋通舟塘身不固故也曁康熙中二年八月四年八月廿九年大水及五十年五十六七年猶迭遭水患者塘決故也由人民安其利而忘其害或私開塘穴建橋以通舟或隱田詭避護塘者力弱不支或土塘薄弱不足以禦颶風海潮康熙壬辰郡守俞卿閱海塘夷如平地而馬安山丈午村蔡家塘諸要害爲內水所漱五六十丈次年四月修築告成至秋颶風又潰海塘數十里俞公不避嫌怨大興塘工大索隱田隱田者山陰四十四七諸都名江北田共九萬三千餘畝不預一切徭役專修海塘（始於明）康熙二十年間豪民爲詭避計逸出

二萬畝寄於中鄉存者力弱不支坐視塘潰俞公大索使盡出之高厚其塘身築山陰石塘自九墩至宋家漊接會稽界計四十里次年康熙五十七年八月潮患大作漂沒屋廬而上虞海塘盡潰見夫山陰海塘易石之利共謀築石自曹江百丈塘起閱九十餘里至山陰宋家漊止惟龕支山麓無須捍禦餘須築塘二千九百五十餘丈俞公力任其事至康熙五十八年十月會邑二千三百餘丈之險工竣六十一年十一月緩工又竣共計石塘三千餘丈道光會稽志俞卿碑記於是塘潰之患始息乾隆四十一年四月大水西江塘決此塘在蕭山三邑居民樓寄山岌一切蕩然道光二十三年八月曹江塘決同治四年大水郡中閉城門以拒水鄉民越樓窗以登舟此三江閘建後之水患皆塘決也同光中又有沙淤之患三江閘外砂隨潮來潮退砂留積久砂漲爲地至數十里名豆腐坂遇春霖秋霪內河陡漲淤塞閘流常以爲患開達宣港路遙工巨且隨掘隨淤出水刷砂之法成效亦稀羣興開掘豆腐坂之議今已經會江流形勢又變矣光緒中山陰劉令巡閱塘閘人咸以開豆腐坂爲言劉曰毋庸蠶戶山有樹林盡伐之則豆腐坂砂地將自潰後果如其言故水利形勢古今不同溯漢迄今幾經變易鑑湖始築擯海潮於湖塘以外而形勢一變建玉山斗門扁拖諸閘廢鑑湖爲田而形勢又一變初築壩麻溪開通磧堰繼築貓山嘴一帶江塘而形勢又一變建三江大閘暢洩羣流使海潮不得入三江內犯而形勢又一變至海塘易石缺陷胥彌自此汪洋澎湃之澤國皆成沃壤豈一朝一夕所能臻此哉吾乃審

夫始初本然之形勢述其歷代已然之成績始恍然於今日農村阡陌皆昔時魚鱉之窟宅也故知玉山之閘建鑑湖不妨廢而爲田使當時爭復湖諸公而知此可廢然返矣爭復湖事詳見曾鞏鑑湖圖序及王十朋鑑湖說張元忭曰忭案諸家所論前乎漢而無海塘則鏡湖不可不築後乎宋而有海塘則鏡湖可以不復也其說已盡況三江之閘其益百倍於海塘磧堰既開貓山塘閘又築而持麻溪壩不可開之說者又拘泥矣詳見劉宗周天樂水利議略相傳設有厲禁曰磧堰永不可塞麻溪永不可開蓋今昔形勢不同也縱觀越中大勢北海塘東西江塘爲三面邊防鏡湖塘爲內地初次防線玉山斗門閘爲第二次防線三江閘爲外防線在今日言外防既立邊防鞏固而第二防線與內防線已無足言而不知在當時逐步擴展節節經營均甚關重要也所防者何外防海潮內防山水耳審乎此而越中水利可知其大要矣後之言水利者第注意於塘閘而勤加保護及時修整瀦洩得宜可永免水旱之災然由今之形勢而言水漲似可無虞而旱乾之患恐將不免何則鏡湖已成阡陌濱河之田農人增築隄埂廣其種植河道日形狹小而濱湊小港至有不能通舟楫者且瓦礫垃圾傾倒淤積河底日淺則蓄水不多一經旱乾不敷灌溉此後又當以濬河疏源爲水利之要務矣

紹興城形勢記

臥龍山爲朱華山脈之盡越城據臥龍山形勝自古建設州都爲浙東名郡案紹興城曰蠡城又稱越城始築於

越之范蠡築外城於隋開皇十四年楊素環郭三十里中涵八山臥龍蕺山火珠蛾眉瑯琊彭山白馬黃琢因河流自植利門卽南門南來直至江橋折東迤北出昌安門北門遂分山陰會稽兩縣之界河西岸屬於山陰縣區分二十三坊河東岸屬於會稽縣區分十六坊卽南北城啓閉之門亦左右分二縣各屬其一如兩儀各判爲城爲九門水旱共十二塞其一實爲八門南北兩門均跨兩縣外昌安有旱門在山陰境西之屬於山陰者曰常禧門一名延禧門俗稱偏門水旱各一曰迎恩門俗稱西郭門水旱各一東之屬於會稽者曰稽山門曰東郭門曰五雲門曰都泗門其稽山東郭兩門之間舊有一門曰羅門城內附近稱羅門坂但堵塞已久案羅門爲水門相傳謂開此門多盜此門不知始於何時堵於何時城之南萬山層疊屏列雲表城以北河帶交縈衆流歸宿而城區實建中立極控制稱雄東幹山脈距城南四十餘里之尖子岡出茅園嶺東行折北迤西北百餘里而盡於三江西幹山脈距城南四十餘里之作丹岡出古博嶺西行折北迤東北百數十里而止於三江東西兩幹之山周三百餘里同止於三江環拱交鎖而爲紹興城之外水口尤奇者東幹山脈在日鑄嶺西北分一支起中竈少祖山過下竈柏仙岡北度裘家嶺至箬簣山卽繞門山西施山至城內白馬山彭山而止於昌安門之東岸西幹山脈在牛頭山東分一支出錢淸迤北東至白馬山西展山東至上方山又東爲西山轉東南爲梅山再東南入城至蕺山而止於昌安門之西岸東西兩幹山脈之分支相距百餘里同止於昌安城門之左右兩岸環拱交鎖爲紹興

城北門之內水口內外兩水口天造地設擁衛臥龍山形勢之尊嚴則紹興城之山環水繞雄踞一方豈不偉哉當日相度形勢經營此城者誠具有巨眼卓識者矣

紹興縣清丈後城區各鎮土地狀況及地積統計表 地政處錄示

新編鎮名	都圖別	舊有鎮名	地目及面積：戶地：田	農地	宅地	池塘	林地	雜地	公用地：城牆	汽車路	道路	河川	總計
城中鎮	中	一 昌福	無	無	一五〇·〇六八	〇·一一四	無	七·二二三	無	無	三一·七六五	二·八六〇	一九二·〇三〇
		四 水澄	無	〇·九七五	二五一·一一四	一·三四七	無	一三·一二九	無	無	二四·四六八	一五·六五七	三〇六·六九〇
		四 大善	無	無	三一四·四八一	無	無	九·〇二四	無	無	二〇·八〇二	一六·九一八	三六一·二二五
		五 秋瑾	無	無	一九六·七八五	無	無	三·九七三	無	無	一八·二三〇	一·六〇三	二二〇·五八一
		合計	無	〇·九七五	九一二·四四八	一·四六一	無	三三·三三九	無	無	八五·二六五	三七·〇三八	一·〇七〇·五一六
城東鎮	中	一 長安	三五九·〇七四	七·四四七	四三一·七〇三	四七·二二四	無	一〇三·六七八	二五·七八〇	二七·三三四	三九·六八五	二四·七一〇	九六五·六三五
		二 湯公	四二一·八一三	一一·九一〇	五七七·七八二	九·九六二	無	五二·九二三	八·三六四	三〇·九五四	四七·六四八	八九·二〇〇	八七一·五六五
		二 孝女	一六六·二九二	三·七八四	四一九·四〇四	〇·六五二	無	三八·七五八	九·三九六	無	四〇·六二三	八六·一四六	七六五·〇五五
		合計	四六八·一八八	二三·一四一	一·四二八·八八九	五七·八二八	無	一九四·三五九	四三·五四〇	五八·二七八	一二七·九五六	二〇〇·〇六六	二·六〇二·二四五
		二 咸歡	七四·六〇八	二八·一四〇	六六八·七五二	一七·五一九	無	八八·一〇三	無	無	四〇·八八八	三七·六四五	九六五·六五五

鎮														
城南鎮	中	三	南大	八四二•四八八	一六四•七〇三	八〇六•三六九	一六•八〇二	無	二二三•七三七	三二•二六三	無	七九•四一二	三二六•一三六	二•四八〇•九一〇
		五	大雲	無	〇•三九六	一七四•〇一三	無	無	〇•八二八	無	無	一四•二二五	九•〇七七	一九八•五三九
		五	辛植	七六•三二五	四二•四三五	五四一•五四二	一三•二〇七	無	六二•六一五	三二•五八九	一三•〇三八	五五•四四九	八四•五六九	九二一•七五九
		合計		九九三•四一一	二三五•六七四	二•一九〇•六七六	五七•五二八	無	三六四•二八三	六四•八二五	一三•〇三八	一八九•九七四	四五五•四二七	四•五六四•八六三
城西鎮	中	四	錫麟	三二一•三六八	一四•六二一	三九七•八〇五	七二•九二九	一六〇•九七六	一〇九•二八〇	二九•二二二	七五•六五九	四一•一八八	一二六•五八五	一•三四九•六三三
		五	美政	三•九〇五	二四•九二六	五七四•〇二七	七•八一四	四一•五〇二	一五三•四八九	一〇•一九八	一•〇一六	五二•一七九	四五•八六九	九一四•九二五
		合計		三二五•二七三	三九•五四七	九七一•八三二	八〇•七四三	二〇二•四七八	二六二•七六九	三九•四二〇	七六•六七五	九三•三六七	一七二•四五四	二•二六四•五五八
城北鎮	中	一	戴望	四九•五一二	六•四七四	一六六•五〇二	二七•六八六	無	二四〇•二六五	無	一三•〇三八	二〇•三七一	一七•一五七	五四〇•九六八
		四	越王	八三•四二四	一八•五〇二	三三一•二三四	一九•〇〇三	無	六〇•九一七	一四•九〇六	三二•二一二	一九•八二四	四四•七五三	六一四•七七五
		四	上大	無	一•七九六	二二三•七一〇	一•一二八	無	二〇•二三五	無	無	二一•五八〇	二八•九三二	二八七•四七一
		合計		一三二•九三六	二六•七七二	七二一•四四六	四七•八一七	無	三二一•四一七	一四•九〇六	四五•二五〇	六一•七七五	九〇•八四二	一•四四三•二一四

紹興城鎭山水顧盼一覽

朱震稷臣稿

凡例

一 城鎭山水方位悉遵浙江省陸地測量局製定之地圖爲本

一 城內以府山之巔爲測位市鎭以集中之處爲測位

一 儀器之分度盤一圜周而分爲三百六十度一度之內又分爲六十分其細密已達極點何必更論其秒但民衆慣用羅經之二十四字特附誌之以通俗也

一 城鎭之直視線距率照原圖表出之五萬分一之尺概用米突尺扣准故名距率

一 一圜周劃分爲四象限一象限又分爲九十度形同名異非圖不明一圜周分爲二十四宮即以羅經之正鍼二十四字書實之子午卯酉四字適在四象限之騎縫更非圖不明玆將分度盤與羅經正鍼合爲一盤冠於卷首以醒閱者之目

一 沿縣界之毗連鄰縣有五其三縣交界之處咸喜眺望特舉交點另編一表以明鄰縣毗連之度數聊助坐談者之興趣

一 城內眺望市鎭山水之度數與市鎭回視城內測位之度數相同者蓋賓主兩點皆用子午線爲體子午線必平行而平行內之同方兩內角必等雙方互用毫不舛錯但偏向與

正鍼方位則反之故另編市鎮囘視表一章

一 順序排列度數不亂測覽目光至於直視綫之距率爲不移步而知遠近之需山之高度爲不舉準而識高低之用序之順不順無關也

一 當界之山位次自東折南轉西落北順其界線之序開列以便測覽者環視也

一 城內府山爲測量之主位其高度一一二·〇借此山爲舉目即見之量山玉尺若香爐峰三倍另四六越王崢三倍另五二諸葛山五倍另四八秦望山五倍另二二四峰山二倍另六九嵩尖二倍另九九大稷山一倍另八八金龍尖四倍另七三峙山六倍另三八葉家山四倍半吼山一倍另四四梅里尖一倍另九二杭縣西湖之南高峰二倍另五二羣山在望概以府山高度度衆山之尊卑閲者可以心營代步目驗代量矣

一 原圖所標之山無高度者則闕之

一 原圖內湖之面積未測定者則略之

一 境外之市鎮非紹縣管轄者不編囘視偏向尊主體也

一 山名不無雷同用尊賓定主之法注明山之附近著名村莊以便檢點間有空曠無村莊者則闕之

一　此表備政府之臨制四方使民衆之不誤觀瞻爲主旨

紹興城鎮山水顧盼一覽目次

紹興府山之巔爲測位眺望境內市鎮偏向度數距率正鍼方位表

市鎮名	子午線之偏向	偏向之度數 度	偏向之度數 分	直視線之距率	正鍼方位
馬鞍鎮	北偏東	六	二〇	·三一三·〇	子偏癸
斗門鎮	北偏東	一一	一一	·二一四·〇	癸偏子

三江城	北偏東	一七	一六	·二六一·〇	癸偏丑
姚家埭鎮	北偏東	四一	四八	·二五八·〇	艮偏丑
馬山鎮	北偏東	四六	二三	·二四四·五	艮偏寅
松陵	北偏東	五四	二六	·一〇四·五	寅偏艮
瀝海所	北偏東	五六	〇	·四三九·〇	寅偏艮
孫端鎮	北偏東	五九	五七	·二九〇·〇	寅偏艮
嘯唫鎮	北偏東	六七	二二	·三七〇·〇	寅偏甲
道墟鎮	北偏東	七六	六	·三九二·五	甲偏卯
陶堰	北偏東	八三	四四	·三〇二·〇	卯偏甲
皋埠鎮	北偏東	八五	二三	·一八〇·〇	卯偏甲
樊江	北偏東	八五	三七	·二二三·〇	卯偏甲
東關鎮	北偏東	八七	四四	·四六八·〇	卯偏甲
道里市	北偏西	九	二九	·三〇九·五	壬偏子
下方橋	北偏西	一一	三七	·二七三·〇	壬偏子

黨山	北偏西	一五	一八	·三六四·〇	壬偏亥
安昌鎮	北偏西	二八	四七	·三五一·〇	亥偏壬
東浦	北偏西	三三	〇	·一二八·五	亥偏乾
華舍鎮	北偏西	三四	一七	·三〇〇·〇	亥偏乾
管市	北偏西	四五	四〇	·二四四·〇	乾偏戌
錢清鎮	北偏西	四九	一八	·四一一·五	乾偏戌
柯橋鎮	北偏西	五一	五四	·二三七·〇	乾偏戌
阮社	北偏西	五四	四一	·二七四·五	戌偏乾
賓舍鎮	北偏西	五六	一五	·三五六·〇	戌偏乾
江橋鎮	北偏西	六〇	四五	·五四一·〇	戌偏辛
湖塘	北偏西	六二	一三	·三〇八·〇	戌偏辛
壽勝埠	北偏西	七〇	五八	·二四七·〇	辛偏戌
夏履橋鎮	北偏西	七三	八	·四二九·〇	辛偏戌
所前鎮	北偏西	七三	九	·五八三·〇	辛偏戌

型塘	北偏西	七四	四二	·二七六·五	辛偏戌
臨浦鎮	北偏西	八二	五二	·六二四·〇	酉偏辛
橫溪鎮	南偏東	一	六	·三六七·〇	午偏丙
車頭	南偏東	九	一二	·四五七·〇	丙偏午
西路口	南偏東	一三	三八	·三一六·〇	丙偏午
王城鎮	南偏東	一八	四五	·五八八·〇	丙偏巳
黃壇鎮	南偏東	二三	一六	·五二〇·〇	丙偏巳
平水鎮	南偏東	二四	三一	·二六五·〇	巳偏丙
平水埠	南偏東	三三	三七	·二一五·〇	巳偏巽
上竈鎮	南偏東	三八	九	·二三一·五	巽偏巳
湯浦鎮	南偏東	五三	一〇	·五二一·〇	辰偏巽
攢宮	南偏東	五九	五七	·二六八·〇	辰偏巽
南池	南偏東	六三	四九	·一五六·〇	辰偏乙
攢宮埠	南偏東	六五	三〇	·二六〇·〇	辰偏乙

富盛	南偏東	七二	五〇	·三一四·〇	乙偏辰
倉塘	南偏東	七六	四五	·四五六·〇	乙偏卯
曹娥鎮	南偏東	八九	二一	·五七五·五	卯偏乙
菠塘	南偏西	一三	三六	·一五三·〇	丁偏午
灰竈頭	南偏西	三八	二二	·二三六·〇	坤偏未
蘭亭	南偏西	四〇	三一	·二一七·〇	坤偏未
漓渚鎮	南偏西	六一	二四	·二一三·〇	申偏庚

紹興縣境內各市鎮𢌿視府山之巔偏向度數直視線距率正鍼方位表

市鎮名	𢌿視之子午線偏向	偏向之度數		直視線之距率	正鍼方位
		度	分		
馬鞍鎮	南偏西	六	二〇	·三一三·〇	午偏丁
斗門鎮	南偏西	一一	一一	·二一四·〇	丁偏午
三江城	南偏西	一七	一六	·二六一·〇	丁偏未
姚家埭鎮	南偏西	四一	四八	·二五八·〇	坤偏未
馬山鎮	南偏西	四六	二三	·二四四·五	坤偏申

松陵	南偏西	五四	二六	一〇四·五	申偏坤
瀝海所城	南偏西	五六	〇	四三九·〇	申偏坤
孫端鎮	南偏西	五九	五七	二九〇·〇	申偏坤
嘯唫鎮	南偏西	六七	二二	三七〇·〇	申偏庚
道墟鎮	南偏西	七六	六	三九二·五	庚偏酉
陶堰	南偏西	八三	四四	三〇二·〇	酉偏庚
皋埠鎮	南偏西	八五	二三	一八〇·〇	酉偏庚
樊江	南偏西	八五	三七	二二三·〇	酉偏庚
東關鎮	南偏西	八七	四四	四六八·〇	酉偏庚
道里市	南偏東	九	二九	三〇九·五	丙偏午
下方橋	南偏東	一一	三七	二七三·〇	丙偏午
黨山	南偏東	一五	一八	三六四·〇	丙偏巳
安昌鎮	南偏東	二八	四七	三五一·〇	巳偏丙
東浦	南偏東	三三	〇	一二八·五	巳偏巽

華舍鎮	南偏東	三四	一七	三〇〇·〇	巳偏巽
管市	南偏東	四五	四〇	二四四·〇	巽偏辰
錢清鎮	南偏東	四九	一八	四一一·五	巽偏辰
柯橋鎮	南偏東	五一	五四	二三七·〇	巽偏辰
阮社	南偏東	五四	四一	二七四·五	辰偏巽
賓舍鎮	南偏東	五六	一五	三五六·〇	辰偏巽
江橋鎮	南偏東	六〇	四五	五四一·〇	辰偏乙
湖塘	南偏東	六二	一三	三〇八·〇	辰偏乙
壽勝埠	南偏東	七〇	五八	二四七·〇	乙偏辰
夏履橋鎮	南偏東	七三	八	四二九·〇	乙偏辰
所前鎮	南偏東	七三	九	五八三·〇	乙偏辰
型塘	南偏東	七四	四二	二七六·五	乙偏辰
臨浦鎮	南偏東	八二	五二	六二四·〇	卯偏乙
橫溪鎮	北偏西	一	六	三六七·〇	子偏壬

車頭	北偏西	九	一二	·四五七·〇	壬偏子
西路口	北偏西	一三	三八	·三一六·〇	壬偏子
王城鎮	北偏西	一八	四五	·五八八·〇	壬偏亥
黃壇鎮	北偏西	二三	一六	·五二〇·〇	壬偏亥
平水鎮	北偏西	二四	三一	·二六五·〇	亥偏壬
平水埠	北偏西	三三	三七	·二一五·〇	亥偏乾
上竈鎮	北偏西	三八	九	·二三一·五	乾偏亥
湯浦鎮	北偏西	五三	一〇	·五二一·〇	戌偏乾
攢宮	北偏西	五九	五七	·二六八·〇	戌偏乾
南池	北偏西	六三	四九	·一五六·〇	戌偏辛
攢宮埠	北偏西	六五	三〇	·二六〇·〇	戌偏辛
富盛	北偏西	七二	五〇	·三一四·〇	辛偏戌
倉塘	北偏西	七六	四五	·四五六·〇	辛偏酉
曹娥鎮	北偏西	八九	二一	·五七五·五	酉偏辛

菠塘	北偏東	一三	三六	・一五三・〇	癸偏子
灰竈頭	北偏東	三八	一二	・三三六・〇	艮偏丑
蘭亭	北偏東	四〇	三一	・二一七・〇	艮偏丑
瀝渚鎮	北偏東	六一	二四	・二一三・〇	寅偏甲

紹興府山之巔爲測位眺望境內山水偏向度數距率高度正鍼方位四至表

山水名	子午線偏向	偏向之度數		直視線之距率	山之高度	正鍼方位	山之附近著名村莊			
		度	分				東	南	西	北
馬鞍山	北偏東	二	五七	・三〇二・〇	二四〇・四	子偏癸	馬安鎮	甲彭閘	道里市	市橋頭
駝峰山	北偏東	四	二	・二八四・〇	二六六・二	子偏癸	小山鵰	甲彭閘	馬安鎮	
梅山	北偏東	九	一二	・一二五・〇	一一八・八	癸偏子	陳港	善港		裘家
湯山	北偏東	九	五七	・二六六・〇	一二一・六	癸偏子	三江閘			
金雞山	北偏東	一二	三六	・二一五・五	一〇五・七	癸偏子	望仙橋	新河頭	斗門	黃湖
三江閘	北偏東	一五	三二	・二六五・〇		癸偏丑	三江城		湯山	

曹娥江口	北偏東	三九	一四	·三○七·五		艮偏丑	西匯塘	徐家渡	大小潭	杭州彎
偁山	北偏東	七○	二九	·四○○·五	二三五·九	甲偏寅	杜浦	道墟		嘯唫
賀家池	北偏東	七四	四	·三一二·○	四六一·	甲偏寅	錢家漊	陶堰	皇甫莊	村頭
大稷山	北偏東	八二	四八	·三八○·五	二一一·○	卯偏甲	后莊	涇口	楊家漊	遠利
白塔洋	北偏東	八五	四四	·三二九·○		卯偏甲	白塔橋		陶堰	
狭猹湖	北偏西	四	一五	·一八二·○	二三七·○	子偏壬	駱家莊	章市	后苦村	暨徐
上方山	北偏西	一九	四五	·二八四·○	一六三·三	壬偏亥	下方橋	興浦	馬回橋	西山
瓜渚湖	北偏西	三六	三一	·二○二·○	一九四·○	亥偏乾	中后梅	梅墅	柯橋	商瀆
青甸湖	北偏西	四九	一五	·○七二·○		乾偏戌	管豆弄	石堰頭	王家村	中家彎
牛頭山	北偏西	五一	○	·四九八·○	二七七·四	乾偏戌	山頭李		寺山	西江河
芝塘湖	北偏西	六○	一九	·四五○·○		戌偏辛	錢清			湖裏陳
柯山	北偏西	六○	二五	·二一一·○	一五四·八	戌偏辛	柯山下	大池頭	柯岩	柯橋

鑑湖	北偏西	六二	三一	·二五七·○		戌偏辛	一家堰	壽勝埠	蓮花庵	阮社
竹林尖	北偏西	六五	五七	·五七三·○	二三三·六	戌偏辛		下牛王	魚林關	
越王崢	北偏西	六八	三一	·四九四·○	三九四·九	辛偏戌	墅塢	山栖嶺	東夏山村	江塘
秋湖山	北偏西	七三	八	·一八九·五	○八三·四	辛偏戌	海山頭	秋湖橋	石家村	萬郎橋
雲蔚山	北偏西	七三	四五	·五○四·○	二五○·○	辛偏戌	峽塘村	石門王	龍泉寺	東夏山村
梅里尖	北偏西	七八	七	·一三一·○	二一五·七	辛偏酉	坂里社	麻皮彎	五眼橋	宋家山
西園山	北偏西	七八	一四	·三五七·五	三九三·七	辛偏酉	毛塢里	宣家塢	下巖莊	西園寺
青化山	北偏西	七八	二五	·五二三·○	五○三·四	辛偏酉		廣蓮寺	三尖王	大宛岡
青山掌	北偏西	八○	一七	·五六九·○	二五六·三	辛偏酉	青化山	安山陳	朱家屋	三尖王
翠峰	北偏西	八三	一	·二二一·○	二二三·七	酉偏辛	項裏	毛山寺	定廣寺	柯塔村
石柱山	北偏西	八七	二	·一九三·五	一八○·七	酉偏辛	洞橋	地埠	毛山寺	項裏
大龍岡	南偏東	一	三七	·二八二·○	四三五·○	午偏丙		和尚山	裏兵康	

秦望山	南偏東	三	五九	·二六六·〇	五八五·三	午偏丙		六里嶴	法華嶺	道灣
鶴山	南偏東	七	三六	·三四〇·〇	一九六·五	丙偏午	西路口	堯郭		
文將山	南偏東	一一	三九	·三四一·五	二六六·七	丙偏午		平陽寺		西路
靈巖山	南偏東	一四	五七	·五六四·〇	五二〇·四	丙偏午	北塔	大巖墩	水碓坑	蔣村
天柱山	南偏東	一五	四	·二〇〇·〇	四〇三·七	丙偏巳	平水			上謝墅
化山	南偏東	一五	五三	·三三六·〇	二三五·七	丙偏巳	桃園嶺	堯郭	鶴山	西路口
龍池山	南偏東	一六	二一	·四二一·〇	六〇八·四	丙偏巳	下陳			廟前
駟馬山	南偏東	一六	四七	·三〇二·〇	二五五·八	丙偏巳	金家嶴	西路口	寺前	溪前
雌虎尖	南偏東	一七	一二	·五一四·〇	五〇七·三	丙偏巳	竹來山	蔣村	謝村	青壇
天岡里	南偏東	一八	三二	·三八七·〇	六三一·七	丙偏巳	孫家塔		堯郭	金家墺
鳳凰山	南偏東	二二	二九	·三五三·〇	五〇五·七	丙偏巳	陳夾墺	孫家塔	平陽寺	金家墺
羅漢山	南偏東	二二	三九	·三七四·〇	五一三·二	巳偏丙	孫家塔			桃園嶺

天燈盞	南偏東	二五	一	・四七九・〇	二九一・七	巳偏丙				峙山
萬后山	南偏東	二九	四八	・三二八・〇	五六五・七	巳偏丙	安吉	桃園嶺	金家墺	
香爐峰	南偏東	三〇	六	・一五〇・〇	三八八・三	巳偏巽	上灶		上謝墅	
峙山	南偏東	三一	七	・四一四・〇	七一四・六	巳偏巽	徐婆岸	寺山村	馬王嶺	陳家墺
天荒山	南偏東	三八	五九	・五六九・〇	四五四・七	巽偏巳				
大螺山	南偏東	四二	一八	・五七八・〇	四六七・三	巽偏巳	八鄭		石壇	大塢
望海岡	南偏東	四五	一〇	・三六八・〇	五九八・五	巽偏辰	董家搭	宋家店	上竺	五福嶺
龍潭岡	南偏東	四五	二三	・三四七・〇	五八九・三	巽偏辰	金墺	下竺		
金龍尖	南偏東	四七	三四	・四一八・〇	五三〇・四	巽偏辰	后岸	長塘頭	板邦	董家搭
大岡山	南偏東	四八	三三	・五〇三・〇	三六四・三	巽偏辰	湯浦	廟下	外王化	下張
龍頭岡	南偏東	四九	一〇	・四五二・〇	三七二・八	巽偏辰	湯湖	湯浦嶺下	溪上	橫溪
王胡尖	南偏東	四九	四四	・五九五・〇	四二二・八	巽偏辰	花坎	杜家保	萬家墺	

九岡山	南偏東	五四	二九	·一七二·〇	二六〇·八	辰偏巽	西保	上灶		
諸葛尖	南偏東	五八	六	·四〇七·五	六一四·八	辰偏巽	會龍庵	橫溪	道士墺	后倪
長坂山	南偏東	五九	六	·四五八·〇	三一一·六	辰偏巽	蔣村 胡家	白牧	坟山里	廣陵
龍池岡	南偏東	六〇	七	·三三一·〇	三四〇·五	辰偏乙	旗收嶺	道士墺	宋皇陵	
四峰山	南偏東	六二	二一	·五一二·〇	三〇一·五	辰偏乙	廟基彎	鰱魚山	蔣村 鄭家	抬五岡
閣老山	南偏東	六七	九	·三九五·〇	四二九·五	辰偏乙	望湖嶺	淡竹塢	坂頭丁	巖裏
大墺岡	南偏東	七〇	二三	·四三一·〇	三六五·三	乙偏辰	望湖庵	會胡	巖裏	梅園里
吼山	南偏東	八一	二八	·二二八·〇	一六二·三	乙偏卯	孟家鳳	鵰泥山	前山徐	黃墩金
烏門山	南偏東	八四	一	·一二〇·〇	一三三·三	卯偏乙	樹村		上浜	東湖站
義峯山	南偏東	八四	一三	·三六二·〇	一二二·六	卯偏乙	北山	方墺		白塔橋
聖華山	南偏西	〇	四九	·五六一·〇	六一五·八	午偏丁	安村		陳村	裘村
太平山	南偏西	三	五四	·五七四·〇	二七三·四	午偏丁	印家塔	尖山市		家傑

朱華山	南偏西	一一	四一	·二四二·〇	三七一·〇	午偏丁	乾溪村	紫紅嶺村		
五巖山	南偏西	一二	二八	·四八二·〇	七二七·三	午偏丁	葉村		香岙	橫路
摩旗尖	南偏西	二八	五三	·二三八·〇	二三八·八	未偏丁	銅官廟		蘭亭	
亭山	南偏西	二二	四四	·〇六七·五	一五〇·三	未偏丁	六合村		鄭家峯	凌家岸頭
鳳凰山	南偏西	二二	四五	·二六九·〇	三二七·一	未偏丁	高村	謝家橋		灰竈頭
華巖尖	南偏西	四三	一九	·二四二·〇	三八一·三	坤偏未	灰竈頭			謝塢
三峯尖	南偏西	五五	三一	·二七九·〇	三二〇·一	申偏坤	謝塢	苦竹村	西村	
雙籠山	南偏西	五六	一七	·二二七·〇	二五六·二	申偏坤		謝塢	大煙坂	漓渚
峽山	南偏西	五八	二九	·一五六·〇	一三一·九	申偏坤			中心橋	白華廟
雙峯山	南偏西	五九	二八	·一七三·〇	一三六·四	申偏坤	洪家園	阮江	中口廟	
雌山	南偏西	六五	五八	·二三一·〇	二五一·五	申偏庚	容山村		沈家	
美女山	南偏西	六五	五九	·三一二·〇	三二七·五	申偏庚		大廟前	姚村	

邱山	南偏西	七一	五一	・二二一一・〇	二八二二・三	庚偏申	白華廟		烏石廟	容山村
青巖尖	南偏西	七三	四八	・二二八九・五	四〇〇・四	庚偏申	沈家			石門
老鷹尖	南偏西	七九	一一	・二二五三・〇	三九二・五	庚偏酉		夏家	方家塢	
多支岡	南偏西	七九	四二	・三二〇・〇	四五七・八	庚偏酉			橫山嶺	毛鄱溪
古蒼山	南偏西	七九	四七	・五二四・〇	二六一・二	庚偏酉	漢潭		匯頭中	
銅井山北頂	南偏西	八五	〇	・三四九・五	四六四・五	酉偏庚	大墟		和平寺	

紹興府山之巔環視當界山水偏向度數距率高度方位四至表

縣名	山水名	子午線偏向	偏向之度數 度	偏向之度數 分	直視綫之距率	山之高度	正鍼方位	附近著名村莊 東	附近著名村莊 南	附近著名村莊 西	附近著名村莊 北
海寧	杭州灣	北偏東	二二	五九	・六二〇・〇		丑偏癸			蕭山	
海寧	杭州灣	北偏東	四一	五〇	・六四二・〇		艮偏丑	上虞			
上虞	鳳凰山	南偏東	八六	四七	・五六一・〇	三五三・〇	卯偏乙	曹娥江	嵩尖	金村	曹娥
上虞	嵩尖山	南偏東	八三	八	・五五三・〇	三三五・〇	卯偏乙	曹娥江		嵩莊	鳳凰山

紹興縣志資料 第一輯 山川

上虞	蒿寺尖	南偏東	七八	三九	·五二三·〇	三五五·五	乙偏卯	蒿壩		馬徐墺	
上虞	龍會山	南偏東	七五	二七	·四九九·〇	四二〇·四	乙偏卯		裏梅塢	塘里	謝憩
上虞	拾五岡	南偏東	七〇	五七	·四七五·〇	四六〇·五	乙偏辰	裏梅塢	羅村山		塘里
上虞	羅村山	南偏東	六九	一二	·四七六·〇	四三二·七	乙偏辰	陶墺		謝家	塘里
上虞	小江口	南偏東	六四	二〇	·五九八·〇		辰偏乙	東山		鄭家埭	方街
上虞	石龍山	南偏東	五二	三三	·五八七·〇	三八八·一	辰偏巽		八鄭	官羊	花坎嶺
上虞嵊縣	三界	南偏東	四六	八	·七四九·〇		巽偏辰	大舜江	三界		牛頭山
嵊縣	龍塘山	南偏東	三五	三六	·五六〇·〇	四一〇·九	巳偏巽	下公村	橋亭墺	樂家墺	駐蹕嶺下
嵊縣	太公山	南偏東	三七	一七	·四八七·〇	二八七·六	巳偏巽	下保	石壙		寺前
嵊縣	野猪岡	南偏東	三四	四〇	·四六四·〇	三六四·三	巳偏巽	李水家埠	俞坎	峙山村	徐婆岸
嵊縣	天燈塢	南偏東	二九	五六	·四六四·〇	三八三·五	巳偏丙			俞坎	峙山村
嵊縣	大山	南偏東	二九	九	·四九九·〇	三三八·九	巳偏丙	俞坎		飛起鳳	

嵊縣	大奇山	南偏東	二八	一三	・五一四・〇	三四四・七	巳偏丙	磡頭	界址嶺	坎上	
嵊縣	銅盤山	南偏東	一三	四二	・五八七・〇	五六〇・五	丙偏午	大巖墩	王嶺山下	下保	大平坑
嵊縣	木淵尖	南偏東	六	一三	・六〇〇・〇	七〇九・一	午偏丙	童坑彎	同錢坪	童家嶺	陶家園
諸暨	葉大山	南偏西	一一	五六	・五六一・〇	七二一・〇	丁偏午	烏泥塘	烏山頂	檀塊	香塊
諸暨	七隻里	南偏西	一四	四	・四二八・〇	五三四・七	丁偏午	沈家塢	橫路	石峽口	龍潭岡
諸暨	尖子岡	南偏西	一三	一〇	・四〇八・〇	五六五・九	丁偏午	中眉畈	橫路	石峽里	龍潭岡
諸暨	龍潭岡	南偏西	一三	四一	・三九三・〇	七四五・二	丁偏午	岔路口	尖子岡	梓塢山頭	張村
諸暨	鹿頭岡	南偏西	二〇	一〇	・三七七・〇	六〇〇・〇	丁偏未	橫溪	沈家塢	溪口	紫紅嶺
諸暨	作丹岡	南偏西	一一	一七	・三四七・〇	五四〇・一	丁偏午	諸塊		皂夾嶺	紫紅嶺
諸暨	皇老山	南偏西	三三	三一	・三〇六・〇	二七三・八	未偏坤	謝家橋	冬松嶺	大岡山	倪塢
諸暨	大岡山	南偏西	四七	四二	・三三八・〇	四一九・三	坤偏申	皇老山	澤泉	辣嶺下	色溪
諸暨	考老山	南偏西	五一	一一	・三〇八・〇	三一七・五	坤偏申	廣福寺	良戈舍	西村	

諸暨	闞口山	南偏西	五五	三一	·三一三·○	二○○·五	申偏坤	苦竹村	馬塢	橫閣	西村
諸暨	小王山	南偏西	六六	二二	·三四六·○	三二六·七	申偏庚	半月山	馬家村	池家塢	王山廟
諸暨	涼帽山	南偏西	七七	三二	·三五二·○	五五○·五	庚偏酉	橫山嶺		大山塢	夏澤
諸暨	銅井山南項	南偏西	八○	五九	·三七○·○	五三一·三	庚偏酉	橫山嶺		嚴坑	大橫坑
諸暨	葉家山	南偏西	八三	二五	·三九二·五	五○四·一	酉偏庚		大山塢	雙橋頭	
諸暨	螽斯嶺	南偏西	八一	三三	·四一四·○		庚偏酉	嚴坑		曹塢	
諸暨	燀金山	南偏西	七六	五一	·四六六·○	三四二·二	庚偏酉		牛皋嶺	東塢	
蕭山	西小江	北偏西	五七	二四	·五四六·○		戌偏乾				

紹興府山之巔爲測位眺望界外市鎮偏向度數距率正鍼方位表

縣名	市鎮名	子午線偏向	偏向之度數 度	偏向之度數 分	直視線之距率	正鍼方位
上虞	崧廈	北偏東	六八	三二	·五四八·○	甲偏寅
上虞	馬家堰	北偏東	七六	二一	·七八四·○	甲偏卯

上虞	小越	北偏東	七七	五二	·七一四·○	甲偏卯
上虞	五夫	北偏東	八一	二一	·七九二·○	甲偏卯
上虞	百官	北偏東	八七	二○	·五八九·○	卯偏甲
上虞	夾塘	北偏東	八九	四五	·八七四·○	卯偏甲
餘姚	縣城	北偏東	八四	一九	·一一三·○	卯兼甲
蕭山	靖江殿	北偏西	二三	三	·五四九·○	亥兼壬
蕭山	倉前	北偏西	二五	三一	·六八五·○	亥兼壬
蕭山	瓜瀝	北偏西	二八	二七	·四四一·○	亥兼壬
蕭山	赭山	北偏西	二九	四五	·六五五·○	亥兼壬
蕭山	龕山	北偏西	三六	五四	·五二三·○	亥兼乾
杭州	聯橋	北偏西	五三	四九	·九五八·○	戌兼乾
杭州	城站	北偏西	五四	一六	·九二四·○	戌兼乾

杭州	湖心亭	北偏西	五六	七	·九八九·〇	戌兼乾
杭州	南星站	北偏西	五七	二二	·九一二·〇	戌兼乾
蕭山	西興	北偏西	五八	一〇	·七九一·〇	戌兼乾
蕭山	蕭山縣	北偏西	五八	五八	·六八五·〇	戌兼乾
蕭山	江邊站	北偏西	五九	三二	·八六二·〇	戌兼乾
杭州	閘口站	北偏西	六二	一二	·九三六·〇	戌兼辛
蕭山	長河	北偏西	六四	三二	·八一三·〇	戌兼辛
蕭山	聞家堰	北偏西	七〇	五〇	·八一九·〇	辛兼戌
蕭山	義橋	北偏西	七八	四三	·七三三·〇	辛兼酉
蕭山	新壩	北偏西	八〇	一二	·六九九·〇	辛兼酉
蕭山	戴村	北偏西	八八	三一	·七一八·〇	酉兼辛
嵊縣	縣城	南偏東	二七	五六	·一〇三·〇	巳兼丙

嵊縣	穀來	南偏東	一一	二	·七〇五·〇	丙兼午
嵊縣	雙江溪	南偏東	二八	一八	·五三八·〇	巳兼巽
嵊縣	仙巖	南偏東	三四	一九	·八五五·〇	巳兼巽
嵊縣	蔣巖橋	南偏東	三九	三一	·六二四·〇	巽兼巳
上虞	章家埠	南偏東	五三	四〇	·七四一·〇	辰兼巽
上虞	上浦	南偏東	六七	四〇	·五六〇·〇	乙兼辰
上虞	下管	南偏東	六八	一九	·九五八·〇	乙兼辰
上虞	丁石街	南偏東	六九	三五	·八一七·〇	乙兼辰
上虞	蒿壩	南偏東	七八	三三	·五五三·〇	乙兼卯
上虞	上虞縣	南偏東	八一	三三	·七九六·〇	乙兼卯
上虞	梁湖	南偏東	八六	三一	·六二六·〇	卯兼乙
諸暨	縣城	南偏西	四八	七	·九〇·八	坤兼申

諸暨 全堂	南偏西	二六	三	·四九四·〇	未兼丁
諸暨 楓橋	南偏西	三三	六	·五五三·〇	未兼坤
諸暨 江藻	南偏西	五三	一八	·六一四·〇	申兼坤
諸暨 直埠	南偏西	五七	一二	·七四〇·〇	申兼坤
諸暨 姚公埠	南偏西	五九	五九	·六一八·〇	申兼坤
諸暨 應店	南偏西	六四	三九	·九七四·〇	申兼庚
諸暨 長蘭	南偏西	六五	四五	·六三三·〇	申兼庚
諸暨 大橋	南偏西	六八	二〇	·七三四·〇	庚兼申
諸暨 店口	南偏西	七二	一	·四五〇·〇	庚兼申
蕭山 河鎮	南偏西	七九	五七	·七九〇·〇	庚兼酉
蕭山 尖山	南偏西	八五	一	·六〇四·〇	酉兼庚
新昌 縣城	南偏東	三一	二二	·一一九·七	巳兼巽

紹興府山之巔爲測位眺望界外著名山水偏向度數距率高度正鍼方位四至表

縣名	山水名	子午線偏向	偏向之度數 度	偏向之度數 分	直視線之距率	山之高度	正鍼方位	山之附近著名村莊 東	南	西	北
上虞	夏蓋山	北偏東	六六	四三	·六六三·〇	二〇三·八	寅偏甲	謝家塘	產還湖	仁和邱	沙地
上虞	龍山	北偏東	七九	四七	·六一五·〇	二七八·〇	甲偏卯	仙八山	梁湖	白官	百官站
上虞	白馬湖	北偏東	八二	五八	·七三五·〇		卯偏甲		姜山	驛亭	黃弄 匯山
蕭山	雷山	北偏西	二二	三六	·五九五·〇	七二·〇	壬偏亥	玉枕橋	雷山頭	浜街	四喜橋
蕭山	白虎山	北偏西	二五	一六	·六九一·〇	一一九·九	亥偏壬		倉前鎮	海	海
蕭山	赭山	北偏西	三〇	四四	·六三八·〇	一五九·三	亥偏乾	市場頭	海彎		赭山鎮
蕭山	航塢山	北偏西	三四	二二	·四七三·〇	三四六·七	亥偏乾	瓜瀝市	長巷	龕山鎮	陳家塢
蕭山	鳳凰山	北偏西	四〇	一八	·四八七·〇	一四五·四	乾偏亥	義門里	衙前	新橋	龕山
杭州	南高峰	北偏西	六〇	一〇	·九九六·〇	二八三·〇	戌偏辛	九曜山	烟霞洞	天馬山	茅家埠
蕭山	石巖山	北偏西	六八	一六	·七二四·〇	二五四·二	辛偏戌			湘湖	

蕭山	湘湖	北偏西	七〇	二七	·七六五·〇		辛偏戌				
蕭山	湘湖中山	北偏西	七〇	二八	·七六五·〇	六四·六	辛偏戌				
蕭山	十五尖	北偏西	七一	三二	·六五二·〇	二二三·五	辛偏戌	裏頭金	凹山河	孟家橋	東俞村
蕭山	富陽江口	北偏西	七二	五八	·八二一·〇		辛偏戌				
蕭山	浦陽江口	北偏西	七五	三三	·七九〇·〇		辛偏酉				
蕭山	七賢山	北偏西	七九	四六	·六八一·〇	一九七·六	辛偏酉	西街	浦陽江	新壩	韓家堰
蕭山	鳳林山	北偏西	八〇	五二	·七二五·〇	一五一·〇	辛偏酉	浦陽江	徐山同下	裏丁	浦陽江
蕭山	峙山	北偏西	八二	五一	·六三五·〇	一〇〇·四	酉偏辛	臨浦	浦陽江		
蕭山	雲門寺山	北偏西	八五	一一	·八二〇·〇	五五五·六	酉偏辛	張毛嶺		庚清岡	沈村
蕭山	烏龜山	北偏西	八八	五二	·五八六·〇	一四五·〇	酉偏辛	家傑	朱家墩	孫家渡	杜家弄
嵊縣	鷄籠尖	南偏東	一一	三一	·八〇七·〇	六五一·七	丙偏午	裏湖高頭			天鵝峯
嵊縣	天鵝峰	南偏東	一二	一八	·七七五·〇	七一五·〇	丙偏午	盤鉗	裏湖高頭	卞家	后王塔

嵊縣	眞如山	南偏東	一九	六	．七〇三．〇	七九八．〇	丙偏巳	五龍寺	西灣	莫塢	登石
嵊縣	鵝　峯	南偏東	二三	三六	．六七二．〇	六七一．七	巳偏丙	后坑	玉灣	流頭嶺	杜家坪
嵊縣	九曲岡	南偏東	二六	四二	．六九九．〇	六三五．三	巳偏丙	化道灣	毛廟		外江山
嵊縣	金家塢	南偏東	二七	〇	．七六二．〇	六六九．六	巳偏丙		石門巖	橫岡	石大門
嵊縣	西峯山	南偏東	二七	一六	．六〇九．〇	五八七．九	巳偏丙	藍田灣	張蔣嶺	張坑	長嶺
嵊縣	羊尖山	南偏東	二八	五	．七三五．〇	六七二．五	巳偏丙	石大門	裏石門	嶺頭山	
嵊縣	板　山	南偏東	三一	〇	．五六一．〇	三九七．八	巳偏巽	橋亭塢	長嶺	雙江溪	
嵊縣	開口巖	南偏東	三一	五一	．八二八．〇	七六三．二	巳偏巽	西鮑	裏巖四坑	謝巖	獨山
嵊縣	大蛟頭	南偏東	三二	二	．四六〇．〇	五二五．二	巳偏巽	石壇			宋家店
嵊縣	衕堂山	南偏東	三三	三	．六二七．〇	五三一．七	巳偏巽	弄山堂下		舒村	王筵嶺
嵊縣	嶀大山	南偏東	三四	四二	．八〇四．〇	七九〇．六	巳偏巽		石坑	大山	陸村
嵊縣	畫圖山	南偏東	三五	二五	．八六一．〇		巳偏巽	麻嶺田下	東鮑	嵊縣江	

嵊縣	龍門尖	南偏東	三六	一	·九一〇·〇	四四一·二	巳偏巽	胡安坑	獅夾岙	汚埠泥頭	麻地田下
嵊縣	釣魚尖	南偏東	三六	二六	·九〇三·〇	四四六·八	巳偏巽		李家	東鮑	張墺村
嵊縣	聖王山	南偏東	三七	四七	·八〇八·〇	四二七·〇	巽偏巳	清風	黃沙		
嵊縣	親子山	南偏東	三八	四八	·六六四·〇	二〇三·〇	巽偏巳		陳村		金鷄山
上虞	覆卮山	南偏東	五五	六	·九九一·〇	九〇三·二	辰偏巽	裏將墺	前岡山	鎮頂山	西里
上虞	楊梅峯	南偏東	五三	一九	·六一七·〇	二二五·〇	辰偏巽	蔣家山			花坎
上虞	姜山	南偏東	五七	三二	·七五八·〇	一七七·二	辰偏巽		章家埠		
上虞	雪頂山	南偏東	六二	一九	·九一八·〇	六二八·四	辰偏乙	張家嶺			鳳桐寺
上虞	捉鹿石	南偏東	六四	三九	·九〇二·〇	七五〇·二	辰偏乙	周家	雪頂山	乾溪	溪南村
上虞	車山	南偏東	六五	二六	·六九五·〇	八五二·〇	辰偏乙	象田寺	裏瀦湖	甲長	西墺
上虞	梅坑岡	南偏東	六六	一四	·九二八·〇	五六六·〇	辰偏乙	下管	陶家	官山村	東裏溪
上虞	東山	南偏東	六六	一五	·六〇一·〇	八〇一·三	辰偏乙	董家山	東山寺	方街	龍田山

上虞	楊樹田岡	南偏東	六六	五六	.八七〇.〇	五八三.六	辰偏乙	乾元塔	捉鹿石	川堂	溪南村
上虞	谷嶺山	南偏東	六八	九	.七二〇.〇	八六七.〇	乙偏辰	應山家頭	谷嶺	東嶼	象田嶺
上虞	董家山	南偏東	六八	三七	.五九八.〇	二二二.七	乙偏辰	方墺	東山	上浦	中杖
上虞	梁嶼岡	南偏東	七二	三五	.六八五.〇	四六一.六	乙偏辰	西溪	東墺	琉石	王家
上虞	虞門山	南偏東	七五	二三	.六九七.〇	三九〇.四	乙偏卯	西溪湖		王家	西溪湖
上虞	壽桃尖	南偏東	七六	二〇	.八八〇.〇	五八九.七	乙偏卯	桂樹花下	祿堂山	上沙嶺	李唐墺

紹興府山之巔爲測位眺望三縣交界之處偏向度數距率正鍼方位表

鄰縣名	交界地名	交點之處偏向	偏向之度數 度	偏向之度數 分	直視線之距率	正鍼方位
上虞海寧縣	杭州灣	北偏東	四一	五〇	.六四二.〇	艮偏丑
海寧蕭山縣	杭州灣	北偏東	二二	五九	.六二〇.〇	丑偏癸
蕭山諸暨縣	賴頭之西	南偏西	七四	二二	.五五三.〇	庚偏申
諸暨嵊縣	校塢之西	南偏西	五	四三	.六五三.〇	午偏丁

嵊上虞縣	三	界	南偏東	三六	二·七五三○	未偏坤

沿縣界之鄰縣所展度數表

鄰界縣	所展之度數	
	度	分
海寧縣	一八	五一
蕭山縣	一二八	三七
諸暨縣	六八	三九
嵊縣	四一	四五
上虞縣	一○二	八

小舜江源流說

朱震稷臣

溯小舜江水源之步驟當就小江口以內東南西三方之山脈起伏曲折橈棹長短紹嵊兩縣屬地犬牙相錯之界址水源會合之地段沿脊之道里面積之若干略述之

東白山者括蒼山脈之西趨一股也高度一一○四·七山之南屬東陽西北諸暨東北嵊縣

爲全紹屬山脈之鼻祖若從府山之巔測位在南偏西七度五七分直視線之距率一五三·九里向西一股終於浦江爲紹屬與金嚴之天然障壁向北一股爲紹興全部山脈之正幹山脊之東屬嵊縣西屬諸暨相距三八·四里之高峰名土靈岡高七三二·四爲小舜江西南角最篤底之發源之處土靈岡向西一股全屬諸暨不關小舜江水源問題應置不論

土靈岡右首一股直走三〇里名十畝嶺〔俗呼石門嶺〕傳北逶迤而行八里名天鵝峯再趨一一里名眞如山〔俗呼五百岡〕又向東北蜿蜒直趨五五里惟有起伏而無跌斷至小江口附近之五琶嶺而終止其間之低軟山脊處皆以嶺名若孫家嶺剡嶺王筵嶺駐蹕嶺樟嶺葡萄嶺寺后嶺花勦嶺茅山嶺五琶嶺爲交通道土靈岡之右股山脈形如厂字也其一畫一撇之山脊共長一〇四里爲小舜江右股之山脈橈棹不長支流短促蠶山之開面處在南而不在北也

土靈岡向北一股爲紹興禹穴之正幹祖脈向北直走三七里名駐日嶺駐日嶺右股向東北走二七里名分水嶺〔分水嶺之西堯郭嶺東車頭〕分水嶺之外名化山山脈岡巒起伏雖多最低之峽在三五里外名腰軟嶺其間之嶺有三名陶晏嶺日鑄嶺五峯嶺皆爲交通要道腰軟嶺之外名西嶺岡爲諸葛尖之左肩翅至石屑嶺爲最低最平坦之過峽處距腰軟嶺山脊

路只五里石屑嶺之外高山名閣老岡大墺岡再跌一峽名望湖嶺趁山脊度程與石屑嶺相距一三里望湖嶺之外高山皆向南行〔向東北一股即高尖山脈與小舜江水源無涉從略〕名羅村山岡四峯山過龍池嶺折而向西臨江之鯰魚山趁脊度程計長一四里綜計土靈岡至鯰魚山迤邐而行之山脊共長一三一里皆爲小舜江左股包抄支流之山脈也

括蒼山脈東股蔓延臨海寧海象山奉化鄞縣慈谿而及於定海周圍之羣島又於新昌寧海奉化交界之處抽出一股山脈包裹新嵊兩縣彎環迴互行至覆卮山分脈分枝直走至小江口對渡之謝東山高大尊嚴爲小江口對岸之屏障即東白山右股之迴轉餘枝作城郭也

從土靈岡山脈左右並行之山脊界限內分析紹嵊兩縣屬地面積方里紹興縣界內面積一二〇〇方里嵊縣界内面積七五〇方里水源應與地方面積爲比例

小舜江正榦自小江口至槐花潭計長五六里槐花潭以上來源有二一支名北溪港一支名南溪港其北溪港來源全出於紹興縣境內五巖山發源一支爲最長至槐花潭計長四九里南溪港來源出於紹興縣境內者只南樗口一支自青桐嶺至南樗口計長二三里其餘來源皆出於嵊縣西鄉邊境壘壁羣山叢雜短促支流不勝僂指衆流奔注集於馬溪馬溪以上灘高水急竹筏難進土靈岡發源一支爲最長至槐花潭計長六九里綜計自苦竹溪至小江口

共長一二五里

小江口汽車站背後之山係從羅村山岡肘外發脈渡湖向東趨至江邊而終止正對隔江之指石名之曰石指彈琵琶劉青田作鈐記以美之（周子雯氏董子琛氏邀先兄伯荃往遊有詩唱和）肘外來源因山脈渡湖無脊爲限流不一致故劃出山脈之外不計入方里之內也

瀬源應從下游而上故以小舜江水入曹娥江交會之處名小江口爲瀬源之主點（按小江口以內左右兩岸各村莊前村里制編定江之西北方名江左聯合村江之東南方名江右聯合村茲編襲舊名稱而曰江左江右也）

小江口上三里江右浦下之長春閘水入江　源出鄭家埭大湖溢於下湖向西流入丁家湖落吳家塘出長春閘至江源長十里

小江口上四里江左廟基灣大橋涵水入江　源出虎門山向南流至江源長四里

小江口上六里江右徐灣涵水入江　源出茅山嶺注於鶺鴒湖向北溢流至江源長八里

小江口上七里江左石浦路亭旁澗水入江　源出四峯山向東南流經石浦村至江源長四里

小江口上九里江左福履橋涵水入江　源出諸葛山左肩翅自石屑嶺斤竹澗經淡竹塢

會廣陵大墺溪水向東南流八里至會龍菴前與七里來源之望湖嶺水經羅村簹村會胡亦流至會龍菴前交會向南流五里再與十里來源之諸葛山右肩翅水經白牧印露墩長山頭至蝦蟆墩會合向南轉北又向南轉北形如風爐柵子（雖亢旱之時帆船可以乘潮進福履橋涵駛至羅大橋滿載出涵）再加入鄭岸湖秧田湖杭大湖似連非連之三湖溢流水會合於福履橋之內出涵入江　按自腰軟嶺跌峽頓起高山分南北兩股巑環包裹形似蓓蕾北股曰諸葛山左肩翅依序列名曰西嶺岡石屑嶺折東閣老岡大墺岡望湖嶺再轉南行羅村山岡四峯山龍池嶺又轉西行臨小舜江沿之鯰魚山而終止先哲評定圍折如城四字確當再趨南一股曰諸葛山右肩翅依序列名曰瘦牛背熱鑊沿紗帽頭南巑岡屋後山白鷺山落洋渡過白牧鄭岸兩田坂昂然而起羣山於下徐附近至牛耳朶而終止與蝦蟆墩只隔一條涵水若從四圍山脊內度其面積足有一二〇方里包裹屈曲活動縱横自如之諸葛尖全部山脈於其中爲境内罕有之垣局故多贅也

小江口上一一里江右漁渡水口庵面前涵水入江　源出苦竹嶺東面花墈嶺北面共注於捨湖經漁渡村至江源長七里

小江口上一六里江左湯浦望洋橋涵水入江　望洋橋涵之水因爲金龍尖山脈向東中出一股直至望洋橋涵之內山脈盡處與望洋橋相距不及半里分水源爲兩支左首一支〔在金龍尖之左〕源出五峯嶺靜林山經嶺下王烏石溪金墺許家搭山高董家搭向東流一三里而至横溪太平橋之外與向南流九里來源之腰軟嶺水經文山里童大山交會於横溪太平橋外合干山嶺北面之水經裏外后岸下障溪白牧湯湖轉南流至望洋橋涵以内之大壩源長二三里地方面積九〇方里右首一支〔在金龍尖右首向南發出一股轉東趨至湯浦所謂兩山之間必有水卽右首一支之水也〕源出金龍尖東股齊腰之干山嶺南面又會湯浦嶺東面之水向東流經達郭馮家埭外茶亭多氏橋廟坂橋會湯浦市後之澗水側北而至小壩源長一三里地方面積四〇方里大壩向南小壩向北對面會合出望洋橋涵入江

小江口上一六里半江右珠湖溢流水出閘橋涵入江　珠湖四周圍有鳳山四座名飛鳴食宿源出四座鳳山共注於珠湖向西溢流至江源長四里

小江口上一九里江左澄湖涵水入江　源出宋家墺佛肚臍倒挂蛇倉墺共注於澄湖向東北溢流至江源長五里

小江口上二〇里江右吳家涵水入江　源出石龍山苦竹嶺西面東夾塽經裏黃社廟楊家石橋落千秋浦向西流至江源長八里

小江口上二五里江左岔口山洞橋涵水入江　源出坳嶺東面經池家宅陽谷家蘇家水坑口向東流至江源長八里

小江口上二六里江右官揚大埠頭澗水入江　源出葡萄嶺北面向北折西經官揚村至江源長七里

小江口上二七里半江右下穴旺午塽澗水入江　源出旺午塽向北直注經下穴村至江源長五里　〔以上灘高潮不能進〕

小江口上二八里江左廟下黃泥墈涵水入江　源出廟下師山五婆嶺廟下塘向東流至江源長五里

小江口上二九里江右大塢澗水入江　源出樟嶺向北流經大塢村至江源長五里

小江口上三二里江右托潭社廟相公殿旁澗水入江　源出大田螺向西北流至江源長三里

小江口上三六里江左閘下澗水入江　源出飛鳳五婆嶺南面經閘下村向西南流至江

源長五里

小江口上三七里江右駐蹕嶺下洞橋涵澗水入江　源出天荒山駐蹕嶺龍塘山孟家嶺〔龍塘山山岡之西孟家嶺山脊之西皆屬嵊縣〕向東北流至江源長六里

小江口上三九里江左小溪衕溪水出普濟橋入江　源出日鑄嶺向南直注普濟橋源長二四里此水對大部分論爲榦中之枝對普濟橋内小部分論爲枝中之榦日鑄嶺發源直注普濟橋榦流也經上竺下竺溪上板邦宋家墊裏外王化塍頭青墊西墺口徐家水埠會納兩旁之山巘水左首盤里東嶺金龍尖長塘頭湯浦嶺坳嶺諸澗水向西入溪右首螞蝗嶺挨磨尖峙山徐婆岸太平嶺諸澗水向東入溪皆支流也左右兩股山脈並無澗水流斷其形如衕故名小溪衕面積一五〇方里但普濟橋居中之處爲紹興縣與嵊縣之交界線西首橋堍頭附近屬嵊縣之地面在山脈梢頭緣邊趁歪截角之形占地不多普濟橋對岸之孟家嶺山脊亦係紹興縣與嵊縣之分界線簡言之小江口上三九里入嵊縣境

小江口上三九里入嵊縣境小江口上五二里出嵊縣境入紹興縣此一三里嵊縣境内入江支流分左右兩岸略述之江左登岸唐里余墈大奇山界址嶺諸澗水向南流入江源不

甚長江右石壇〔源出剡嶺王筵嶺源長一四里〕磡頭〔源出板山計長五里〕蘿葍潭頭〔源出西峯山經鄭家園計長八里〕皆向北流入江

小江口上五三里江左海螺山脚澗水入江　源出桃子尖經大盤里細盤里龍蟠墺至江源長一七里〔源向南流〕

小江口上五六里槐花潭〔在肇湖面前又在王壇市之東〕爲北溪港與南溪港交會之處此是小舜江之正幹槐花潭以上北溪港水源全部出於紹興縣南溪港水源只有南樗口入港之溪流出於紹興縣其餘之水皆出於嵊縣

北溪港從槐花潭上九里港左青壇大橋涵水入港　源出陶晏嶺螞蝗嶺經孫家搭廟前東山下陳向南流至港源長一四里

北溪港從槐花潭上一〇里溪右綠岸澗水入港　源出百前山綠嶺經綠岸村向北流至港源長四里

北溪港從槐花潭上一三里港左鸞巖潭澗水入港　源出王顧嶺龍池山經鸞巖潭村向東南流至港源長六里

北溪港從槐花潭上，一七里港右南岸澗水入港　源出元鳳嶺嘯天獅子向北流至港源

長五里

北溪港從槐花潭上二〇里港右大小西嶺澗水入港　源出陳婁山剪嶂向東流至港源長五里

北溪港從槐花潭上二九里饅頭石以上水源分四大支匯注至此

一支源出五巖山經香墺唐塢下尉黄村葉村向東流至源長二〇里

一支源出葉大山經烏泥塘胡宅楊宅下逆溪裘村向東注源長一六里

一支源出桃嶺經轉墺陳村石橋頭官培裘村向東北注源長一七里

一支源出生溪嶺經范家山上王安村竹田頭至袁村而與南山柳墺同塢向北注入合流至饅頭石源長一八里

南溪港從槐花潭上七里港左南樗口溪水入港　源出青桐嶺經烏石頭童家嶺二坑口謝家嶂金家山駱家田寨嶺口駱村俞村謝村蔣村向東北流至港源長二三里

南溪港從槐花潭上一二里港右嵊縣俞宅澗水入港　源出嵊縣鵝峯經孫墺銀沙韓家墺向西北流至港源長一一里

南溪港從槐花潭上一七里半港右嵊縣東村澗水入港　源出流頭嶺向西北流至港源

長八里

南溪港從槐花潭上一一〇里嵊縣馬溪以上水源分五支發源

一支源出駱家尖經下郭小洋坑卜墺向東側南流至雙溪源長一五里

一支源出棋子嶦經鄭塢坑墺橋頭裏墺大坂向東側北流至雙溪源長一六里合二爲

一之後名雙溪水　雙溪水經下坂馬村高岸頭上顯潭向東北流至馬溪雙溪至馬溪

計水程二〇里

一支源出土靈岡邵角嶺經苦竹溪晝廟石倉團石向東轉北經石埠打石溪彭潭馬村

高岸頭上顯潭至馬溪源長四九里

一支源出十畝嶺封田嶺九里前白洋塢護國嶺磡頭出來山大橋與苦竹溪水合過城

后馬村高岸頭上顯潭向西北流至馬溪源長三三里

一支源出年后山經莫墺上巖潭下巖潭向西北流至馬溪源長一二里

小舜江正榦內潭一八〔紹興縣境內一四嵊縣境內四〕

釣烏潭〔在下徐〕

鄭岸潭〔在鄭岸〕

塔山潭〔在湯浦塔山脚下〕

赤壁潭〔在湯浦赤壁山脚下〕

白魚潭〔在廟下村東〕

相公潭〔在托潭以下相公殿前〕

石壁潭〔在托潭渡傍〕

牛毛潭〔在川下村〕

楓樹潭〔在下川與上川之間〕

下冷飯潭〔在壁山脚下〕

上冷飯潭〔在壁山脚下〕

下横山潭〔在小横山脚下〕

上横山潭〔在大横山脚下〕

滙潭〔在嵊縣境内石壇村〕

磜頭潭〔在嵊縣境内磜頭村〕

奇峯潭〔在嵊縣境内余墈村〕

舜王潭〔在嵊縣境内雙港溪舜王廟下〕

槐花潭〔在北溪港與南溪港交會之處〕

越南山水圖說

朱震稷臣稿

明初國師劉基在紹興十載常住雲門而曰會稽山水雖有層巒複岡而無梯磴攀陟之勞大湖長溪而無激衝漂覆之虞於是適意者莫不樂往清初徵博學宏詞之蔣坦仙平階著而曰吳越春秋夫差入越越王以甲楯五千保會稽秦望險峻故可操甲自衛敵不能仰攻故曰會稽之在揚州猶青齊之有岱宗漢南之有衡山也宋陸參法華山碑亦曰夏后氏巡狩越山方名會稽後世分而爲秦望鼇而爲雲門法華綜而言之崎嶇斗絶之山皆在越國之南故名是圖曰越南山水圖依據陸軍測繪圖包羅全部而圖之〔秦望附近之山類皆層巒複岡嶕嶢嶙峋獨南池與平水之陸路交通捷徑皆在秦望山之東北香爐峯之正南其間過脈之山起伏極多最低軟處有三不甚險峻皆以嶺名曰王邦嶺曰太平嶺曰福福嶺爲陸路最直捷之交通要道而陸軍測繪圖中均略而不詳一再調查屬實特爲表出之楊樹下向西北行往妃子嶺經過之山嶴彎曲極多俗稱十龍九彎不勝描畫惟有用十龍九彎四字概括而代表之再山之高度雖均表清巍然之勢非比不明欲知越南諸山之高低應以紹興城内之臥龍山

高度一一二·〇爲舉目即見之量山玉尺概以此爲比例舉要開載若〔秦望山五·二三倍〕〔天柱山三·六倍〕〔香爐峯三·四六倍〕〔龍家塢二·六倍〕〔朱華山三·三一倍〕〔摩旗尖二·一三倍〕〔紫紅山二·五四倍〕〔大龍頭三·八八倍〕〔雙眉山三·七一倍〕〔竿山三·三倍〕〔作丹岡五·七三倍〕〔五巖山六·四九培〕〔巖頭山二·九一倍〕〔武將山二·一三倍〕〔文將山二·三八倍〕〔九岡山二·三八倍〕〔大山三·六二倍〕〔龍池山五·四三倍〕〔天岡里五·八一倍〕〔栗子岡六·三二倍〕〔万后山五·〇五倍〕〔土雞山五·二五倍〕〔搗臼塢四·七一倍〕〔廿平岡四·七二倍〕〔龍池岡三·〇四倍〕羣山在望概以臥龍山高度度衆山之尊卑閱者可以心營代步目驗代量矣〕

越南山水之重心有二一剡北三水口一越南六山關爲括蒼山山脈附近治城之關鍵第一水口江左之山名化山山脈起於五巖山蜿蜒向東北行一百幾十里過梅塢嶺向東直趨至江沿名秋潭山有嶺名秋潭嶺即已毀之汽車路〔化山山脈詳言之應分爲五節第一節五巖山山脈第二節分水嶺以外名化山山脈第三節腰軟嶺之外諸葛尖背後西嶺岡山脈第四節石屑嶺之外閣老岡山脈第五節望湖嶺之外羅村山岡山脈此節山脈由望湖嶺向東過峽頓起羅村山岡開一大幛南北相距十餘里發出支脈頗多均不甚長惟

梅塢嶺脚山塽最深梅塢嶺右手之山向東直至崑崙村梅塢嶺左手之山向東直至江沿之秋潭山是也〕江右之山起於餘上交界之望梅尖向西北行過謝嶺白石嶺望梅山過上沙嶺五婆嶺老鷹尖象田嶺梁嶼岡方嶼嶺丁家山及於臨江沿之跳江鯉子而訖左右兩山對岸包抄此卽第一重水口也

第二水口江左之山名五百岡山脈起於土靈岡向東北行一百幾十里至小江口以南之五琶嶺山梢而訖〔五百岡山脈詳言之應分爲兩段起於土靈岡截於駐蹕嶺這一段岡峯叢聚數不勝數混而言之曰五百岡山脈也駐蹕嶺之外至五琶嶺外山梢計其山脊足有三十餘里其間之著名山峯曰石龍山駐蹕嶺外之山脈應名石龍山山脈〕

第三水口江左之山起於五百岡從主峯名眞如山向東發出一支山脈名樗大山訖於淸風嶺江右之山名覆卮山山脈起於虞嵊交界之覆卮山接以晒岡頭上林岡大尖山高山過樟樹嶺而訖於乂旗山左右兩山對岸包抄此卽第三重水口也

第一道關山名秦望山山脈起於作丹岡向東北行訖於香爐峯其間之嶺十有一

第二道關山名化山山脈起於五巖山亦向東北行訖於九岡山其間之嶺有七

第三道關山對裏半部而言稱獨枝尖山脈對外半部而言稱百尖山山脈至王壇市而訖其

間之嶺有五不著名者則略之

第四道關山從駱家尖向東抽出一支山脈名木淍尖山脈爲紹嵊兩縣之界址山中部再抽出一支高山名靈巖山山脈仰山嶺在其低軟處一支至王城市以下而訖一支至王城市以上馬溪而訖

第五道關山從多子岡旁發一支向東行名鼓坪山山脈至城后馬村而訖此支山脈雖然獨短但其高度超衆祖山多子岡八四四·七鼓坪山七九五·一山勢險峻路徑崎嶇洪楊之亂馬繼文聚兵於此稱馬氏兵屢戰屢勝殺賊最多大股匪不能犯其境

第六道關山名五百岡山脈〔五百岡山脈分兩段之說已詳敍於第二水口內〕起於土靈岡向東北行一百幾十里而訖於小江口之南五琶嶺外山梢其間之嶺十有三不著名者則闕之

紹興之河流

平水内山脈河流記

陶墪源子清稿

山脈山嶺

山脈過峽之處皆有嶺路以通關山如距平水五里許有名陶隱嶺者相傳貞白公曾遊寓於

此故詩有山中何所有嶺上白雲多之句若肇湖外有叉路嶺與嵊北交界沙塢後有護持嶺亦與嵊北分界竹萊山有黃蟒嶺蔣村有仰山嶺六翰有鹿嶺駱村上面有童家嶺淸秀嶺龍潭嶺叉有澉嶺與嵊北交界板溪外有大小西嶺元鳳嶺塚斜旁有東嶺童墺裏有王顧嶺車頭上有分水嶺（一水至平水一水至湯浦）堯郭外有長壽嶺楊樹下有大慶嶺蝙蝠嶺交通南池區域橫溪有黃萊嶺琵琶嶺古嶺嶺溪鄉有擔家嶺叉有鑄日嶺與諸暨交界王壇大溪皆發源於此嶺下出上灶有日鑄嶺此則嶺之大概若峻嶺惟陶隱黃萊二嶺上落約有十里之遙

河流 附壩橋

浙東南池區域地處山陬山多田稀四面皆崇山峻嶺前述山脈已將嶺之槪要說明兹復將溪流上之壩潭與橋梁約略言之溪流源頭本發軔於諸陽之桃嶺至車頭乃有分水嶺一流分至平水江一流分至湯浦江分至平水江其流域也小中無大壩深潭即大橋除平水及西路烏車橋外亦絕無僅有若分至湯浦江其流域也大中有獅子潭之烏口壩下沈坂之下沈壩五通潭之五通壩長潭之長潭壩（今圮）新蕪潭之神仙壩（最好）爲灌輸農田之水利若遇洪水暴發突被冲壞亟需修築至建石梁大橋以便行人惟上鳳石橋塚斜石橋青壇會源石橋王壇天寶石橋而已六翰溪流潦闊祇緣石料費鉅迄今仍架竹橋九筒以利交通其餘小溪山澗

之架石爲梁編竹爲橋者不可勝紀按記內烏車即俗名烏龜橋墩有兩石龜故名又一名霧露橋 編者附註

紹興縣之河流 錄二十七年紹興縣政公報

一運河

甲經流

一 西自蕭山縣流至錢淸鎮之錢淸橋西首入境又南少東流越西小江至南錢淸村（水深五尺面闊二丈八尺有鑑湖支水自南來注之）東南流至行義橋（水深五尺七寸面濶三丈三尺）經太平橋（水深九尺面闊十三丈北通大坂蕩）柯橋鎮（水深一丈一尺面闊八丈）梅墅大橋（水深五尺面闊三丈五尺北有瓜渚湖面積八里週十里）高橋（水深四尺一寸面闊四丈一尺有魚瀆大港水自西南來注之）霞川橋（水深一丈二尺面濶三丈有靑電湖水自南來注之）至西郭門穿北海橋大江橋（有鑑湖水自南來會之）探花橋流入銅盤湖港（水深九尺面濶五丈）

二 東自曹娥鎮之拖舟壩起西少北流至白米堰橋（水深七尺六寸面闊三丈八尺有淸水閘水自南來注之）（運河南則麥諸溪河之水北則次第分流赴西湖黃草楝樹等閘出海）西流至東關市之西眞橋（水深七尺三寸面闊四丈二尺）西少北流至太平橋（有石屑溪

自西來會之西流至白塔橋〔水深九尺面闊五丈〕西少北流至陶堰市之西堰〔南通白塔洋縱七分橫六里深三丈北通賀家池縱二里橫四里深一丈〕西少南流至正平橋〔水深一丈二尺面闊十一丈有洋牌湖水自東南來注之〕西流至皐埠市之登雲橋〔水深一丈八尺面闊二十三丈〕西流至會龍橋〔水深九尺三寸闊十二丈〕西少南流至通陵橋〔水深七尺五寸面闊三丈九尺有攢宮河水自東南來會之〕西少北流折而西南至梅龍橋西流至五雲門釣橋〔有若耶溪下流之划船港水自南來會之〕北流折而西入都泗門過縣署〔舊會稽縣〕西南隅又北少西流至探花橋與西來〔即自蕭山錢清流入本境〕之水會合流入銅盤湖港

乙枝流

一若耶溪自西化山發源北流至五雲山麓〔有駐日嶺後嶺大慶嶺諸山之水自西來注之〕東北流過平水市至平水埠〔水深二尺面闊四丈九尺有西湖水自西南來注之始通舟楫〕北流至昌源橋〔水深三尺面闊五丈〕北流至蛤山頭〔有上竈溪自東南來會之〕〔以下又名雙溪港〕西北流至浪暖橋前〔分一支北流爲浪暖港〕〔以下又名平水港划船港〕西北流至東郭門外〔有大禹河自南來注之〕又西北流至五雲門吊橋入運河

二上竈溪自日鑄嶺發源西北曲曲流至入和橋〔水深三尺面闊一丈八尺〕西北流至永禎橋〔水深四尺面闊二丈六尺〕又北流至蛤山嶺入若耶溪〔水深四尺二寸面闊七丈四尺〕

三攢宮河〔一名宋六陵御河〕自五峯嶺麓發源北少西流過宋陵西至攢宮埠北流至永興橋〔水深四尺面闊二丈二尺〕西北流至任家灣村〔水深三尺八寸面濶二丈四尺〕經拱陵橋過翠山灣村至通濟橋〔水深六尺面濶三丈六尺〕又西北流至通陵橋入運河

四石屑溪至石屑嶺發源北少西流至富盛山南麓東流迤而東北至沈鳳村東北流至玉鎖橋北〔水深四尺面濶四丈一尺有康家湖水自東南來注之〕又東北流至太平橋入運河

二浦陽江

甲經流

一自諸暨縣金霪浦前入境又西北流至石浦橋西〔水深八尺面闊三十丈金霪浦迤西北與蕭山縣分水以下皆同〕北流折而西又折而東至小滿村〔水深一丈面闊三十五丈〕西流至匯頭東村〔水深八尺面闊三十丈〕北流折而西至浮橋〔水深一丈二尺面闊二十三丈曲曲北流至沈家渡村〔水深一丈四尺面闊三十五丈〕北流折而西又折而東至新閘口〔水深一丈五尺面闊三十七丈有天樂溪過貓山閘出新閘自東來注之〕北流折而西至臨

浦鎮〔水深一丈二尺面闊四十丈〕與蕭山縣分界

三銅盤湖港

甲經流

一自探花橋承運河之水東北流出昌安門至昌望橋北流至銅盤湖經黄莊漊橋〔西南有上灘港縱三里横四分深九尺〕傅林大橋〔水深八尺面闊十丈〕至斗門市東老閘頭〔水深七尺面闊三丈二尺有狹猕湖自西南來會之湖周十五里面積二十五里〕又北流至港口與西小江會

四西小江〔一名錢清江〕

甲經流

一自蕭山縣流至古萬安橋西南入境又東北流折而北至所橋〔水深一丈四尺面闊十四丈三尺古萬安橋迤東北與蕭山縣分水以下至宏濟橋皆同〕西北流折而東北至鳳仙橋〔水深一丈九尺面闊十八丈五尺〕曲曲東北流至漁臨橋〔水深一丈一尺面闊二十八丈四尺〕經江橋水深一丈三尺面闊四十八丈〕東北流至永濟橋〔水深七丈三尺面闊四十七丈八尺〕北流折而東至羅山橋〔水深一丈四尺面闊四十六丈經臨江大橋〔水深一丈

三尺面濶四十六丈〕東流折而南至會源橋〔水深一丈四尺面闊四十八丈〕東南流至宏濟橋前〔水深一丈四尺面闊四十六丈五尺有西溪自南少西來會之〕東南越蕭山境混運河之水至錢清鎮之錢清橋西〔此段全入蕭山縣界錢清橋西首迤東仍入本境與蕭山縣分水以下至永安橋皆同〕東少南流至袁家橋前南流折而東至隆興橋〔水深五尺五寸面闊五丈九尺〕東流折而北至西莊村西〔水深四尺二寸面闊二丈三尺〕北流迤東過通明橋至永安橋東少南流至安昌鎮之金家橋〔水深五尺面闊二丈五尺〕東少南曲曲流至馬廻橋北〔水深八尺面闊五丈〕東流過下方橋市至穎川橋〔水深一丈面闊五丈〕北流至裕港村曲曲東少南流至連山橋東南流至夾蓬閘〔水深七尺面闊二丈〕經港口〔有銅盤湖港自南來會之〕東流至三江閘入海

乙枝流

一西溪自鷄頭山發源西北流至毛婆溪村東北流至大樹下村〔水深一尺面闊六尺〕折而西北至銅溪村〔水深四尺面闊九尺西北曲曲流至巧溪口〔有巧溪自西南來注之〕北流少西至白栗山麓〔水深四尺五寸面闊一丈一尺西少北流至夏履橋市〔水深五尺面闊一丈〕西流折而北又折而東北至興福橋〔水深八尺面闊三丈有江塘河分西小江之水自西

北來注之東北曲曲流至廣陵橋〔分一支東南流爲鑑湖〕北流曲曲至聚龍橋又北流少東至宏濟橋前入西小江

二鑑湖自廣陵橋分西溪之水東南曲曲流至大廟前〔水深九尺面闊七丈有樞里溪自南來注之〕東南流至西跨湖橋〔水深九尺面闊十丈有古城溪自南來注之〕經桃花塢村北〔水深一丈二尺面闊二十五丈〕東南流至三家村西〔水深一丈一尺面闊二十二丈有乾溪自南來注之〕東流迤而東南至柯山下村〔水深一丈面濶十八丈〕東少南流至仁讓堰橋〔水深一丈一尺面闊九尺〕東南流至壺觴村〔水深一丈面闊十三丈有直埠溪自西來注之〕經伏虎橋〔水深九尺面闊二十二丈有漓渚河自南來會之〕折而東至跨湖橋〔水深八尺面闊七丈有婁公河自南來會之〕東少南流由水偏門入城至飛來山北〔有棲鳧河自南入城來注之〕又北流至大江橋入運河

三漓渚河自雞頭山東麓發源南少東流至曹家村東北流至漓渚市之永安橋〔水深五尺面闊二丈〕經福仙橋〔水深一丈面闊五丈〕徐山橋〔水深一丈面闊十五丈〕又東至伏虎橋入鑑湖

四婁公河自大慶嶺西麓發源西北流至謝家橋市曲曲北流至分水橋〔分一支西流爲阮

港〕東北流至婁公埠經外木栅橋〔水深八尺面闊六丈有木栅河自東南來注之〕何山橋又東北流至跨湖橋入鑑湖〔水深八尺面闊八尺〕

五曹娥江〔一名舜江〕

甲經流

一曹娥江自上虞縣流至五婆嶺麓入境東北流至小江口〔水深九尺八寸面闊六十一丈二尺有小舜江自西來會之五婆嶺麓迤東北與上虞分水以下至龜山東前皆同〕西北流至龜山東〔卽上虞獅子山東南自此迤東北歷蒿壩至梁湖壩皆上虞境〕自上虞縣流至曹娥鎭之拖舟壩復入本境〔其西爲運河〕又東北折而西北曲曲流至塘角〔水深一丈四尺而闊六十二丈拖舟壩之對江卽上虞縣之梁湖壩自此迤西北仍與上虞縣分水以下至黄公浦皆同〕西北流折而北至黄草閘港口〔水深一丈四尺面闊七十二丈有黄草閘水自西南來注之〕西北流折而西南至棟樹下村〔水深二丈面闊一百八丈有棟樹閘水自南來注之〕西北流至黄公浦經宋家漊又東北流會宣港入海

乙枝流

一小壽江自嵊縣〔在嵊縣爲雙港溪〕流至王城市之界橋入境又北流折而東南至烏嘴山

南麓〔迤東北復入嵊縣〕東北流折而西北至鳥嘴山北〔北麓迤北仍入本境〕曲曲北流至下園村〔水深二尺四寸面闊六丈有饅頭石溪自西來會之〕東南流至界址嶺南麓〔迤東北復入嵊縣境〕東北曲曲流至普濟橋〔水深二尺七寸面闊六丈普濟橋迤東北復入本境〕東北流至横嶺東南〔水深二尺八寸面闊五丈四尺〕東北曲曲流至新市村〔水深三尺面闊五丈七尺〕東北流至官陽村〔水深三尺一寸面闊八丈〕經湯浦鎮之望洋橋〔水深三尺一寸面闊十一丈有寒溪横溪自西來注之〕東北曲曲流至石浦渡〔水深五尺九寸面闊十丈六尺〕又東北流折而東南至小江口入曹娥江〔水深七尺三寸面濶十二丈〕

二饅頭石溪自桃嶺發源兼納駐日黄來等嶺之水東北曲折流至饅頭石村東北流至車前市〔水深一尺面闊二丈四尺有小水自北來注之〕曲曲東流至青壇村〔王顧嶺陶晏嶺之水自北來注之〕東流折而南又折而東過黄壇市天寶橋東〔寨嶺溪水自南來會之〕又東流至下園村入小壽江

三寨嶺溪自童家嶺發源東少北流至仰嶺北麓又東北流至天寶橋東入饅頭石溪〔水深一尺三寸面闊九尺〕

浙水源流考 剡酖著 見東南日報 節錄關於紹興之一段〔附錄〕

〔上略〕富春江之下游即所稱爲錢塘江者蕭山縣西南有浦陽江〔即浣江〕其源出自浦江諸暨會諸水而成之蕭山及山陰連界之臨浦今已設閘通江矣〔中略〕

紹興北區陡亹之三江口古爲山會蕭三縣諸水之尾閭其腹曰鑑湖近來西可由臨浦通錢塘江東可由蒿壩通曹娥江〔即上虞江〕都設閘以便放水出入而三江閘之二十八洞不能爲維一之水門矣

鑑湖源之在山陰西南境者曰西溪在會稽東南境者曰東溪〔甲〕西溪之源不一稍大者曰相溪出藏山嶺曰巧溪出崇山曰餘支溪即温凉二泉之合也〔乙〕東溪之源亦不一其大者曰若耶溪出若耶山曰寒溪出日鑄嶺曰上灶溪曰平水西北流經樵風涇又北爲會稽山禹陵又西北至紹城東南會合

紹興河道四通八達原無流注會合之可言惟就航運要道而論則可定爲幹河一他縣支河二〔甲〕幹路以蕭山之西陵起經蕭城錢清柯橋及西郭門共百餘里又自東郭門〔即五雲門〕起經東湖皋埠陶堰〔即白塔洋〕東關分爲二派一東至曹娥一東南至蒿壩共九十里〔乙〕東郭與西郭兩門如穿城而過經北海大江探花諸橋出都泗門南向經五雲門惟航船及輪船不便穿城輪船往往由南門經鑑湖轉西郭門外航船往往由北過昌安門而轉西郭

〔丙〕蕭山自運河外又有西河塘河湘湖諸水俱與紹興運河通而諸暨自西南來之溪水則通鑑湖矣

紹興水江之闊以白塔洋爲最其實爲鑑湖尾閭也著名之湖不獨一鑑湖近柯橋有瓜子湖近西郭有骯髒湖而近五雲門之東湖又爲遊勝地其實皆四通八達也

舊紹區域東土德政兩鄉〔即目今六區五區〕有兩溪會於王城附近曰雙港溪一源自諸暨來一源爲嵊屬順安區諸溪澗所聚合即由五區湯浦附近注入曹娥江〔下略〕

蕭紹曹運河里程一覽表 見浙江省水利局工程報告　里程以公里爲單位

	西興	（一）蕭山縣城	轉壩頭	莫家港	衙前	（二）錢清鎮	柯橋鎮	紹興五雲門	陶堰	東關鎮	曹娥鎮
西興		五·五	八·0	一三·五	二0·五	二五·0	三三·0	五0·0	六四·0	七三·0	七八·五
蕭山縣城			二·五	八·0	一五·0	一九·五	二九·五	四四·五	五八·五	六七·五	七三·五
轉壩頭				五·五	一二·五	一七·0	二七·0	四二·0	五六·五	六五·0	七0·五
莫家港					七·0	一一·五	二一·五	三六·五	五0·五	五九·五	六五·0
衙前						四·五	一四·五	二九·五	四三·五	五二·五	五八·0
錢清鎮							一0·0	二五·0	三九·0	四八·0	五三·五
柯橋鎮								一五·0	二九·0	三八·0	四三·五

紹興五雲門			
一四·〇	陶堰		
二三·〇	九·〇	東關鎮	
二八·五	一四·五	五·五	曹娥鎮

附註

〔一〕有南大港自南來會之

〔二〕有鑑湖支水自南來注之

道路

紹興縣之道路 錄二十七年紹興縣政公報

一 幹路

一自植利門（南門）外伏虎橋南行經支橋新橋折東南行經南池又南行經施家橋東南行經胡家塔村覆釜嶺（嶺高二丈三尺）達平水市

二自常禧門（旱偏門）外跨湖橋西行經中堰橋西北行經伏龍橋壺觴村清斌閘澄灣村仁讓堰橋西行經西澤村橋柯山下村西北行經蔡堰村橋西行經葉家堰橋折北經會元橋西北行經湖塘堰橋西行過西跨湖橋又南行經安橋西行折南經古城村少向西行經古城嶺頂（嶺高二十丈）西行折北經蒲棚衖西南曲曲行經王家莊南行經五部廟少西行經門臺裏村雙橋頭村南行經巧溪嶺西北行經曹塢村廟后黃村北行經山頭埠西北行經溪橋貓山閘西行過新閘又北行至臨浦鎮達浦陽江濱

三自迎恩門（西郭門）西行至廻龍堰橋西少北行經霞川橋高橋梅墅大橋柯橋過太平橋至行義橋西北行折而北過禹會橋又東北行至錢清鎮與蕭山縣分界

四自昌安門（北門）外北行至陸山橋經斗門市曲曲東行折而北至三江閘（閘高二丈一尺廣三十八丈二十八洞以下爲海塘）東北行至湯灣新閘（閘高一丈八尺廣五十丈）折而西北經丁家堰村西北行至姚家埠西行至直河頭夾灶潭前村黨山鎮西北行至黃茅坂村後盛陵村至三祇菴與蕭山縣分界

五自五雲門（東門）外東少北行至泗水橋東少南行至通陵橋東少北行至皋埠市東行至樊江東少北行至陶堰市東行迤而東南至白塔汛東少南行至東關市東行至長米橋東南行至白米堰橋東行至中市村東南行至曹娥下沙南行至曹娥上沙與上虞縣分界

六自東郭門（在城東少南）外東南行至五仙橋經望仙橋南行至會元橋經毓秀橋平水埠平水市西南行至永鎮橋經高坂頭村新楊樹下村橫溪市叉路口村至駐日嶺（嶺高十四丈六尺）與諸暨縣分界

七自稽山門（西南門）外東南行至大禹陵又東南行至南鎮以下皆山

二 枝路

一自跨湖橋西南行至絹山頭村經外木柵橋分水橋南行至七眼橋經虹橋至古博嶺（嶺高十八丈四尺）與諸暨分界

二自跨湖橋西南行至新橋經峽山村橋漓渚市曹家村關口越茅場嶺（嶺高二丈九尺）與諸暨縣分界

三自會元橋東南行至傅家塢村南行至型塘市東北行至壽勝埠頭市東南行至師姑嶺（嶺高一丈）經東橋西南行至最石嶺東南行至小

埠之會源橋又西南行折而東南至漓渚市與自跨湖橋起之枝路合

四自安橋曲曲西北行至大王廟前西北行至廣陵橋西南行過鄭家閘又西北行至里仁橋經萬安橋西南行過趙塢嶺（嶺高三丈）至盛家灣村西行至張家村經金鷄橋西南行至所前市之所橋西南行至娘娘廟前又西南行之新橋與蕭山縣分界

五自霞北少西行至東浦大川橋曲曲北行至後瀧橋東北行折而西北至陽川橋北少西行至茶亭橋西北行至安昌市之金家橋西少北行至鎮龍橋以下爲水道

六自通陵橋東南行至翠山灣過阮家灣至任家灣達攢宮埠南少東過宋六陵西至五峯嶺東南行至董家塔村經太平橋望洋橋東北行折而東至漁渡口過渡南少東行至花礀嶺（嶺高二十二丈）與上虞縣分界

又自太平橋北少西行至腰軟嶺（嶺高八丈）北行過方家塢村至上王村（東南通石屑嶺）西少北行過富盛嶺至紡泉橋東北行至仰山嶺（嶺高五丈五尺）東少南行過沈鳳村下凰村至倉塘市西南行過松門至南湖村曲曲南少東行至長山頭凉亭又西南行折而南少東至湯浦市望洋橋仍與本枝路合

七自曹娥上沙北行折而西北曲曲行至星沙村曲曲北行過塘角又西少南行至西湖閘（閘長七丈高一丈七尺計三洞）西北行至黃草閘（閘長六丈八尺高一丈七尺計三洞）西北行至稱山東麓併山西麓再西北行至堰頭村楝樹閘新埠頭過黃公浦至防倭炮臺西北行至宋家漊達三江閘

八自五仙橋東行過浪媛橋又東南行過蛤山頭至永禎橋南行過八和橋至上灶市東南行至日鑄嶺（嶺高五十二丈九尺）經宋家店太平村西南行至太平嶺（嶺高十二丈八尺）與嵊縣分界

又自太平村東北行過靑店村至塽嶺（嶺高三十五丈九尺）東南行過嶺下村至五琶嶺麓東北行至湯浦市南又北行至望洋橋與五雲門自通陵橋起之枝路合

又自五琶嶺麓西行過五琶嶺又西南行與嵊縣分界

又自五琶嶺麓南行折而西北又折而西南至草山嶺西南行折而東南至駐蹕嶺（嶺高四十八丈八尺）東南行至蔣岸橋北南通蔣岸橋入嵊縣界

又自蔣岸橋北首東行折而東北過八鄭村至范家橋東少北行過范洋村至界橋與上虞縣分界

又自湯浦市南首西南行過柴埠渡（渡闊九丈水深二尺七寸）東南行至蒲蔔嶺（嶺高四十丈）又南行折而東南至范家橋西仍入本枝路

又自范家橋南行至長橋墺入嵊縣界

又自長橋墺南行至新橋東少南行至馬石嶺東行至方邱橋南與上虞縣分界

九自平水市南少東行過金魚墺至陶晏嶺（嶺高八十八丈）南少東行至謝家村南行過高汀村至青壇村東行折而南又折而東少北至天寶橋東行迤而東少南至界址嶺（嶺高四丈二尺）與嵊縣分界

又自天寶橋南少西行過仰嶺至王城市界橋與嵊縣分界

十自永鐵橋西南行折而南過化山路口村至分水嶺（嶺高二尺）南少東行至車頭市東少南行過東山嶺又東南行至塚斜村東又曲曲東少北行至青壇村與自平水市之枝路合

又自車頭市西南行至饅頭石村西南行過冠佩村至桃嶺（嶺高七十九丈）與諸暨縣分界

又自塚斜村東首西南行迤而南少西過小西嶺大西嶺及寨嶺口又西南行至童家嶺（嶺高二十四丈）西南行至鼉石嶺與嵊縣分界

十一自新楊樹下村西北行至老楊樹下村北少西行至覃坑西少南行至大慶嶺（嶺高二十二丈）

十二自叉路口曲曲南少東行至苦嶺頭又東南行至饅頭石村與自永鎮橋起之枝路合

十三自駐日麓嶺東南行過韓婆嶺又東南行折而西南再折而西北至黃來嶺（路高三十五丈）與諸暨縣分界

三　鐵路

一滬杭甬鐵路杭曹段自錢清入境經柯橋達紹城西郭沿城繞東行經東湖皋埠樊江至東關爲本境終點全程約長五十公里全線採用重磅鋼軌橋樑悉爲鋼骨水泥裝橋座架設鋼樑建築完備與鞏固爲近數年國內新築各路所僅見西行由錢清經蕭山與錢江大橋連絡至杭州接滬杭線逕達上海東行由東關經蒿壩越曹娥江橋接曹甬線過餘姚慈谿直抵寧波

四　公路

一蕭紹公路自錢塘江邊起經蕭山至錢清入境經阮社柯橋彌陀會儀西郭紹興北海昌安諸站而達五雲全程約長二十餘公里所經各處均設車站路基堅固路面平坦爲全省各公路冠全線橋樑多以木石及鋼骨水泥建造路旁遍植楊柳夾道成蔭

二紹曹蒿公路自五雲站啣接蕭紹站起經東湖皋埠樊江陶堰涇口東關直抵曹娥江邊並自曹娥站轉入上虞屬之蒿壩全程長約三十餘公里東湖站側另闢支路逕達湖際

三柯巖公路自蕭紹路之柯橋站向南展築至柯巖長約四公里全線工程除橋樑水管外悉用徵工勞役挑築完成並以碎石鋪築路面

五　人力車路

一婁謝車道自旱偏門外婁宮起經新橋虹橋謝家橋賈村陳村而入諸暨縣境自新橋向南直達蘭亭灰灶頭霞溪又自虹橋向西至雷康及下園向東直抵高村自陳村向東可至張村及大園幹支各路均就原有之路修築並以砂石鋪寬面積

二平水車道自平水埠頭經平水街寺前西渡分別至邃郭車頭及橫溪岔路口計程約三十公里都就原有石板路築寬用砂石鋪平路面現

有人力車二十輛由大通車行營業

三江浦車道自嵩新路之小江站經石浦毛洋下徐而達湯浦爲謀水陸聯運便利起見並自小江站展築至曹娥江邊長約八公里全線鋪築砂石路面爲縣境內人力車路冠惟鋪築未久人力車尚未通行

六　城區馬路

一大靑馬路該路横亙城市中心自大江橋至清道橋長約一公里路面鋪築柏油及水泥路寬六公尺兩旁人行道各二公尺下水道築於路中

二縣前馬路該路自大靑馬路之縣西橋向東展築至縣政府門首長約一百五十公尺建築與寬度與大靑馬路同惟下水道築於路旁耳

三北大馬路自蕭紹公路之北海站向東展築至大江橋與大靑馬路相啣接長約九百公尺一切建築及寬度與縣前馬路同

四靑五馬路自大靑馬路之清道橋向東展築至紹曹嵩公路之五雲站使市内外交通連成一氣該路長約一公里寬計六公尺兩旁人行道各寬一公尺路面鋪築碎石人行道用水泥中經東雙橋原係石砌橋堍現已改築斜坡車行便利

五偏門馬路自蕭紹公路之紹興站向西曲折展築至大教場中經旱偏門直街長約一公里許内有三百公尺鋪築彈石路面計六公尺兩旁築明溝餘鋪砂石爲將來建築紹諸公路之起點

按上述鐵路公路因軍事關係已成陳跡將來抗戰勝利積極建設程途必更拓展也

紹興縣城區各里街道地段之等級

錄二十七年紹興縣政公報

地名里別＼等級	一等	二等	三等	四等	五等	六等	七等	普通弄道	偏僻河沿及小弄	備考
上大里			大江橋至望江樓	大路口至北海橋東堍		新河弄口至謝公橋	日暉橋		北海橋東堍南首河沿至謝公橋東止	
水澄里			水澄橋至望江樓	水澄橋至鯉魚橋			丁家弄東口直至萬安橋南堍小教場	鐵甲營一帶	當弄　包殿弄	

	大善里	秋瑾里	大雲里	
		舊協署前（新建縣政府）		
	水澄橋南埭至縣西橋西口	縣西橋起經軒亭口至清道橋北首止		
		清道橋南首起經過鵝行街至蕙蘭橋下止府橫街直至府橋東埭	蕙蘭橋南埭至荷葉橋北埭	荷葉橋至景寧
				景寧橋至南門
	倉橋南埭至鏡清寺西雙橋至板橋	鏡清寺前起經府橋下石門檻至小酒務橋北首大酒務橋東首起經泗水橋舊三營前至蕙蘭橋西首橋腳止	大井橋至小酒務橋止大雲橋埭至鳳儀橋東	
北口至南口試弄	板橋至寶珠橋	泗水街道橫頭富民坊衞埭缸灶匯頭	前後觀巷	
	西營口至接龍橋			獅子街至承天
	油車弄香團街南望街華仙街馬街茶店弄廟街孔家街倉街	千金弄華嚴弄騰香弄華化弄駙馬樓大帝廟弄井街巷辛弄	蕙蘭橋南埭河沿至小酒務橋河沿火弄大乘弄開元弄硝皮弄大乘弄起至泗水橋腳止	雷壇弄學傍弄左右柴場弄更樓下至晉公橋承天

辛植里	美政里	錫麟里
		紹蕭汽車道城站附近曠地新闢市場
	舊紹府前舊山陰署前	
橋（卽新朗橋）	舊府前文昌閣下起至府橋西墩止	北海橋西墩至西郭旱門止監獄署門
	舊府前文昌閣下起至蓮花橋北墩止脂溝匯頭經孫府門口淸涼橋直達旱偏門止	
	蓮花橋南墩至拜王橋北墩止旱偏門頭起沿城經水偏門直達鳳儀橋西墩止車水坊至大小郎橋止五馬坊口起至大酒務橋止	北海橋西墩至鯉魚橋西墩北首
	寶珠橋西墩觀前宣化坊司獄使前作揖坊	武勳坊口至汽車站寶珠橋西墩北首
橋東墩承天橋經和暢堂至菡菭滙頭		箭場營黃花弄菊花泉相家橋北墩河
橋西墩至大能仁寺河沿華純橋大文峯弄小文峯弄伽藍殿至公治橋辛弄葉家弄耀英弄大菩提弄小菩提弄至永福橋獅子橋河沿蔡家弄泥牆弄丁家弄丁家橋至拜王橋水偏門河沿至拜王橋胡宗祠河沿薛家橋童家弄小墨瀦樓天后宮大木杓瀴	鳳儀弄平章弄會昌弄月牙池頭太淸二弄前太平弄山陰城隍廟前留新門內教場沿	顧家弄韓家弄九曲弄桑園鴨子弄廟弄單棚弄桂屏弄虎馬弄五雞弄錦昌弄

	越王里	蕺望里	
之街道			
	大江橋至局弄口		
口至鯉魚橋西堍			
	局弄南口至筆飛弄南口大江橋北堍西首起至西郭水門止	筆飛弄南口至香橋西堍戒珠寺東首起轉趙家匯頭直達昌安旱門	
		探花橋經直街蕺望橋至戒珠寺前戒珠寺西首止寺西街底由河沿至螺螄橋北堍	長橋北堍過小
經沙井頭大道地大木橋河沿東河沿頭錦[illegible]橋南堍進九曲弄至山後張神殿	筆飛弄局弄局弄北口至螺螄橋南弄		廣寧橋經柿樹
沿至北海坂	局弄北口起至汲水橋	螺螄橋東首河沿至筆架橋中正弄	都泗門至廣甯
	草藐橋河沿至太平橋營基弄至第一台門	梅園弄躲婆弄廟弄包殿弄馬弄扳罾弄	題扇橋東堍至咸甯橋河沿一帶薔薇弄崔家弄唐

長安里	昌福里	湯公里
		紹蕭嵊汽車道五雲站附近曠地新闢市場之
		紹興縣署前
		清道橋東垷至五雲門縣東門至縣西橋
	日暉橋北垷起至小江橋南垷通泰橋北垷至中正橋南垷	新橋至聖路橋日暉橋至暗橋
香橋直至昌安橋東垷題扇橋東垷至謝家灣頭廣寧橋經韓衙前至長安橋東垷	長橋西垷至保佑橋北垷小江橋河沿起至探花橋大善橋東垷至月池坊口學士街唐王街永福街	大保佑橋至新街口
下直至東府廟尙書第經大井頭直至胡公殿西府廟前至謝家灣頭松竹庵至新財神堂	探花橋至長橋脚諸善弄保佑橋河沿至通泰橋	團基巷東口至西口掇木橋直街轉灣至寶幢
橋垷昌安橋東垷至狗項頸地藏庵轉灣至白馬廟龍舌嘴至大井頭胡公殿過裘家台門口至東大池	衙湖弄	斷河頭東口至西口
家弄永昌廟弄攤井弄黃蜂弄	驗符弄降詔弄九如弄細弄槐花弄硝皮弄井頭弄長橋脚沿石童廟沿五顯閣弄	東雙橋東西河沿八字橋東西河沿大保佑橋南岸河沿金鑑橋河沿五多功三財殿前公街倉橋鮑家弄東西趙衙弄在河台橋柴場弄五珠弄有富弄狀

紹興縣志資料 第一輯 道路

	孝義里	咸歡里
街道		
	竹園橋河沿至學壇地	
	聖路橋至馬梧橋	東郭門起太平橋一直進覆盆橋秋官第至大曇橋都亭橋經塔子橋至馬梧橋
	暗橋至集賢橋	藕梗橋起糖汁匯頭經西咸歡河一直至集賢橋南堍會元橋河沿安定橋經東西咸歡河沿
巷西口八字橋西堍起至小保佑橋北堍東首弄口東口止	馬梧橋河沿至觀音弄	藕芽池底至若耶溪觀音寺底起直至觀音弄西口木蓮橋西堍至金斗橋︵卽燕旬弄︶連
	貫珠樓河沿至玩花橋集賢橋北堍經九梧山頭至馬梧橋北堍龍門橋至九節橋望春橋至寺池	小觀音橋南堍至觀音弄王風弄至藕芽橋唐家弄南口起至唐家橋高旬弄南口起至繆家
元弄德福橋堍孝義弄枯生橋堍睡仙橋堍荳芽場馬弄暗橋腰弄	白果弄寺池半野堂望春橋河沿龍門橋河沿九曲橋祠堂瀵底九節橋河沿孝義弄玩花橋河沿興福橋︵卽玩花橋︶當弄朱家橋聖路橋河沿睡仙橋河沿新廟橋忠義弄梧泉弄荳廚橋合璧樓河沿暗橋河沿大簾子弄	潔水弄北口大池弄狀元弄南口起至吳三板橋高家弄南口起至北口九梧山頭孟家弄慧日橋春波橋張馬橋北堍

	南大里	西郭里
	都亭橋至學弄頭捨子橋至官齊橋	
至咸歡橋靜甯巷東口起至大皋頭雙池頭至扳馬莊	鮑家橋東至文匯西堍	西郭旱門起直至育嬰堂門口桒蔬橋經四王廟梅仙橋至霞川橋
菴弄	捨子橋河沿至藕梗橋南秀橋河沿至鮑家橋東堍白牙弄春波橋南堍至南街至辛弄	
橋	善法弄橫直綢緞弄蓮河橋至金剛廟通判橋至羅門單條河北岸	建樓下至桒蔬橋橫河沿至雍樂橋
	小善法弄潔水橋楊衙弄孟家橋孝義弄新橋弄桂園弄柳橋至羅門坂財神殿雙池頭錢王祠前至石柱頭學後弄金剛廟至陶家瀍望花橋	上岸下岸王家弄史家弄大池弄

紹興縣城區各里街道之寬度 錄二十七年紹興縣政公報

等級	車道	人行道	共計寬度
一	三十二尺	十六尺	四十八尺
二	二十四尺	十二尺	三十六尺
三	十八尺	十尺	二十八尺
四	二十四尺		二十四尺
五	二十尺		二十尺
六	十六尺		十六尺
七	十二尺		十二尺
普通弄道	十尺		十尺
偏僻河沿及小弄	八尺		八尺

說明：一 東西汽車站附近曠地新闢市場車道三十二尺行人道十六尺共四十八尺爲一等路
二 新建之縣政府法院公園及新闢市場等路車道二十四尺人行道十二尺共三十六尺爲二等路
三 大街一帶比杭州清河坊大街現在新築馬路之寬度減少八尺定車道十八尺人行道十尺共二十八尺
四 間有市集行人繁雜之處定寬度二十四尺爲四等路
五 間有商店之通衢寬度定二十尺爲五等路
六 交通不繁之街道及各鄉入城之船埠河沿定寬度十六尺爲六等路
七 偏僻街巷及沿河道路暨交通較繁之街道定寬度十二尺爲七等路
八 普通街道定十尺

九　偏僻河沿及小弄定八尺

十　紹屬街路寬度等級地段於民國十八年經紹興建設委員會及城區有關係各村里委員會先後議決訂定呈奉浙江省建設廳（十八年十月）第七七四七號指令准予備案施行以來迄將十載因未經過修正故所列里名悉仍舊時名稱併附及之

雨量及溫度

中華民國十九年至二十五年紹興逐月雨量表

月 ╲ 雨量 ╲ 年		一九	二〇	二一	二二	二三	二四	二五	二六	平均
一月	雨量（公厘）	一五·〇	六五·五	五·〇	一一〇·五	七四·〇	五三·五	一〇八·〇	一五六·七	九〇·八
	降雨日數	一六	一二	三	一四	八	一〇	一二	一〇	一一
二月	雨量（公厘）	八六·〇	一九一·〇	九四·五	九七·〇	四七·〇	一二一·〇	二三三·〇	一五五·六	一二八·一
	降雨日數	一〇	一七	一二	一四	八	一二	一一	一三	一二
三月	雨量（公厘）	一九一·〇	一〇三·〇	五八·〇	一三三·五	一三八·〇	一二四·〇	一三九·〇	一六六·四	一三一·八
	降雨日數	一四	一二	六	一三	一一	一三	九	一五	一二
四月	雨量（公厘）	一六七·〇	一六八·〇	一一三·〇	一三八·五	一七〇·〇	一一六·〇	二二七·五	二五二·八	一六九·一
	降雨日數	一四	一二	一〇	一四	一六	一八	一七	一六	一四
五月	雨量（公厘）	一八八·五	三三九·〇	二七八·〇	一三六·五	七九·〇	一四二·〇	一三四·八	二四七·六	一九二·四
	降雨日數	一〇	一六	二〇	一一	一一	八	一五	一一	一二
六月	雨量（公厘）	二三七·五	一〇一·〇	二九三·五	三四八·五	九二·五	一三八·〇	一四九·〇	三二六·六	二二一·一
	降雨日數	一五	八	一六	一五	一〇	一四	九	一三	一二

七月	雨量（公厘）	一七二·〇	一六五·五	四九·〇	一三五·〇	七二·〇	八四·〇	一三一·五	三三一·七	一〇六·六
	降雨日數	一三	一三	五	五	五	六	一〇	五	八
八月	雨量（公厘）	四〇·〇	二四五·〇	一七七·五	九七·五	二三九·〇	二四七·〇	二六二·五	二〇四·九	一七七·九
	降雨日數	四	五	一二	一三	一七	一五	一四	一〇	一一
九月	雨量（公厘）	三七八·〇	二六六·五	一五九·〇	三三二·〇	一七九·〇	一六九·〇	六九·五	一三三·二	三二一·七
	降雨日數	一五	一五	一二	一三	一五	一〇	六	一二	一二
十月	雨量（公厘）	八八·五	七·〇	九三·〇	六〇·〇	九二·五	九一·五	—	一二八·八	六八·九
	降雨日數	七	三	七	一三	九	一三	—	九	七
十一月	雨量（公厘）	七八·五	一四九·五	七五·〇	二九·〇	五九·〇	八五·〇	五〇·七	二〇一·三	九一·〇
	降雨日數	五	一一	一〇	四	八	一〇	七	一五	九
十二月	雨量（公厘）	九〇·〇	八三·五	四五·〇	一四·〇	五四·〇	一一一·〇	四七·八	一六·〇	五七·六
	降雨日數	八	一〇	六	七	九	一六	一五	二	九
總計	雨量（公厘）	一八九〇·〇	二〇〇四·五	一四四〇·五	一五〇五·〇	一一八六·〇	一六九二·〇	一四六五·〇	一九九三·六	一六五一·二
	降雨日數	一三一	一三四	一一九	一三五	一二七	一四五	一三五	一三一	一三一
一日内最多量	雨量（公厘）	一〇二·五	一〇六·〇	五七·〇	七四·九	五三·〇	七〇·〇	一一五·〇	七一·六	
	日期	九··一〇	八··二五	五··二〇	九··一三	九··一三	八··一四	八··四	六··二五	
一	雨量（公厘）	一二六·〇	一八四·五	一一四·〇	二三五·八	一五三·六	一四七·〇	一四二·〇	一三八·〇	

次內最多量			
起		訖	
月	日	月	日
九	九	九	一〇
八	二四	八	二五
六	一五	六	二〇
六	九	六	三
九	二	九	二〇
八	三	九	四
七	三	八	五
六	二四	六	二五

民國十九年至二十五年紹興逐月温度表

年／温度／月	十九年 最高温度（華氏）	十九年 最低温度（華氏）	十九年 平均温度（華氏）	十九年 每日温度之差 最大（華氏）	十九年 每日温度之差 最小（華氏）	二十年 最高温度（華氏）	二十年 最低温度（華氏）	二十年 平均温度（華氏）	二十年 每日温度之差 最大（華氏）	二十年 每日温度之差 最小（華氏）
一月	四三.六〇	一三.九〇	三一.〇三	一四.四〇	三.六〇	六四.四〇	一五.八〇	三八.七三	二七.〇〇	〇.〇〇
二月	六八.〇〇	二五.七〇	四三.二二	一八.〇〇	一.八〇	五九.九〇	二六.六〇	四二.八五	一八.〇〇	〇.九〇
三月	七五.二〇	三五.六〇	五一.四四	二三.四〇	三.六〇	七七.〇〇	三三.八〇	五一.五一	二三.五〇	一.八〇
四月	八四.二〇	四六.四〇	六一.二五	二五.二〇	四.五〇	八六.二〇	四五.五〇	五九.九八	二三.五〇	九.四〇
五月	九五.〇〇	五八.一〇	七〇.一三	二八.八〇	三.六〇	八七.八〇	五〇.九〇	六六.一七	二三.四〇	三.六〇
六月	九六.八〇	六四.四〇	七七.八六	一九.八〇	三.六〇	九五.〇〇	六〇.八〇	七八.二六	一八.〇〇	三.六〇
七月	九八.六〇	七三.四〇	八五.三三	二一.六〇	九.〇〇	一〇一.三〇	六五.三〇	八一.七九	二三.三〇	三.六〇
八月	九五.八〇	六九.八〇	八四.四一	一八.〇〇	五.四〇	九五.〇〇	七五.二〇	八四.六五	一六.二〇	一.八〇
九月	九三.二〇	五七.二〇	七三.三一	二六.一〇	七.二〇	八五.一〇	五九.〇〇	七四.二五	一六.二〇	〇.九〇
十月	七七.九〇	五〇.〇〇	六四.三三	二三.五〇	三.六〇	八六.〇〇	四四.六〇	六三.一七	一六.二〇	六.三〇
十一月	六九.八〇	三五.六〇	五一.五四	一九.八〇	七.二〇	六六.二〇	三五.六〇	五五.五四	一八.〇〇	〇.〇〇
十二月	六〇.八〇	二八.四〇	四五.二八	一九.八〇	五.四〇	六一.七〇	二三.〇〇	四一.八〇	一五.三〇	〇.〇〇
全年	九八.六〇	一三.九〇	六一.五七	三八.八〇	一.八〇	一〇一.三〇	一五.八〇	六一.五六	二七.〇〇	〇.〇〇

二十一年 最高溫度(華氏)	最低溫度(華氏)	平均溫度(華氏)	每日溫度之差 最大(華氏)	最小(華氏)
六〇·八〇	三三·〇〇	四三·三三	一九·九〇	一·八〇
五〇·九〇	二八·四〇	三八·三一	一七·一〇	〇·〇〇
七五·一〇	三三·〇〇	五〇·四四	二七·〇〇	三·六五
八一·五〇	四六·四〇	六〇·七一	一九·八〇	一·八〇
八六·九〇	五六·〇〇	六九·三四	一八·〇〇	〇·〇〇
八六·〇〇	六三·六〇	七四·七五	一八·二〇	〇·〇〇
一〇一·〇〇	七三·〇〇	八七·〇七	二〇·〇〇	三·〇〇
九六·〇〇	七三·〇〇	八四·九八	一八·〇〇	三·〇〇
八六·〇〇	六一·〇〇	七二·七九	一八·〇〇	二·〇〇
八六·〇〇	五〇·〇〇	六四·九〇	二九·〇〇	六·〇〇
七五·〇〇	三〇·〇〇	五三·七一	二四·〇〇	六·〇〇
六六·〇〇	二六·〇〇	四三·八〇	二六·〇〇	五·〇〇
一〇一·〇〇	二三·〇〇	六一·八四	二九·〇〇	〇·〇〇

二十二年 最高溫度(華氏)	最低溫度(華氏)	平均溫度(華氏)	每日溫度之差 最大(華氏)	最小(華氏)
六二·九六	一九·四〇	三五·三三	二八·七〇	〇·七二
六二·〇八	二八·七六	四一·七一	二三·九四	五·四〇
八二·九四	三〇·〇二	四六·四六	三三·〇四	六·一二
八六·〇〇	四二·九八	五八·六九	三四·〇二	三·九六
九七·七〇	五〇·〇〇	七〇·七六	三一·一四	四·八六
九六·八〇	六一·三四	七七·一七	二三·七六	三·六〇
一〇 ·一〇	六八·〇〇	八六·三四	二七·九〇	三·三四
一〇四·五四	七一·七六	八五·九七	二六·二八	一二·七八
九六·〇八	五七·九二	七七·〇〇	二七·一八	三·九六
八三·三〇	四二·八〇	六五·〇二	三〇·三四	二·七〇
七六·四四	三六·一四	五五·六四	三三·六六	二·一六
五二·四二	二五·三四	四七·八八	三四·七四	二·一六
一〇四·五四	一九·四〇	六三·三三	三四·七四	〇·七二

二十三年 最高溫度(華氏)	最低溫度(華氏)	平均溫度(華氏)	每日溫度之差 最大(華氏)	最小(華氏)
五二·五二	一五·四四	三三·四九	三〇·六〇	三·六〇
六四·四〇	三一·七四	四一·八七	三六·〇〇	四·五〇
八三·三〇	二八·七六	四七·六四	三九·六〇	一·九八
八二·四〇	三五·二四	五五·九〇	三三·四八	一·八〇
九二·八四	四七·八四	七〇·二七	三五·四六	四·八六
一〇〇·九四	六二·九六	七九·五二	二四·二二	七·〇二
一〇五·九八	七三·五八	八八·五九	二六·二八	〇·〇〇
一〇四·五四	七一·七〇	八八·〇二	二七·九〇	四·一四
九六·八〇	五四·八六	七五·六八	二九·五二	二·八八
八四·九二	三七·四二	六一·六七	三三·九四	三·〇六
六九·九八	三一·八二	五二·〇八	三二·三三	一·九八
六六·二八	二四·二六	四七·七九	三四·五六	二·三四
一〇五·九八	一五·四四	六一·八七	三九·六〇	〇·〇〇

二十 最高溫度(華氏)	最低溫度(華氏)
五八·〇〇	二五·〇〇
六四·〇〇	二八·〇〇
七九·〇〇	三六·〇〇
八〇·〇〇	四二·〇〇
九一·〇〇	五二·〇〇
九一·〇〇	六四·〇〇
一〇〇·〇〇	六八·〇〇
九四·〇〇	七二·〇〇
九二·〇〇	五八·〇〇
八四·〇〇	五二·〇〇
七六·〇〇	四一·〇〇
五五·〇〇	二六·〇〇
一〇〇·〇〇	二五·〇〇

四年			二十五年				
平均溫度（華氏）	每日溫度之差 最大（華氏）	每日溫度之差 最小（華氏）	最高溫度（華氏）	最低溫度（華氏）	平均溫度（華氏）	每日溫度之差 最大（華氏）	每日溫度之差 最小（華氏）
四〇·六〇	二七·〇〇	五·〇〇	五三·〇〇	二〇·〇〇	三五·四七	一八·〇〇	三·〇〇
四四·〇一	三一·〇〇	六·〇〇	六一·〇〇	三六·〇〇	三九·三〇	二三·〇〇	六·〇〇
五四·〇一	二八·〇〇	六·〇〇	六八·〇〇	二七·〇〇	四一·八三	二五·〇〇	六·〇〇
六〇·四一	一八·〇〇	二·〇〇	八五·〇〇	四一·〇〇	六一·七六	三四·〇〇	六·〇〇
七〇·九五	三〇·〇〇	四·〇〇	九二·〇〇	五五·〇〇	六六·三三	一七·〇〇	五·〇〇
七六·五三	一八·〇〇	三·〇〇	九六·〇〇	六五·〇〇	八〇·〇九	一七·〇〇	五·〇〇
八四·八八	一九·〇〇	六·〇〇	一〇〇·〇〇	七〇·〇〇	八四·五三	一九·〇〇	三·〇〇
八二·七三	二八·〇〇	九·〇〇	九八·〇〇	七二·〇〇	八四·七五	一〇·〇〇	六·〇〇
七一·七四	三〇·〇〇	四·〇〇	九二·〇〇	五八·〇〇	七七·一四	二五·〇〇	四·〇〇
六八·五八	二〇·〇〇	六·〇〇	八八·〇〇	五一·〇〇	六八·二八	三三·〇〇	六·〇〇
五五·二八	二〇·〇〇	四·〇〇	七五·〇〇	三〇·〇〇	五五·八三	四〇·〇〇	五·〇〇
三九·五〇	一〇·〇〇	一·〇〇	六四·〇〇	二八·〇〇	四三·六三	二四·〇〇	六·〇〇
六二·六〇	三〇·〇〇	一·〇〇	一〇〇·〇〇	二〇·〇〇	六一·四七	四〇·〇〇	三·〇〇

分度盤與羅經正鍼合一盤

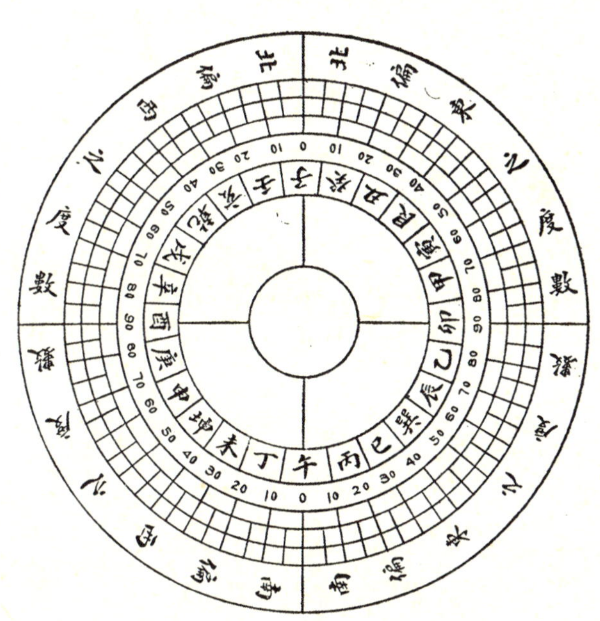

沿界五鄰縣所展之度數

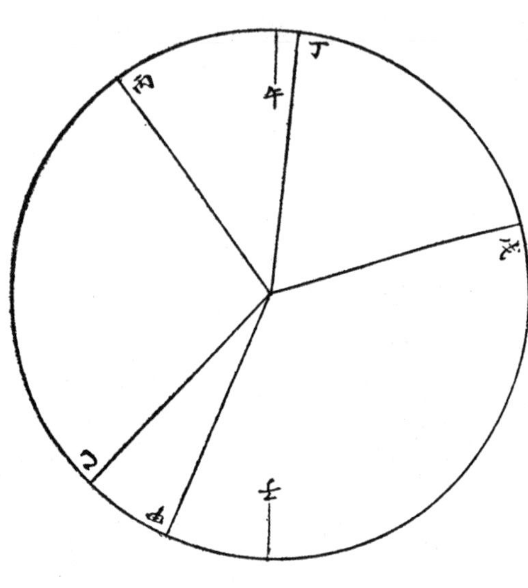

說明

甲　海寧蕭山　北偏東二二一度五九分

乙　上虞海寧　北偏東四一度五〇分

丙　嵊縣上虞　南偏東三六度二一分

丁　諸暨嵊縣　南偏西五度四三分

戊　蕭山諸暨　南偏西七四度二二分

海寧地界甲至乙展弧度一八度五一分

上虞地界乙至丙展弧度一〇二度八分

嵊縣地界丙至丁展弧度四一度四五分

諸暨地界丁至戊展弧度六八度三九分

蕭山地界戊至甲展弧度一一八度三七分

小舜江源流圖

北

圖例

水道	山脊	山岡	縣界	鄉村	市鎮

甲乙丙

甲　乙　丙

五婆嶺有二一在下川之北一在小江口之南故將小江口之南之嶺名改爲五琶嶺以分別之（甲）

圖中有湯浦嶺三字之處係是一座高山名鹿田岡湯浦嶺在鹿田岡之北塊嶺在鹿田岡之南均是交通要道並非偏僻小路（乙）

寺前在靑店之北並不在靑店之南（丙）

按圖內有誤點數處經朱稷臣先生改正因圖字太小不易辯故於圖之右方及下方各註甲乙丙字樣就右方之甲向左横看及下方之甲向上直看其相交處卽是五琶嶺所在乙丙類推

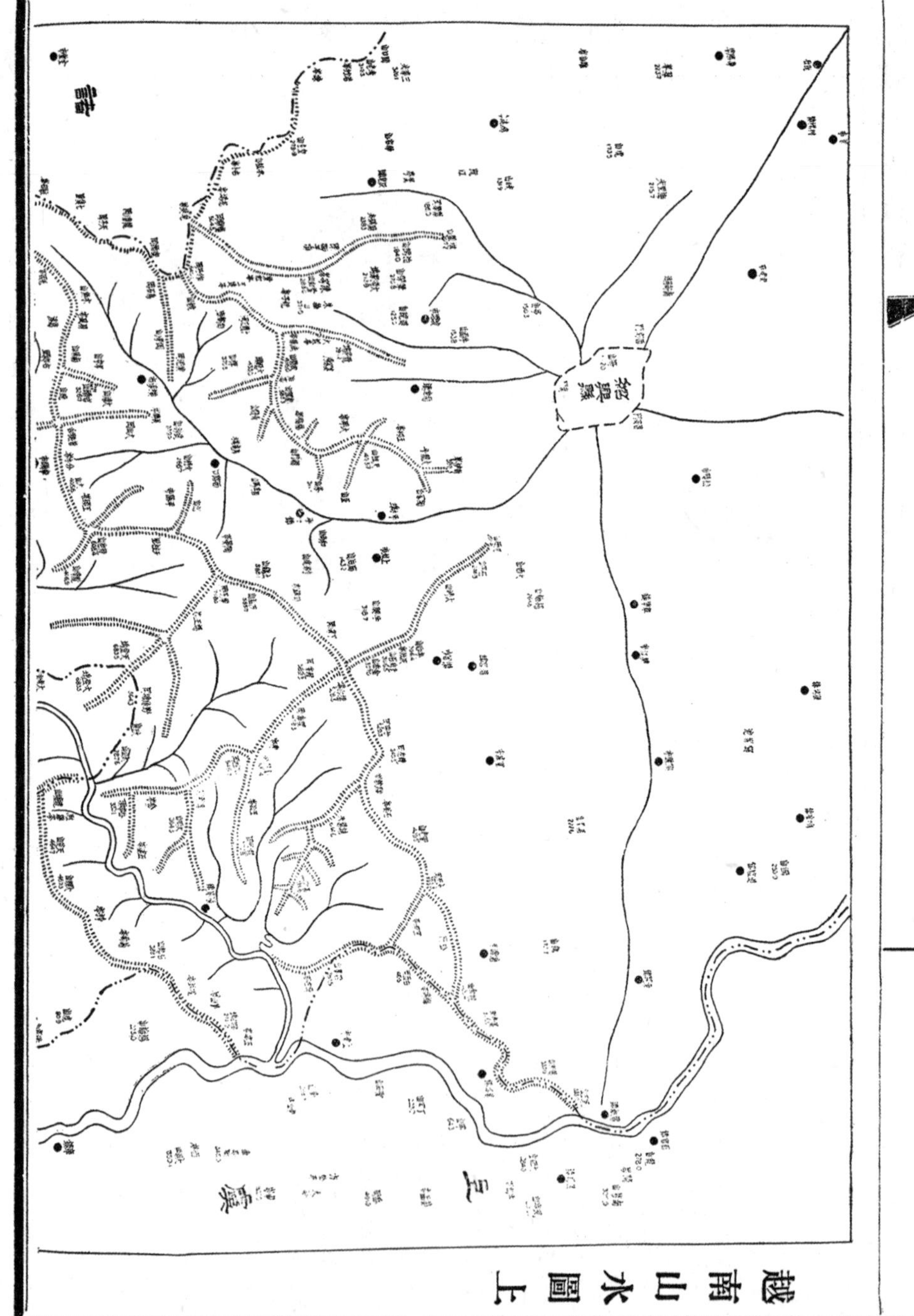

越南山水圖上

紹興縣志資料　第一輯　山川圖

三一

越南山水圖下

圖例
山脈　山嶺　水道　市鎮　縣界　縣城

若耶溪源流圖

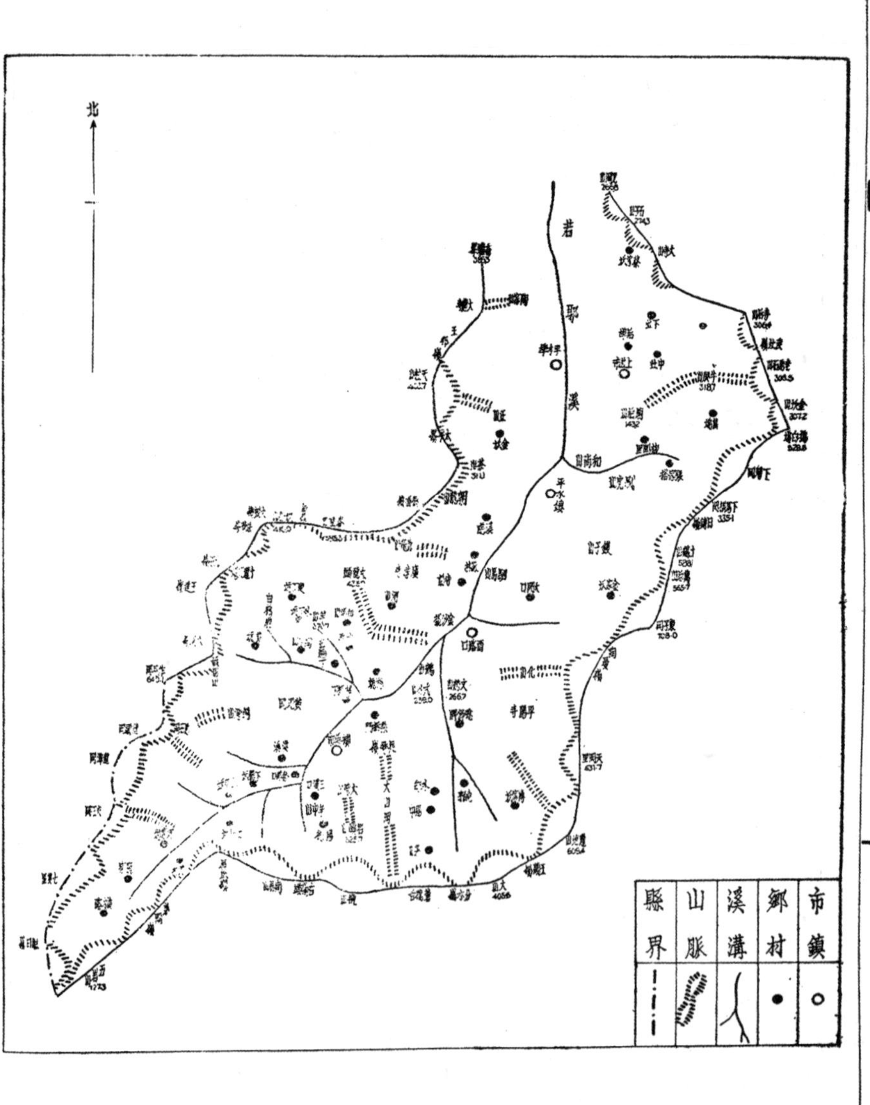

紹興縣志資料第一輯

田賦

紹興縣田賦一覽表 中華民國十七年浙江財政審查委員會製

附錄浙江省田賦一覽表凡例

一本表根據各縣報告表分爲田地山蕩四項依次編列凡舊有特別名稱如灶丁若干茶樹若干株屋若干間漁若干網碓若干杵之類均經按照性質相近分別編入

一原報告表內凡塘池浜瀝江漊河灘塗濠溝等名目均歸蕩類

一本表所列田地山蕩畝分以畝爲單位賦額銀以兩爲單位米以石爲單位正附稅折合銀元數以元爲單位又元以下數目在分縣表內均係列舉以存眞相於總表及百分表內概用四舍五入法歸納以釐爲止俾便查閱

一本表銀米原額與現在造串數不同之縣均以造串數爲標準

一附稅一項各縣應徵數目時有增減本表係依據原報告表及參考財政廳舊案爲每畝折徵銀元之標準

一土地價格土地收益及租息並附稅銀每兩米每石帶徵銀元數及軍事善後特捐每

畝應徵銀元數等概照原報告表於分縣表說明內登明

產別		田		
等則		鑑湖鄉	中鄉	下則
每畝科則		銀一五四厘〇四八 米二五合五五一	銀一三七厘七六七 米二二合〇三二	銀一三四厘三四三 米二一合一一七
銀每兩米每一石折徵銀元標準	正省稅	銀一元八〇〇厘 米三元三〇〇厘	銀一元八〇〇厘 米三元三〇〇厘	銀一元八〇〇厘 米三元三〇〇厘
	縣附稅	銀一元一九〇厘 米一元一〇〇厘	銀一元一九〇厘 米一元一〇〇厘	銀一元一九〇厘 米一元一〇〇厘
	合計	銀二元九九〇厘 米四元四〇〇厘	銀二元九九〇厘 米四元四〇〇厘	銀二元九九〇厘 米四元四〇〇厘
每畝銀米折合銀元數目	正稅	銀二七七厘二八六四 米八四厘三一八三 小計三六一厘六〇四七	銀二四七厘九八〇六 米七二厘七〇五六 小計三二〇厘六八六二	銀二四一厘八一七四 米六九厘六八六一 小計三一一厘五〇三五
	附稅	銀一八三厘三一七一二 米二八厘一〇六一 小計二一一厘四二三二二	銀一六三厘九四二七三 米二四厘二三五二 小計一八八厘一七七九三	銀一五九厘八六八一七 米二三厘二二八七 小計一八三厘〇九六八七
	合計	銀四六〇厘六〇三五二 米一一二厘四二四四 小計五七三厘〇二七九二	銀四一一厘九二三三三 米九六厘九四〇八 小計五〇八厘八六四一三	銀四〇一厘六八五五七 米九二厘九一四八 小計四九四厘六〇〇三七
畝分	原有額	一二九、七一七畝六九八四三	二九四、九一一畝三〇二三六五	二六、七二三畝八三〇〇八
	造串額	一二九、七一七畝六九八四三	二九四、九一一畝三〇二三六五	二六、七二三畝八三〇〇八
賦額	原有稅	銀一九、九八二兩七五二厘〇〇七 米三、三一四石四一六合九一二	銀四〇、六二九兩〇四五厘三九二 米六、四九七石四八五合八一三	銀三、五九〇兩一五九厘五〇 米四五六四石三二七合一一九
	造串稅	銀一九、九八二兩七五二厘〇〇七 米三、三一四石四一六合九一二	銀四〇、六二九兩〇四五厘三九二 米六、四九七石四八五合八一三	銀三、五九〇兩一五九厘五〇 米四五六四石三二七合一一九
應徵銀元數	正稅	四六、九〇六元五二九厘四二五四七〇六二一	九四、九七三元九八四厘八九二四八二八六三	八、三二四元五六六厘六〇三三二五二八
	附稅	二七、四二五元三三三厘四九三〇五九五四四六	五五、四九五元七九八厘四一二六四九八〇四四五	四、八九三元〇四九厘六四二〇五九八四九六
	合計	七四、三三一元八六二厘九一八五三〇一六五六	一五〇、〇六九元七八三厘三〇五一三二六六七四五	一三、二一七元六一六厘二四五三八五一二九六

山鄉	江北鄉	天樂鄉	學
銀一一四厘八二 米四一〇合五五八	銀一〇四厘一〇 米四一五合一三四	銀七七厘一二五 米九合〇八	銀四〇厘八二四 米無
銀一元八〇〇厘 米三元三〇〇厘	銀一元八〇〇厘 米三元三〇〇厘	銀一元八〇〇厘 米三元三〇〇厘	銀一元八〇〇厘 米無
銀一元一九〇厘 米一元一〇〇厘	銀一元一九〇厘 米一元一〇〇厘	銀一元一二〇厘 米一元一〇〇厘	銀一元一九〇厘 米無
銀二元九九〇厘 米四元四〇〇厘	銀二元九九〇厘 米四元四〇〇厘	銀二元九二〇厘 米四元四〇〇厘	銀二元九九〇厘 米無
銀二〇六厘六八三二 米三四厘八四一四 小計二四一厘五二四六	銀一八七厘三七四二 米四九厘九四二二 小計二三七厘三二九四	銀一三八厘八二五 米二九厘九六四 小計一六八厘七八九	銀七三厘四八三二 米無 小計七三厘四八三二
銀一三六厘六四〇五六 米一一厘六一三八 小計一四八厘二五四三六	銀一二三厘八八三七六 米一六厘六四七四 小計一四〇厘五三一一六	銀八六厘三八 米九厘九八八 小計九六厘三六八	銀四八厘五八〇五六 米無 小計四八厘五八〇五六
銀三四三厘三二三七六 米四六厘四五五二 小計三八九厘七七八九六	銀三一一厘二七〇九六 米六六厘五八九六 小計三七七七厘八六〇五六	銀二二五厘二〇五 米三九厘九五二 小計二六五厘一五七	銀一二二厘〇六三七六 米無 小計一二二厘〇六三七六
二四、三〇〇畝九四九一〇四	九二、九三三畝〇七六七三二	五五、二九七畝八七五七八	七二畝六八九八
二四、三〇〇畝九四九一〇四	九二、九三三畝〇七六七三二	五五、二九七畝八七五七八	七二畝六八九八
銀二、七九〇兩三三二厘一七九 米二五六石五六九合四二	銀九、六八〇兩九五一厘二六 米一、四〇七石三五七合二二三	銀四、二六四兩八四八厘六六九 米五〇二石一〇四合七一二	銀二兩九六七厘四八八 米無
銀二、七九〇兩三三二厘一七九 米二五六石五六九合四二	銀九、六八〇兩九五一厘二六 米一、四〇七石三五七合二二三	銀四、二六四兩八四八厘六六九 米五〇二石一〇四合七一二	銀二兩九六七厘四八八 米無
五、八六九元二七七厘〇一一九六三九五八四	二二、〇六九元九九一厘一〇四九五九五二〇八	九、三三三元六七三厘一五五〇三〇四二	五元三四一厘四七九一一一三六
三、六〇二元七二一厘六五六八〇六〇九三四四	一三、〇六八元四二四厘九四五一一六九六九一二	五、三二八元九四五厘六九三一六七〇四	三元五三一厘三一一一九〇二八八
九、四七一元九九八厘六六八七七〇〇五一八四	三五、一三八元四一六厘〇五〇〇七六四八九九二	一四、六六二元六一八厘八四八一九七四六	八元八七二厘七九〇三〇一六四八

江沙	中沙	沙稅	沙
銀一〇七厘一二五 米無	銀一一六厘一五三 米無	銀三七厘六一四 米無	銀一〇七厘一二五 米無
銀一元八〇〇厘 米無	銀一元八〇〇厘 米無	銀一元八〇〇厘 米無	銀一元八〇〇厘 米無
銀一元一九〇厘 米無	銀一元一九〇厘 米無	銀一元一九〇厘 米無	銀一元一九〇厘 米無
銀二元九九〇厘 米無	銀二元九九〇厘 米無	銀二元九九〇厘 米無	銀二元九九〇厘 米無
銀一九二厘八二五 米無 小計一九二厘八二五	銀二〇九厘〇七五四 米無 小計二〇九厘〇七五四	銀六七厘七〇五二 米無 小計六七厘七〇五二	銀一九二厘八二五 米無 小計一九二厘八二五
銀一二七厘四七八七五 米無 小計一二七厘四七八七五	銀一三八厘二二二〇七 米無 小計一三八厘二二二〇七	銀四四厘七六〇六六 米無 小計四四厘七六〇六六	銀一二七厘四七八七五 米無 小計一二七厘四七八七五
銀三二〇厘三〇三七五 米無 小計三二〇厘三〇三七五	銀三四七厘二九七四七 米無 小計三四七厘二九七四七	銀一一二厘四六五八六 米無 小計一一二厘四六五八六	銀三二〇厘三〇三七五 米無 小計三二〇厘三〇三七五
一、六一八畝三五四四三	三、八四一畝三三七〇八	七三六畝二七一五五	一畝〇六五
一、六一八畝三五四四三	三、八四一畝三三七〇八	七三六畝二七一五五	一畝〇六五
銀一七三兩三六六厘二一八 米無	銀四四六兩一八二厘八二五 米無	銀二七兩六九四厘一一八 米無	銀兩一一四厘〇八八 米無
銀一七三兩三六六厘二一八 米無	銀四四六兩一八二厘八二五 米無	銀二七兩六九四厘一一八 米無	銀兩一一四厘〇八八 米無
三一二元〇五九厘一九二九六四七五	八〇三元一二九厘〇八六五三五八三二	四九元八四九厘四一二五四七〇六	二〇五厘三五八六二五
二〇六元三〇五厘七九九七九三三六二五	五三〇元九五七厘五六二七六五三五五六	三二元九五六厘〇〇〇五一七二二三	一三五厘七六四八六八七五
五一八元三六四厘九九二七五八一一二五	一、三三四元〇八六厘六四九三〇一一八七六	八二元八〇五厘四一三〇六四二八三	三四一厘一二三四九三七五

沙佃	茅沙	沙塗	納槓
銀二七厘五八四 米無	銀三七厘一一三 米無	銀三〇厘五九三 米無	銀二七厘〇八二 米無
銀一元八〇〇厘 米無	銀一元八〇〇厘 米無	銀一元八〇〇厘 米無	銀一元八〇〇厘 米無
銀一元一九〇厘 米無	銀一元一九〇厘 米無	銀一元一九〇厘 米無	銀一元一九〇厘 米無
銀二元九九〇厘 米無	銀二元九九〇厘 米無	銀二元九九〇厘 米無	銀二元九九〇厘 米無
銀四九厘六五一二 米無 小計四九厘六五一二	銀六六厘八〇三四 米無 小計六六厘八〇三四	銀五五厘〇六七四 米無 小計五五厘〇六七四	銀四八厘七四七六 米無 小計四八厘七四七六
銀三二厘八二四九六 米無 小計三二厘八二四九六	銀四四厘一六四四七 米無 小計四四厘一六四四七	銀三六厘四〇五六七 米無 小計三六厘四〇五六七	銀三二厘二二七五八 米無 小計三二厘二二七五八
銀八二厘四七六一六 米無 小計八二厘四七六一六	銀一一〇厘九六七八七 米無 小計一一〇厘九六七八七	銀九一厘四七三〇七 米無 小計九一厘四七三〇七	銀八〇厘九七五一八 米無 小計八〇厘九七五一八
一九四畝六九八五	一九畝七八	二二九畝一六一八一	畝三六五
一九四畝六九八五	一九畝七八	二二九畝一六一八一	畝三六五
銀五兩三七〇厘五六三 米無	銀兩七三四厘〇九五 米無	銀七兩〇一〇厘七四七 米無	銀九厘八八四 米無
銀五兩三七〇厘五六三 米無	銀兩七三四厘〇九五 米無	銀七兩〇一〇厘七四七 米無	銀九厘八八四 米無
九元六六七厘〇一四一六三二	一元三二一厘三七一二五二	一二元六一九厘三四五〇五五九九四	一七厘七九二八七四
六元三〇九厘九七〇四七四五六	八七三厘五七三二一六六	八元三四二厘七八九二三一四六二七	一一厘七六三〇六六七
一六元〇五七厘九八四六三七七六	二元一九四厘九四四四六八六	二〇元九六二厘一三四二八七四五六七	二九厘五五五九四〇七

中櫃	中溜 併溜	灶丁	上
米　銀 無八厘二 四五七	米　銀 無六厘五 九七五	米　銀 一合一一九 一二　三厘	米　銀 六合一一八二一 四五九　一厘四
米　銀 無〇八一 厘〇元	米　銀 無〇八一 厘〇元	米　銀 〇三三〇八一 厘〇元厘〇元	米　銀 〇三三〇八一 厘〇元厘〇元
米　銀 無〇一一 厘九元	米　銀 無〇一一 厘九元	米　銀 〇一一〇一一 厘〇元厘九元	米　銀 〇一一〇一一 厘〇元厘九元
米　銀 無〇九二 厘九元	米　銀 無〇九二 厘九元	米　銀 〇四四〇九二 厘〇元厘九元	米　銀 〇四四〇九二 厘〇元厘九元
小米　銀 六計無五四 五四　一九 一九　二厘 二厘　六	小米　銀 二厘計無三一 三一　八〇 八〇　四〇 四〇　二厘	小　米　銀 一計三厘三一 三一　六五六 二七　九八厘 一厘　六　四	小　米　銀 厘計六六〇二 六三一四五五 二二二厘九七 一一　五八厘
小米　銀 六八計無二三 二三　四二 四二　九厘 九厘　六八	小米　銀 一三計無六六 六六　五六 五六　一厘 一厘　一三	小　米　銀 九〇計一厘六一 九一　二五〇 七一　三八厘 九厘　二九八	小　米　銀 四厘計二二九九一 九四一〇一　四六 六九四厘　五九 五一　五　〇厘
小米　銀 六四計無七八 七八　六二 六二　一厘 一厘　六四	小米　銀 三厘計無一七一 一七一　四六 四六　九六 九六　三厘	小　米　銀 九二計四厘〇二 三二　九一七 〇八　二六厘 〇厘　八九三	小　米　銀 四厘計八八九〇四 九〇五一六　〇二 八一六厘　四七 六三　〇　八厘
九四一 二畝	七四二 〇畝	九七一七四 八丁六、	三六九一 畝三、七
九四一 二畝	七四二 〇畝	九七一七四 八丁六、	三六九一 畝三、七
米　銀 無一三 七九 厘 四	米　銀 無二一 三三 五四 厘	米　銀 七四一九七四 合石五九三 七〇　厘兩 三〇　八四	米　銀 二〇四三六六五二 合石、三八三五 〇三五　厘兩、 一四一　三五六
米　銀 無一三 七九 厘 四	米　銀 無二一 三三 五四 厘	米　銀 七四一九七四 合石五九三 七〇　厘兩 三〇　八四	米　銀 二〇四三六六五二 合石、三八三五 〇三五　厘兩、 一四一　三五六
八五九七 六五〇 四一厘	九四厘二 四七六四 六二一	六五厘五八 九三四七一 二四九元	九五元七五 三厘七七七 〇四三、
八八九四 四六〇六 七六厘	九〇厘一 七八七五 七一四九	四六厘八五 一七二四二 一〇八六元	七六〇元三三 五厘五九四 一三二三、
二八厘一 六四八一 四三五七	九五厘四 一五三〇 七八六一	一三三五元一 一二厘四三 〇〇七二四	七五五元一九 八厘二六二 一四六七、

紹興縣志資料　第一輯　田賦

中	下	二升上	二升下
銀一三八厘四三三 米一九合五六四	銀一三四厘四七七 米一九合五六四	銀一二六厘三二五 米一六合一八二	銀一二四厘八四一 米一七合四五
銀一元八○○厘 米三元三○○厘	銀一元八○○厘 米三元三○○厘	銀一元八○○厘 米三元三○○厘	銀一元八○○厘 米三元三○○厘
銀一元一九○厘 米一元一○○厘	銀一元一九○厘 米一元一○○厘	銀一元一九○厘 米一元一○○厘	銀一元一九○厘 米一元一○○厘
銀二元九九○厘 米四元四○○厘	銀二元九九○厘 米四元四○○厘	銀二元九九○厘 米四元四○○厘	銀二元九九○厘 米四元四○○厘
銀二四九厘一七九四 米六四厘五六一二 小計三一三厘七四○六	銀二四二厘○五八六 米六四厘五六一二 小計三○六厘六一九八	銀二二七厘三八五 米五三厘四○○六 小計二八○厘七八五六	銀二二四厘七一三八 米五七厘五八五 小計二八一厘二九八八
銀一六四厘七三五二七 米二一厘五二○四 小計一八六厘二五五六七	銀一六○厘○二七六三 米二一厘五二○四 小計一八一厘五四八○三	銀一五○厘三二六七五 米一七厘八○○二 小計一六八厘一二六九五	銀一四八厘五六○七九 米一九厘一九五 小計一六七厘七五五七九
銀四一三厘九一四六七 米八六厘○八一六 小計四九九厘九九六二七	銀四○二厘○八六二三 米八六厘○八一六 小計四八八厘一六七八三	銀三七七厘七一一七五 米七一厘二○○八 小計四四八厘九一二五五	銀三七三厘二七四五九 米七六厘七八 小計四五○厘○五四五九
二七、○○八畝	一一○、四三七畝	一、四二三畝	一一、八六六畝
二七、○○八畝	一一○、四三七畝	一、四二三畝	一一、八六六畝
銀三、七三八兩七九八厘四六四 米五二八石三八四合五一二	銀一四、八五一兩二三六厘四四九 米二、一六○石五八九合四六八	銀一七九兩七六○厘四七五 米二三石○二六合九八六	銀一、四八一兩三六三厘三○六 米二○七石○六一合七
銀三、七三八兩七九八厘四六四 米五二八石三八四合五一二	銀一四、八五一兩二三六厘四四九 米二、一六○石五八九合四六八	銀一七九兩七六○厘四七五 米二三石○二六合九八六	銀一、四八一兩三六三厘三○六 米二○七石○六一合七
八、四七三元五○六厘一二四八	三三、八六二元一七○厘八五二六	三九九元五五七厘九○八八	三、三四九元七五七厘五六○八
五、○三○元三九三厘一三五三六	二○、○四九元六一九厘七八九一一	二三九元二四四厘六四九八五	一、九九○元五九○厘二○四一四
一三、五○三元八九九厘二六○一六	五三、九一一元七九○厘六一四七一	六三八元八○二厘五五八六五	五、三四○元三四七厘七六四九四

三升	四升上	四升下	五升上
米 銀 七合一九六八一 三六四 四厘一	米 銀 八合一八八七一 六二 六厘一	米 銀 ○合一五六六一 七七三 二厘一	米 銀 三合一四五二一 三五一 四厘二
米 銀 ○三三○八一 厘○元厘○元	米 銀 ○三三○八一 厘○元厘○元	米 銀 ○三三○八一 厘○元厘○元	米 銀 ○三三○八一 厘○元厘○元
米 銀 ○一一○一一 厘○元厘九元	米 銀 ○一一○一一 厘○元厘九元	米 銀 ○一一○一一 厘○元厘九元	米 銀 ○一一○一一 厘○元厘九元
米 銀 ○四四○九二 厘○元厘九元	米 銀 ○四四○九二 厘○元厘九元	米 銀 ○四四○九二 厘○元厘九元	米 銀 ○四四○九二 厘○元厘九元
小 米 銀 一厘計二四五二 九二○八六一 八六九厘八三 九一 四二厘	小 米 銀 四厘計四四一二 ○二四一六一 ○五 厘二二 六四 八四厘	小 米 銀 一厘計三四九二 一二三五二○ 五五一厘五九 八五 二 厘	小 米 銀 一厘計五三五二 六二八八七二 三五九厘九○ 八八 ○二厘
小 米 銀 六厘計四一一一一 一三一○六 九四 三五三厘 二一 二七 一 三厘	小 米 銀 九厘計四一二二一 二二一八三 六四 一五 厘 二○ ○四 九 九厘	小 米 銀 四厘計七一五七一 五八一七五 八三 六五七厘 三八 一三 ○ 七厘	小 米 銀 六厘計八一六八一 六五一六二 二四 一五三厘 七五 三八 六 三厘
小 米 銀 七厘計六六一七三 一三四一四 六五 二一二厘 ○四 一九 五 五厘	小 米 銀 三厘計九五二四三 二二四二五 二五 一○ 厘 五二 七八 七 三厘	小 米 銀 五厘計一六五七三 五○四○○ ○四 一○八厘 八八 九九 三 七厘	小 米 銀 七厘計四五六四三 六一四五○ ○六 五一二厘 六六 一七 七 五厘
二三一 畝四、	四四五 畝九、	六八 畝六	四二八 畝四、
二三一 畝四、	四四五 畝九、	六八 畝六	四二八 畝四、
米 銀 六九一九二一 六一九五二五 合石八六九 一六 厘兩	米 銀 二六六七五六 三九九六四 合石二六七 九六 厘兩	米 銀 六七一二九一 二○一五九○ 合石 七○ 二八 厘兩	米 銀 五七九六二○一 二八五 厘兩、 合石 七二○ ○○ 三五一
米 銀 六九一九二一 六一九五二五 合石八六九 一六 厘兩	米 銀 二六六七五六 三九九六四 合石二六七 九六 厘兩	米 銀 六七一二九一 二○一五九○ 合石 七○ 二八 厘兩	米 銀 五七九六二○一 二八五 厘兩、 合石 七二○ ○○ 三五一
七九元三 二厘五五 二三八一	一厘五九一 六一一五、 六一元三	一六元二 四厘九二 六九六○	六厘二三二 四四一二、 九二元一
二六○元二 二厘一一 六三四一	八九四元八 四厘二四 四七三七	一四元一 五厘二三 七○四三	三厘七○一 ○六八六、 四一六元三
二三九元五 四厘七六 八七二二	六厘七四二 ○九四二、 八五五元二	三○元三 ○厘二五 三九一四	九厘九三三 四一九八、 四○九元四

五升下	七升	山	山患
米　銀 七合一五七二一 二四一　○厘一	米　銀 九三九一七六一 五合　七厘○	米　銀 無五厘九 一四七	米　銀 無一厘二 七六九
米　銀 ○三三○八一 厘○元厘○元	米　銀 ○三三○八一 厘○元厘○元	米　銀 無○八一 厘○元	米　銀 無○八一 厘○元
米　銀 ○一一○一一 厘○元厘九元	米　銀 ○一一○一一 厘○元厘九元	米　銀 無○一一 厘九元	米　銀 無○一一 厘九元
米　銀 ○四四○九二 厘○元厘九元	米　銀 ○四四○九二 厘○元厘九元	米　銀 無○九二 厘九元	米　銀 無○九二 厘九元
小　米　銀 六厘計五三八二 七二七七六○ 二四六厘九二 六○　八　厘	小　米　銀 五厘計八三一一 ○二四○八九 七二七厘七二 二三　八八厘	小米　銀 八厘計無四一 四一　一七 一七　一五 一五　八厘	小米　銀 三計無一五 一五　○三 ○三　六厘 六厘　三
小　米　銀 一厘計一一五一一 五七一九二　一三 三四二厘　八四 八六　六　九厘	小　米　銀 三厘計九一九○一 九三一四○　五二 五三九厘　七七 二七　二　四厘	小米　銀 六厘計無九九一 九九一　六一 六一　六五 六五　六厘	小米　銀 三二計無四三 四三　四五 四五　二厘 二厘　三二
小　米　銀 七厘計七五五九三 五四三六○　八三 六八八厘　七六 四七　四　九厘	小　米　銀 八厘計七四九二三 九四三九一　四一 二六六厘　五九 四○　一　二厘	小米　銀 四厘計無九三二 九三二　七九 七九　八一 八一　四厘	小米　銀 三五計無五八 五八　四八 四八　八厘 八厘　三五
六六一 畝○、	五三二 畝一、	畝九、七 五○六	○○五 畝五、
六六一 畝○、	五三二 畝一、	畝九、七 五○六	○○五 畝五、
米　銀 三二一二○一 二四八三○八 合石　四一 ○四　厘兩	米　銀 八六二八一二 五六一六七四 合石五四七 ○六　厘兩	米　銀 無五三五七 厘兩、 八五四 四三一	米　銀 無八五一 五六四 五九 厘兩
米　銀 三二一二○一 二四八三○八 合石　四一 ○四　厘兩	米　銀 八六二八一二 五六一六七四 合石五四七 ○六　厘兩	米　銀 無五三五七 厘兩、 八五四 四三一	米　銀 無八五一 五六四 五九 厘兩
一六元三 九厘六八 六九○六	三二元五 七厘四一 五八一六	二○元三一 一厘九四三 九六七、	三八元二 厘二六 五一九
六一元二 八厘六三 九四六五	五八○元三 二厘九一 八七七七	五厘四二八 五二八四、 五七五元八	六三元一 一厘九七 五三八七
八八元六 八厘二二 五三六二	五二三元八 ○厘三三 三六八四	五九六元一二 六厘四七二 五一四二、	九一元四 一厘二四 五八○七

海患	墾山	合計	地 湖中
米　銀 無四厘六 四〇三	米　銀 無五三厘七 二三五		米　銀 無六厘五 九七五
米　銀 無〇八一 厘〇元	米　銀 無〇八一 厘〇元		米　銀 無〇八一 厘〇元
米　銀 無〇一一 厘九元	米　銀 無〇一一 厘九元		米　銀 無〇一一 厘九元
米　銀 無〇九二 厘九元	米　銀 無〇九二 厘九元		米　銀 無〇九二 厘九元
小米　銀 二厘計無四一 四一　七一 七一　九三 九三　二厘	小米　銀 五厘計無五一 五一　九三 九三　八五 八五　五厘		小米　銀 二厘計無三一 三一　八〇 八〇　四〇 四〇　二厘
小米　銀 六〇計無二七 二七　二五 二五　三厘 三厘　六〇	小米　銀 七六計無五四八 五四八　五九 五九　六厘 六厘　七六		小米　銀 一三計無六六 六六　五六 五六　一厘 一厘　一三
小米　銀 五厘計無六五一 六五一　〇八 〇八　一八 一八　五厘	小米　銀 一厘計無七二二 七二二　五四二 五四二　四五 四五　一厘		小米　銀 三厘計無一七一 一七一　四六 四六　九六 九六　三厘
〇六八 畝七、	畝一 六	六〇〇九四五〇一 一六八畝八、七、	三九七畝三、三 一三三六五四
〇六八 畝七、	畝一 六	六〇〇九四五〇一 一六八畝八、七、	三九七畝三、三 一三三六五四
米　銀 無四五五 八九四 一六 厘兩	米　銀 無五一 厘兩 三二 二〇	米　銀 三六一一九〇〇一 二三九六三〇三 合石、七八九八 一〇二　厘兩、	米　銀 無六九六一 厘兩、 〇〇九 三五二
米　銀 無四五五 八九四 一六 厘兩	米　銀 無五一 厘兩 三二 二〇	米　銀 三六一一九〇〇一 二三九六三〇三 合石、七八九八 一〇二　厘兩、	米　銀 無六九六一 厘兩、 〇〇九 三五二
六四元九 四厘八八 六六三	五六二 七九元 六厘一	二九九二七九、三 五二〇五元八一 九二〇厘三一一	四七六厘九六三 六三一二〇六、 七五六六元四
六三元六 一厘四五 二八四〇	八三三一 三四元 〇厘四	三一二四八六、一 〇五二三五元〇八 三六二厘五六五	五七三厘〇九二 四三七二一二、 三七三五〇元二
五厘三三一 二五〇四、 二八元六	八九〇三 〇三元 六厘六	二二五五六五、四 一八六二〇元八九 二八三厘九八六	〇四九厘九五五 〇七八五一八、 三五九一六元七

紹興縣志資料 第一輯 田賦

山	江	天	中江沙
銀五三厘〇六一 米無	銀四二厘三二八 米無	銀二五厘八七九 米無	銀九四厘三八七 米無
銀一元八〇〇厘 米無	銀一元八〇〇厘 米無	銀一元八〇〇厘 米無	銀一元八〇〇厘 米無
銀一元一九〇厘 米無	銀一元一九〇厘 米無	銀一元一九〇厘 米無	銀一元一九〇厘 米無
銀二元九九〇厘 米無	銀二元九九〇厘 米無	銀二元九九〇厘 米無	銀二元九九〇厘 米無
銀九五厘五〇九八 米無 小計九五厘五〇九八	銀七六厘一九〇四 米無 小計七六厘一九〇四	銀四六厘五八二二 米無 小計四六厘五八二二	銀一六九厘八九六六 米無 小計一六九厘八九六六
銀六三厘一四二五九 米無 小計六三厘一四二五九	銀五〇厘三七〇三二 米無 小計五〇厘三七〇三二	銀三〇厘七九六〇一 米無 小計三〇厘七九六〇一	銀一一二厘三二〇五三 米無 小計一一二厘三二〇五三
銀一五八厘六五二三九 米無 小計一五八厘六五二三九	銀一二六厘五六〇七二 米無 小計一二六厘五六〇七二	銀七七厘三七八二一 米無 小計七七厘三七八二一	銀二八二厘二一七一三 米無 小計二八二厘二一七一三
七、六二七畝八五四九八六	五、三一四畝八三〇三八	八、七四九畝九〇六五八	四八五畝五二四六
七、六二七畝八五四九八六	五、三一四畝八三〇三八	八、七四九畝九〇六五八	四八五畝五二四六
銀四〇四兩七四一厘六一三 米無	銀二二四兩九六六厘一四 米無	銀二二六兩四三八厘八三二 米無	銀四五兩八二七厘二一 米無
銀四〇四兩七四一厘六一三 米無	銀二二四兩九六六厘一四 米無	銀二二六兩四三八厘八三二 米無	銀四五兩八二七厘二一 米無
七二八元五三四厘九〇四一四一八六二八	四〇四元九三九厘〇五二五八四三五二	四〇七元五八九厘八九八二九〇八七六	八二元四八八厘九七八七五六三六
四八一元六四二厘五一九九六〇四五三七四	二六七元七〇九厘七〇六九八六三二一六	二六九元四六二厘二一〇五三六七四五八	五四元五三四厘三八〇四〇〇〇三八
一、二一〇元一七七厘四二四一〇二三一六五四	六七二元六四八厘七五九五七〇六七三六	六七七元〇五二厘一〇八八二七六二一八	一三七元〇二三厘三五九一五六三九八

	沙佃	沙稅	沙塗	中櫃
	銀二二厘五六九 米無	銀二五厘〇七六 米無	銀二七厘〇八二 米無	銀二五厘〇七六 米無
	銀一元八〇〇厘 米無	銀一元八〇〇厘 米無	銀一元八〇〇厘 米無	銀一元八〇〇厘 米無
	銀一元一九〇厘 米無	銀一元一九〇厘 米無	銀一元一九〇厘 米無	銀一元一九〇厘 米無
	銀二元九九〇厘 米無	銀二元九九〇厘 米無	銀二元九九〇厘 米無	銀二元九九〇厘 米無
	銀四〇厘六二四二 米無 小計四〇厘六二四二	銀四五厘一三六八 米無 小計四五厘一三六八	銀四八厘七四七六 米無 小計四八厘七四七六	銀四五厘一三六八 米無 小計四五厘一三六八
	銀二六厘八五七一一 米無 小計六厘八五七一一	銀二九厘八四〇四四 米無 小計二九厘八四〇四四	銀三二厘二二七五八 米無 小計三二厘二二七五八	銀二九厘八四〇四四 米無 小計二九厘八四〇四四
	銀六七厘四八一三一 米無 小計六七厘四八一三一	銀七四厘九七七二四 米無 小計七四厘九七七二四	銀八〇厘九七五一八 米無 小計八〇厘九七五一八	銀七四厘九七七二四 米無 小計七四厘九七七二四
	一九二畝四五六〇九	八九四畝六〇五五四	三六六畝九五一七	畝六七
	一九二畝四五六〇九	八九四畝六〇五五四	三六六畝九五一七	畝六七
	銀四兩三四三厘五四一 米無	銀二二兩四三三厘一二八 米無	銀九兩九三七厘七八五 米無	銀一六厘八 米無
	銀四兩三四三厘五四一 米無	銀二二兩四三三厘一二八 米無	銀九兩九三七厘七八五 米無	銀一六厘八 米無
	七元八一八厘三七四六九一三七八	四〇元三七九厘六三一三三七八七二	一七元八八八厘〇一四六九〇九二	三〇厘二四一六五六
	五元一六八厘八一四三七九二九九九	二六元六九五厘四二二九四〇〇三七六	一一元八二五厘九六五二六七八八六	一九厘九九三〇九四八
	一二元九八七厘一八九〇七〇六七七九	六七元〇七五厘〇五四二七七九〇九六	二九元七一三厘九七九九五八八〇六	五〇厘二三四七五〇八

江櫃	水浦	上	中
米　銀 無八厘九 七三四	米　銀 無二厘四 八三二	米　銀 一七九四厘五 七合三四五	米　銀 一七九三厘五 七合五五三
米　銀 無○八一 厘○元	米　銀 無○八一 厘○元	米　銀 ○三三○八一 厘○元厘○元	米　銀 ○三三○八一 厘○元厘○元
米　銀 無○一一 厘九元	米　銀 無○一一 厘九元	米　銀 ○一一○一一 厘○元厘九元	米　銀 ○一一○一一 厘○元厘九元
米　銀 無○九二 厘九元	米　銀 無○九二 厘九元	米　銀 ○四四○九二 厘○元厘九元	米　銀 ○四四○九二 厘○元厘九元
小米　銀 六厘計無八一 八一　九六 九六　六九 六九　六厘	小米　銀 一計無九七 九七　○六 ○六　四厘 四厘　一	小　米　銀 七厘計四三九九 ○一四二七九 四三三厘四厘 一二　二　七	小　米　銀 三厘計四三六九 六一四二三六 ○二三厘　厘 七八　二　三
小米　銀 五厘計無三三一 三三一　二一 二一　○二 ○二　五厘	小米　銀 二三計無七五 七五　○○ ○○　三厘 三厘　二三	小　米　銀 七七計四　七六 二七八○七五 五六一厘一厘 二厘　七七九	小　米　銀 五四計四一○六 五七八○六三 四四一厘六厘 七厘　七五七
小米　銀 一厘計無三二二 三二二　一八 一八　七二 七二　一厘	小米　銀 七厘計無二五一 二五一　六二 六二　○六 ○六　七厘	小　米　銀 九厘計九四七七一 七七二二二　七六 六○四厘　四五 六八　九　五厘	小　米　銀 ○厘計九四五○一 五○二二二　六六 六○四厘　九○ 二三　九　六厘
二畝 八六	畝三 五	畝一、一 八二二	七九 畝二
二畝 八六	畝三 五	畝一、一 八二二	七九 畝二
米　銀 無七五 五九 厘 二	米　銀 無一一 厘兩 四四 八八	米　銀 ○三一五四六 七八一七○七 八二九四二七 合石　厘兩	米　銀 七七九四二四 合石五六九 七○　厘兩 一五　九六
米　銀 無七五 五九 厘 二	米　銀 無一一 厘兩 四四 八八	米　銀 ○三一五四六 七八一七○七 八二九四二七 合石　厘兩	米　銀 七七九四二四 合石五六九 七○　厘兩 一五　九六
四五厘一 八○六○ 六九六	六六二 六六元 四厘六	○厘二一一 六四八三、 九五元六	六八元一 七厘二一 一九一九
八二五七 四九三○ 二七厘	二九六一 六二元 一厘七	六四九元九 八厘四三 八三二七	三厘○六 二五一九 五五九元
七二厘一 六三二七 四五三七	二六二四 二九元 五厘四	九厘七五二 四八一○、 六三四元五	五二八元一 ○厘二八 三五三八

下	山	全荒	鈔
銀五三厘〇三三 米九合七七一	銀一六厘七六七 米無	銀一三厘一五二 米無	銀厘九 米無
銀一元八〇〇厘 米三元三〇〇厘	銀一元八〇〇厘 米無	銀一元八〇〇厘 米無	銀一元八〇〇厘 米無
銀一元一九〇厘 米一元一〇〇厘	銀一元一九〇厘 米無	銀一元一九〇厘 米無	銀一元一九〇厘 米無
銀二元九九〇厘 米四元四〇〇厘	銀二元九九〇厘 米無	銀二元九九〇厘 米無	銀二元九九〇厘 米無
銀九五厘四五九四 米三二厘二四四三 小計一二七厘七〇三七	銀三〇厘一八〇六 米無 小計三〇厘一八〇六	銀二三厘六七三六 米無 小計二三厘六七三六	銀一厘六二 米無 小計一厘六二
銀六三厘一〇九二七 米一〇厘七四八一 小計七三厘八五七三七	銀一九厘九五二七三 米無 小計一九厘九五二七三	銀一五厘六五〇八八 米無 小計一五厘六五〇八八	銀一厘〇七一 米無 小計一厘〇七一
銀一五八厘五六八六七 米四二厘九九二四 小計二〇一厘五六一〇七	銀五〇厘一三三三三 米無 小計五〇厘一三三三三	銀三九厘三二四四八 米無 小計三九厘三二四四八	銀二厘六九一 米無 小計二厘六九一
八、五一一畝	一七、〇六二畝	一、〇〇〇畝	六七畝
八、五一一畝	一七、〇六二畝	一、〇〇〇畝	六七畝
銀四五一兩三六三厘八六三 米八三石一六〇合九八一	銀二八六兩〇七八厘五五四 米無	銀一三兩一五二厘 米無	銀六〇厘 米無
銀四五一兩三六三厘八六三 米八三石一六〇合九八一	銀二八六兩〇七八厘五五四 米無	銀一三兩一五二厘 米無	銀六〇厘 米無
一、〇八六元八八六厘一九〇七	五一四元九四一厘三九七二	二三元六七三厘六	一〇八厘五四
六二八元六〇〇厘〇七六〇七	三四〇元四三三厘四七九二六	一五元六五〇厘八八	七一厘七五七
一、七一五元四八六厘二六六七七	八五五元三七四厘八七六四六	三九元三二四厘四八	一八〇厘二九七

合計	山 山	折	闕
	銀四厘 五一 四 米無	銀四厘 六一 八 米無	銀五厘 〇二 米無
	銀一元 八〇 〇厘 米無	銀一元 八〇 〇厘 米無	銀一元 八〇 〇厘 米無
	銀一元 一九 〇厘 米無	銀一元 一九 〇厘 米無	銀一元 一九 〇厘 米無
	銀二元 九九 〇厘 米無	銀二元 九九 〇厘 米無	銀二元 九九 〇厘 米無
	銀八厘一二 五二 米無 小計八厘一 二五二	銀八厘三一 二四 米無 小計八厘三 一二四	銀九厘〇三 六 米無 小計九厘〇 三六
	銀五厘三七 一六六 米無 小計五厘三 七一六六	銀五厘四九 五四二 米無 小計五厘四 九五四二	銀五厘九七 三八 米無 小計五厘九 七三八
	銀一三厘四 九六八六 米無 小計一三厘 四九六八 六	銀一三厘八 〇七八二 米無 小計一三厘 八〇七八 二	銀一五厘〇 〇九八 米無 小計一五厘 〇〇九八
九七 、九 八九 畝八 〇一 七八 九	七七 八、 七五 一畝 九七 九五 一五	一七 〇、 〇八 一畝	五四 、七 六二 畝
九七 、九 八九 畝八 〇一 七八 九	七七 八、 七五 一畝 九七 九五 一五	一七 〇、 〇八 一畝	五四 、七 六二 畝
銀四、三四 三兩九八 八厘七七 六 米二一一石 六〇〇合 七七六	銀三、五一 五兩二八 六厘四三 五 米無	銀七八五兩 四三四厘 〇五八 米無	銀二七四兩 九〇五厘 二四 米無
銀四、三四 三兩九八 八厘七七 六 米二一一石 六〇〇合 七七六	銀三、五一 五兩二八 六厘四三 五 米無	銀七八五兩 四三四厘 〇五八 米無	銀二七四兩 九〇五厘 二四 米無
八、五 一七元 四六二 厘九〇 六九七 一七九 五四	六、三 二七元 五一五 厘五八 三九五 五二七 八	一、四 一三元 七八一 厘三〇 四四	四九四 元八二 九厘四 三二
五、四 〇二元 一〇七 厘八六 〇二三 五七九 八〇七	四、一 八三元 一九〇 厘八五 八二八 一五四 四九	九三四 元六六 六厘五 二九〇 二	三二七 元一三 七厘二 三五六
一三、 九一九 元五七 〇厘七 六七二 〇七五 九三四 七	一〇、 五一〇 元七〇 六厘四 四二二 三六八 二二九	二、三 四八元 四四七 厘八三 三四二	八二一 元九六 六厘六 六七六

山池	湖中池	蕩塘	合計
米　銀 無五厘四 一五九	米　銀 無五厘五 三二〇	米　銀 無六五八 二厘	
米　銀 無〇八一 厘〇元	米　銀 無〇八一 厘〇元	米　銀 無〇八一 厘〇元	
米　銀 無〇一一 厘九元	米　銀 無〇一一 厘九元	米　銀 無〇一一 厘九元	
米　銀 無〇九二 厘九元	米　銀 無〇九二 厘九元	米　銀 無〇九二 厘九元	
小米　銀 一一計無九八 九八　一九 一九　八厘 八厘　一	小米　銀 四計無五九 五九　五〇 五〇　四厘 四厘　四	小米　銀 三計無四一 四一　六五 六五　八厘 八厘　三	
小米　銀 九九計無六五 六五　五八 五八　六厘 六厘　九九	小米　銀 七八計無〇五 〇五　一一九 一九　〇厘 〇厘　七八	小米　銀 四一計無四一 四一　五〇 五〇　九厘 九厘　四一	
小米　銀 四厘計無九一一 九一一　五四 五四　七八 七八　四厘	小米　銀 四厘計無七二一 七二一　五五 五五　六〇 六〇　四厘	小米　銀 四四計無九二 九二　二五 二五　七厘 七厘　四四	
七九二三 六一畝〇	六二七四〇二 三八畝二、	九一畝七、六 八五一四八一	一九九四五三〇一 五五七畝九、〇、
七九二三 六一畝〇	六二七四〇二 三八畝二、	九一畝七、六 八五一四八一	一九九四五三〇一 五五七畝九、〇、
米　銀 無六〇一 九九五 厘兩 八〇	米　銀 無三七一 八五〇 七一一 厘兩	米　銀 無七五五 一三二 二八七 厘兩	米　銀 無三五五四 厘兩、 七六五 三二七
米　銀 無六〇一 九九五 厘兩 八〇	米　銀 無三七一 八五〇 七一一 厘兩	米　銀 無七五五 一三二 二八七 厘兩	米　銀 無三五五四 厘兩、 七六五 三二七
五五厘〇二 六九七一七 八九六七元	四八九二元一 四六八厘一八 七二四五三	六二八九元九 四一三厘五四 八一六六九	八五〇厘一三八 二三三二六、 七五二六元二
四七五厘八一 一二七六七 四九四一元	二四五四元一 五五一厘〇二 二一六一八一	二八六一元六 一六八厘七二 二一二〇七七	四一二厘九四五 九五九六九四、 四〇二四元四
四二一厘八四 八二五七四 二九一九元	六三四六元三 九一九厘二〇 二八九六三四	五七一厘三七一 二九四七四七、 八〇五〇元五	二五四〇元六一 二六三厘一八三 九八二九二一、

江池	天池	中塘	蕩河
銀三八厘〇一五 米無	銀二一厘一六四 米無	銀五三厘〇六一 米無	銀二二厘五六九 米無
銀一元八〇〇厘 米無	銀一元八〇〇厘 米無	銀一元八〇〇厘 米無	銀一元八〇〇厘 米無
銀一元一九〇厘 米無	銀一元一九〇厘 米無	銀一元一九〇厘 米無	銀一元一九〇厘 米無
銀二元九九〇厘 米無	銀二元九九〇厘 米無	銀二元九九〇厘 米無	銀二元九九〇厘 米無
銀六八厘四二七 米無 小計六八厘四二七	銀三八厘〇九五二 米無 小計三八厘〇九五二	銀九五厘五〇九八 米無 小計九五厘五〇九八	銀四〇厘六二四二 米無 小計四〇厘六二四二
銀四五厘二三七八五 米無 小計四五厘二三七八五	銀二五厘一八五一六 米無 小計二五厘一八五一六	銀六三厘一四二五九 米無 小計六三厘一四二五九	銀二六厘八五七一一 米無 小計二六厘八五七一一
銀一一三厘六六四八五 米無 小計一一三厘六六四八五	銀六三厘二八〇三六 米無 小計六三厘二八〇三六	銀一五八厘六五二三九 米無 小計一五八厘六五二三九	銀六七厘四八一三一 米無 小計六七厘四八一三一
六三三畝五二八八	二、一八五畝七五五	五畝八六二	二〇畝二一一八
六三三畝五二八八	二、一八五畝七五五	五畝八六二	二〇畝二一一八
銀二四兩〇八三厘五九七 米無	銀四六兩二五九厘三一八 米無	銀三一一厘〇四三 米無	銀四五六厘一六 米無
銀二四兩〇八三厘五九七 米無	銀四六兩二五九厘三一八 米無	銀三一一厘〇四三 米無	銀四五六厘一六 米無
四三元三五〇厘四七五一九七六	八三元二六六厘七七三八七六	五五九厘八七八四四七六	八二一厘〇八八二〇五五六
二八元六五九厘四八〇八二五〇八	五五元〇四八厘五八九三九五八	三七〇厘一四一八六二五八	五四二厘八三〇五三五八九八
七二元〇〇九厘九五六〇二二六八	一三八元三一五厘三六三二七一八	九三〇厘〇二〇三一〇一八	一元三六三厘九一八七四一四五八

漊	江漊	米蕩	鈔蕩
銀八厘五二六 米無	銀八厘五二六 米無	銀二四厘〇八八 米四合〇一六	銀一三厘三五三 米無
銀一元八〇〇厘 米無	銀一元八〇〇厘 米無	銀一元八〇〇厘 米三元三〇〇厘	銀一元八〇〇厘 米無
銀一元一九〇厘 米無	銀一元一九〇厘 米無	銀一元一九〇厘 米一元一〇〇厘	銀一元一九〇厘 米無
銀二元九九〇厘 米無	銀二元九九〇厘 米無	銀二元九九〇厘 米四元四〇〇厘	銀二元九九〇厘 米無
銀一五厘三四六八 米無 小計一五厘三四六八	銀一五厘三四六八 米無 小計一五厘三四六八	銀四三厘三五八四 米一三厘二五二八 小計五六厘六一一二	銀二四厘〇三五四 米無 小計二四厘〇三五四
銀一〇厘一四五九四 米無 小計一〇厘一四五九四	銀一〇厘一四五九四 米無 小計一〇厘一四五九四	銀二八厘六四七二 米四厘四一七六 小計三三厘〇八二三二	銀一五厘八九〇〇七 米無 小計一五厘八九〇〇七
銀二五厘四九二七四 米無 小計二五厘四九二七四	銀二五厘四九二七四 米無 小計二五厘四九二七四	銀七二厘〇二三一二 米一七厘六七〇四 小計八九厘六九三五二	銀三九厘九二五四七 米無 小計三九厘九二五四七
一畝〇七三	三畝五五五八	七四三畝	九、九五八畝
一畝〇七三	三畝五五五八	七四三畝	九、九五八畝
銀九厘一四八 米無	銀三〇厘三一六 米無	銀一七兩八九七厘三八四 米二石九八三合八八八	銀一三二兩九六九厘一七四 米無
銀九厘一四八 米無	銀三〇厘三一六 米無	銀一七兩八九七厘三八四 米二石九八三合八八八	銀一三二兩九六九厘一七四 米無
一六厘四六七一一六四	五四厘五七〇一五一四四	四二元〇六二厘一二一六	二三九元三四四厘五一三二
一〇厘八八六五九三六二	三六厘〇七六九三三四五二	二四元五八〇厘一六三七六	一五八元二三三厘三一七〇六
二七厘三五三七一〇〇二	九〇厘六四七〇八四八九二	六六元六四二厘二八五三六	三九七元五七七厘八三〇二六

池塘 漊溜 濠溝	合計	總計
銀一七厘七五五 米二合五七七		
銀一元八〇〇厘 米三元三〇〇厘		
銀一元一九〇厘 米一元一〇〇厘		
銀二元九九〇厘 米四元四〇〇厘		
銀三一厘九五九 米八厘五〇四一 小計四〇厘四六三一		
銀二一厘一二八四五 米二厘八三四七 小計二三厘九六三一五		
銀五三厘〇八七四五 米一一厘三三八八 小計六四厘四二六二五		
七八七厘	七八、五三九畝八〇二三四	二、二五五、六一三畝六六四三〇五
七八七厘	七八、五三九畝八〇二三四	二、二五五、六一三畝六六四三〇五
銀一三兩九七三厘一八五 米二石〇二八合〇九九	銀八八〇兩二八九厘二九三 米五石〇一一合九八七	銀一四七、八〇八兩九四二厘七六九 米一九、四二九石六七四合八九
銀一三兩九七三厘一八五 米二石〇二八合〇九九	銀八八〇兩二八九厘二九三 米五石〇一一合九八七	銀一四七、八〇八兩九四二厘七六九 米一九、四二九石六七四合八九
三一元八四四厘四五九七	一、六〇一元〇六〇厘二九四八九八八八八	三三〇、一七四元〇二四厘七二三一四八九二〇六
一八元八五八厘九九九〇五	一、〇五三元〇五七厘四五一二四四八二〇四	一九六、九六六元七四五厘二五七〇二七四八六三八
五〇元七〇三厘四五八七五	二、六五四元一一七厘七四六一四三七〇八四	五二七、一四〇元七六九厘九八〇一七六四〇六九八

說明

紹興係舊山陰會稽兩縣合併面山背海土地肥沃原有賦額無從稽考現在造串賦額

計地丁銀十四萬七千八百零八兩九錢四分二釐七毫六絲九忽米一萬九千四百二

十九石六斗七升四合八勺九杪田地山蕩總畝額二百二十五萬五千六百十三畝六分六釐四毫三絲零五微等則不一舊山陰賦額内灶丁一項併入田額計算舊會稽賦額内池塘漊溜濠溝等名目併入蕩産計算惟該縣賦額因業戶賣買不動産移轉戶糧往往有一戶分撥二戶或二戶合併一戶是以賦額零尾恆有增減

土地價格上田每畝約一百五六十元中田每畝約一百元左右下田每畝約五六十元地之價值高下懸殊每畝自三四十元至千元不等茶山每畝約數十元至百元不等竹山每畝約二三十元柴山每畝自一元至十元不等魚蕩每畝約二三十元菱蕩每畝約十元左右

土地收益及租息上田每畝年收益約穀五六百斤租息約二百二十斤中田每畝收益約四五百斤租息一百七十斤下田每畝收益約二三百斤租息約一百一十斤地有優劣故每畝收益租息多寡不一無從估計確數茶山每畝租息五元至十五元不等竹山每畝租息約十餘元柴山每畝租息約三元至十元不等魚蕩每畝租息約十元左右菱蕩每畝租息約二三元山蕩兩項收益均難詳確估計

現徵賦額照造串數計算共應徵正稅銀元三十三萬零一百七十四元零二分四釐附

稅銀元一十九萬六千九百六十六元七角四分五釐合共應徵銀元五十二萬七千一百四十元七角六分九釐是爲經常賦額

帶徵附稅地丁每兩收縣稅四角四分自治附捐八分備荒捐三角塘閘捐七分教育費一角五分建設費一角五分共計一元一角九分惟天樂鄉無塘閘捐米每石收附捐五角教育費三角建設費三角共計一元一角

又有新徵之軍事善後特捐以地丁每兩米每石各加一元計算計鑑湖鄉田每畝地丁應折收銀元一角五分四釐零四絲八忽米應折收銀元二分五釐五毫五絲一忽中鄉田每畝地丁應折收銀元一角三分七釐七毫六絲七忽米應折收銀元二分二釐零三絲二忽下則田每畝地丁應折收銀元一角三分四釐三毫四絲三忽米應折收銀元二分一釐一毫一絲七忽山鄉田每畝地丁應折收銀元一角一分四釐八毫二絲四忽米應折收銀元一分零五毫五絲八忽江北鄉田每畝地丁應折收銀元一角零四釐一毫零四忽米應折收銀元一分五釐一毫三絲四忽天樂鄉田每畝地丁應折收銀元七分七釐一毫二絲五忽米應折收銀元九釐零八絲學田每畝應折收地丁銀元四分零八毫二絲四忽江沙田每畝應折收地丁銀元一角零七釐一毫二絲五忽中沙田每畝應

折收地丁銀元一角一分六釐一毫五絲三忽沙稅田每畝應折收地丁銀元三分七釐六毫一絲四忽沙田每畝應折收地丁銀元一角零七釐一毫二絲五忽沙佃田每畝應折收地丁銀元二分七釐五毫八絲四忽茅沙田每畝應折收地丁銀元三分七釐一毫一絲三忽沙塗田每畝應折收地丁銀元三分零五毫九絲三忽納欖田每畝應折收地丁銀元二分七釐零八絲二忽中欖田每畝應折收地丁銀元二分七釐五毫八絲四忽中溜併溜田每畝應折收地丁銀元五分五釐七毫六絲九忽灶丁每畝地丁應折收銀元九釐一毫三絲一忽米應折收銀元二毫一絲一忽上田每畝地丁應折收銀元一角四分二釐八毫一絲一忽米應折收銀元一分九釐五毫六絲四忽中田每畝地丁應折收銀元一角三分八釐四毫三絲三忽米應折收銀元一分九釐五毫六絲四忽下田每畝地丁應折收銀元一角三分四釐四毫七絲七忽米應折收銀元一分九釐五毫六絲四忽二升上田每畝地丁應折收銀元一角二分六釐三毫二絲五忽米應折收銀元一分六釐一毫八絲二忽二升下田每畝地丁應折收銀元一角二分四釐八毫四絲一忽米應折收銀元一分七釐四毫五絲三升田每畝地丁應折收銀元一角一分八釐六毫四絲九忽米應折收銀元一分四釐六毫七絲三忽四升上田每畝地丁應折收銀元一

角一分七釐八毫六絲八忽米應折收銀元一分二釐六毫八絲四升下田每畝地丁應折收銀元一角一分六釐六毫二絲五忽米應折收銀元一分三釐七毫零七忽五升上田每畝地丁應折收銀元一角二分二釐五毫四絲四忽米應折收銀元一分一釐五毫三絲三忽五升下田每畝地丁應折收銀元一角一分二釐七毫零五忽米應折收銀元一分一釐四毫七絲二忽七升田每畝地丁應折收銀元一角零六釐七毫七絲一忽米應折收銀元九釐三毫五絲九忽山田每畝應折收地丁銀元九分七釐四毫五絲一忽山患田每畝應折收地丁銀元二分九釐六毫一絲七忽海患田每畝應折收地丁銀元六分三釐零四絲四忽墾山田每畝應折收地丁銀元七分五釐三毫三絲二忽五微湖中地每畝應折收地丁銀元五分五釐七毫六絲九忽山地每畝應折收地丁銀元五分三釐零六絲一忽江地每畝應折收地丁銀元四分二釐三毫二絲八忽天字地每畝應折收地丁銀元二分五釐八毫七絲九忽中江沙地每畝應折收地丁銀元九分四釐三毫八絲七忽沙佃地每畝應折收地丁銀元二分二釐五毫六絲九忽沙稅地每畝應折收地丁銀元二分五釐零七絲六忽沙塗地每畝應折收地丁銀元二分七釐零八絲二忽中櫝地每畝應折收地丁銀元二分五釐零七絲六忽江櫝地每畝應折收地丁銀元

九分四釐三毫八絲七忽水浦地每畝應折收地丁銀元四分二釐三毫二絲八忽上地每畝地丁應折收銀元五分五釐四毫四絲三忽米應折收銀元九釐七毫七絲一忽中地每畝地丁應折收銀元五分三釐五毫三絲五忽米應折收銀元九釐七毫七絲一忽下地每畝地丁應折收銀元五分三釐零三絲三忽米應折收銀元九釐七毫七絲一忽山地每畝應折收地丁銀元一分六釐七毫六絲七忽全荒地每畝應折收地丁銀元一分三釐一毫五絲二忽鈔地每畝應折收地丁銀元九毫山每畝應折收地丁銀元四釐五毫一絲四忽折山每畝應折收地丁銀元四釐六毫一絲八忽關山每畝應折收地丁銀元五釐零二絲蕩每畝應折收地丁銀元八釐五毫二絲六忽湖中池蕩每畝應折收地丁銀元五分零二毫五絲三忽山池蕩每畝應折收地丁銀元四分九釐五毫五絲一忽江池蕩每畝應折收地丁銀元三分八釐零一絲五忽天池蕩每畝應折收地丁銀元二分一釐一毫六絲四忽中塘蕩每畝應折收地丁銀元五分三釐零六絲一忽塘河蕩每畝應折收地丁銀元二分二釐五毫六絲九忽漊蕩每畝應折收地丁銀元八釐五毫二絲六忽江漊蕩每畝應折收地丁銀元八釐五毫二絲六忽米蕩每畝應折收地丁銀元二分四釐零八絲八忽米應折收銀元四釐零一絲六忽鈔蕩每畝應折收地丁銀元

一分三釐三毫五絲三忽池塘漊溜濠溝每畝應折收地丁銀元一分七釐七毫五絲五忽米應折收銀元二釐五毫七絲七忽以該縣田地山蕩賦額計算共應徵銀元一十六萬七千二百三十八元六角一分七釐係屬臨時特捐

右列各項所有田地山蕩產別等則每畝科則正附稅折徵銀元標準暨每畝銀米折合銀元數及畝分賦額應徵銀元數均於表內分晰塡明其軍事善後特捐係屬臨時性質現在軍事既經結束此項特捐故不列入表內惟此項特捐關係人民負擔仍按每畝完納數目分別說明以示區別

紹興縣現徵賦額解省留縣數百分表

中華民國十七年浙江財政審查委員會製

產別		田	
等則		鑑湖鄉田	中鄉田
每畝科則		銀一五四釐○四八 米二五合五五一	銀一三七釐七六七 米二二合○三二
每畝折徵銀元數		七八二釐	六九四釐
解省數	正省稅	三六二釐	三二一釐
	征收費	二八釐	二五釐
	軍事善後特捐	一八○釐	一六○釐
	建設費	三一釐	二七釐
	合計	六○一釐	五三三釐
留縣數		一八一釐	一六一釐
畝分		一二九、七一七畝六九八四三	二九四、九一一畝三○二三六五
應徵銀元數		一○一、四三九元二四○釐	二○四、六六八元四四四釐
解省數	正省稅	四六、九五七元八○七釐	九四、六六六元五二八釐
	征收費	三、六三二元○九六釐	七、三七二元七八三釐
	軍事善後特捐	二三、三四九元一八六釐	四七、一八五元八○八釐
	建設費	四、○二一元二四八釐	七、九六二元六○五釐
	合計	七七、九六○元三三七釐	一五七、一八七元七二四釐
留縣數		二三、四七八元九○三釐	四七、四八○元七二○釐
百分數	解省數	七七	七七
	留縣數	二三	二三

下則田	山鄉田	江北鄉田	天樂鄉田	學田	江沙田	中沙田	沙稅田	沙田
銀一三四釐三四三 米二一合一一七	銀一一四釐八二四 米一〇合五五八	銀一〇四釐一〇四 米一五合一三四	銀七七釐一二五 米九合〇八	銀四〇釐八二四 米無	銀一〇七釐二五 米無	銀一六釐五三 米無	銀三七釐六一四 米無	銀一〇七釐二五 米無
六七四釐	五三五釐	五一六釐	三六五釐	一七〇釐	四四五釐	四八二釐	一五七釐	四四五釐
三一二釐	二四二釐	二三七釐	一六九釐	七三釐	一九三釐	二〇九釐	六八釐	一九三釐
二四釐	二〇釐	一九釐	一四釐	七釐	一七釐	一九釐	六釐	一七釐
一五五釐	一二五釐	一一九釐	八六釐	四一釐	一〇七釐	一一六釐	三八釐	一〇七釐
二六釐	二〇釐	二〇釐	一四釐	六釐	一六釐	一七釐	六釐	一六釐
五一七釐	四〇七釐	三九五釐	二八三釐	一二七釐	三三三釐	三六一釐	一一八釐	三三三釐
一五七釐	一二八釐	一二一釐	八二釐	四三釐	一一二釐	一二一釐	三九釐	一一二釐
二六、七二三畝八三〇〇八	二四、三〇〇畝九四九一〇四	九二、九九三畝〇七六七三二	五五、二九七畝八七五七八	七二畝六八九八	一、六一八畝三五四四三	三、八四一畝三三七〇八	七三六畝二七一五五	一畝〇六五
一八、〇一一元八六一釐	一三、〇〇一元〇〇八釐	四七、九八四元四二八釐	二〇、一八三元七二五釐	一二元三五七釐	七二〇元一六八釐	一、八五一元五二四釐	一一五元五九五釐	四七四
八、三三七元八三五釐	五、八八〇元八三〇釐	二二、〇三九元三五九釐	九、三四五元三四一釐	五元三〇六釐	三一二元三四二釐	八〇二元八三九釐	五〇元〇六六釐	二〇六
六四一元三七二釐	四八六元〇一九釐	一、七六六元八六八釐	七七四元一七〇釐	五〇九釐	二七元五一二釐	七二元九八五釐	四元四一八釐	一八
四、一四二元一九四釐	三、〇三七元六一九釐	一一、〇六六元一七六釐	四、七五五元六一七釐	二元九八〇釐	一七三元一六四釐	四四五元五九五釐	二七元九七八釐	一一四
六九四元八一九釐	四八六元〇一九釐	一、八五九元八六二釐	七七四元一七一釐	四三六釐	二五元八九四釐	六五、三〇三釐	四元四一八釐	一七
一三、八一六元二二〇釐	九、八九〇元四八七釐	三六、七三二元二六五釐	一五、六四九元二九九釐	九元二三一釐	五三八元九一二釐	一、三八六元七二二釐	八六元八八〇釐	三五五
四、一九五元六四一釐	三、一一〇元五二一釐	一一、二五二元一六三釐	四、五三四元四二六釐	三元一二六釐	一八一元二五六釐	四六四元八〇二釐	二八元七一五釐	一一九
七七	七六	七七	七八	七五	七五	七五	七五	七五
二三	二四	二三	二三	二五	二五	二五	二五	二五

沙佃田	茅沙田	沙塗田	納櫝田	中櫝田	中溜併溜田	灶丁田	上田	中田
銀二七厘五八四 米無	銀三七厘一一三 米無	銀三〇厘五九三 米無	銀二七厘〇八二 米無	銀二七厘五八四 米無	銀五五厘七六九 米無	銀九厘一三一 米無	銀一四二厘八一 米一九合五六四	銀一三八厘四三三 米一九合五六四
一一六厘	一五五厘	一二八厘	一一二厘	一一五厘	二三一厘	三九厘	七〇一厘	六八四厘
五〇厘	六七厘	五五厘	四九厘	五〇厘	一〇〇厘	一七厘	三二二厘	三一四厘
五厘	六厘	五厘	四厘	四厘	九厘	二厘	二六厘	二五厘
二八厘	三七厘	三一厘	二七厘	二八厘	五六厘	九厘	一六二厘	一五八厘
四厘	六厘	五厘	四厘	四厘	八厘	一厘	二七厘	二七厘
八七厘	一一六厘	九六厘	八四厘	八六厘	一七三厘	二九厘	五三七厘	五二四厘
二九厘	三九厘	三二厘	二八厘	二九厘	五八厘	一〇厘	一六四厘	一六〇厘
一九四畝六九八五	一九畝七八	二二九畝一六一八一	畝三六五	一畝四二九	二畝四〇七	四、七六一丁七八九	一七九、六三三畝	二七、〇〇八畝
二二元五八五厘	三元〇六六厘	二九元三三三厘	四〇厘	一六四厘	五五六厘	一八五元七一〇厘	一二五、九二二元七三三厘	一八、四七三元四七二厘
九元七三五厘	一元三二五厘	一二元六〇四厘	一八厘	七二厘	二四一厘	八〇元九五〇厘	五七、八四一元八二六厘	八、四八〇元五一二厘
九七三厘	一一九厘	一元一四六厘	一厘	五厘	二二厘	九元五二四厘	四、六七〇元四五八厘	六七五元二〇〇厘
五元四五二厘	七三二厘	七元一〇四厘	一〇厘	四〇厘	一三四厘	四二元八五六厘	二九、一〇〇元五四六厘	四、二六七元二六四厘
七七九厘	一一九厘	一元一四六厘	一厘	六厘	二〇厘	四元七六二厘	四、八五〇元〇九一厘	七二九元二一六厘
一六元九三九厘	二元二九五厘	二二元〇〇〇厘	三〇厘	一二三厘	四一七厘	一三八元〇九二厘	九六、四六二元九二一厘	一四、一五二元一九二厘
五元六四六厘	七七一厘	七元三三三厘	一〇厘	四一厘	一三九厘	四七元六一八厘	二九、四五九元八一二厘	四、三二一元二八〇厘
七五	七五	七五	七五	七六	七五	七四	七七	七七
二五	二五	二五	二五	二四	二五	二六	二三	二三

下田	二升上田	二升下田	三升田	四升上田	四升下田	五升上田	五升下田	七升田
銀一三四厘四七七 米一九合五六四	銀一二六厘三二五 米一六合一八二	銀一二四厘八四一 米一七合四五	銀一一八厘六四九 米一四合六七三	銀一一七厘八六八 米一二合六八	銀一一六厘六二五 米一三合七〇七	銀一二二厘五四四 米一一合五三三	銀一一二厘七〇五 米一一合四七二	銀一〇六厘七七一 米九合三五九
六六六厘	六一四厘	六一四厘	五七三厘	五六〇厘	五六〇厘	五七三厘	五三一厘	四九四厘
三〇七厘	二八一厘	二八二厘	二六二厘	二五四厘	二五五厘	二五九厘	二四一厘	二二三厘
二四厘	二二厘	二二厘	二一厘	二一厘	二一厘	二一厘	二〇厘	一八厘
一五四厘	一四三厘	一四二厘	一三三厘	一三一厘	一三〇厘	一三四厘	一二四厘	一一六厘
二六厘	二四厘	二四厘	二二厘	二一厘	二二厘	二二厘	二〇厘	一九厘
五一一厘	四七〇厘	四七〇厘	四三八厘	四二七厘	四二八厘	四三六厘	四〇五厘	三七六厘
一五五厘	一四四厘	一四四厘	一三五厘	一三三厘	一三二厘	一三七厘	一二六厘	一一八厘
一一〇、四三七畝	一、四二三畝	一一、八六六畝	一、三四二畝	五、四九四畝	八六六畝	八、二四四畝	一、六〇六畝	二、三一五畝
七三、五五一元〇四二厘	八七三元七二二厘	七、二八五元七二四厘	七六八元九六六厘	三、〇七六元六四〇厘	四八四元九六〇厘	四、七二三元八一二厘	八五二元七八六厘	一、一四三元六一〇厘
三三、九〇四元一五九厘	三九九元八六三厘	三、三四六元二一二厘	三五一元六〇四厘	一、三九五元四七六厘	二二〇元八三〇厘	二、一三五元一九六厘	三八七元〇四六厘	五一六元二四五厘
二、六五〇元四八八厘	三一元三〇六厘	二六一元〇五二厘	二八元一八二厘	一一五元三七四厘	一八元一六八厘	一七三元一二四厘	三二元一二〇厘	四一元六七〇厘
一七、〇〇七元二九八厘	二〇三元四八九厘	一、六八四元九七二厘	一七八元四八六厘	七一九元七一四厘	一一二元五八〇厘	一、一〇四元六九六厘	一九九元一四四厘	二六八元五四〇厘
二、八七一元三六二厘	三四元一五二厘	二八四元七八四厘	二九元五二四厘	一一五元三七四厘	一九元〇五二厘	一八一元三六八厘	三二元一二〇厘	四三元九八五厘
五六、四三三元三〇七厘	六六八元八一〇厘	五、五七七元〇二〇厘	五八七元七九六厘	二、三四五元九三八厘	三七〇元六四八厘	三、五九四元三八四厘	六五〇元四三〇厘	八七〇元四四〇厘
一七、一一七元七三五厘	二〇四元九一二厘	一、七〇八元七〇四厘	一八一元一七〇厘	七三〇元七〇二厘	一一四元三一二厘	一、一二九元四二八厘	二〇二元三五六厘	二七三元一七〇厘
七七	七七	七七	七六	七六	七六	七六	七六	七六
二三	二三	二三	二四	二四	二四	二四	二四	二四

	山田	山患田	海患田	墾山田	合計	地 湖中地	山地	江地	天地
	銀九七厘四五一 米無	銀二九厘六一七 米無	銀六三厘〇四四 米無	銀七五厘三三二五 米無		銀五五厘七六九 米無	銀五三厘〇六一 米無	銀四二厘三二八 米無	銀二五厘八七九 米無
	四〇四厘	一二三厘	二六一厘	三一二厘		二三一厘	二二一厘	一七五厘	一〇八厘
	一七五厘	五三厘	一一三厘	一三六厘		一〇〇厘	九六厘	七六厘	四七厘
	一六厘	五厘	一〇厘	一二厘		九厘	九厘	七厘	四厘
	九七厘	三〇厘	六三厘	七五厘		五六厘	五三厘	四二厘	二六厘
	一五厘	四厘	九厘	一一厘		八厘	八厘	六厘	四厘
	三〇三厘	九二厘	一九五厘	二三四厘		一七三厘	一六六厘	一三一厘	八一厘
	一〇一厘	三一厘	六六厘	七八厘		五八厘	五五厘	四四厘	二七厘
	七六、〇九五畝	五、〇五〇畝	八、六七〇畝	一六畝	一、〇七五、四八九畝〇八〇六六一	三四、五三六畝三七三九一三	七、六二七畝八五四九八六	五、三一四畝八三〇三八	八、七四九畝九〇六五八
	三〇、七四二元三八〇厘	六二一元一五〇厘	二、二六二元八七〇厘	四元九九二厘	六七九、〇一九元一三七厘	七、九七七元九〇二厘	一、六八五元七五六厘	九三〇元〇九五厘	九四四元九九〇厘
	一三、三一六元六二五厘	二六七元六五〇厘	九七九元七一〇厘	二元一七六厘	三一二、〇四八元五三四厘	三、四五三元六三七厘	七三二元二七四厘	四〇三元九二七厘	四一一元二四五厘
	一、二一七元五二〇厘	二五元二五〇厘	八六元七〇〇厘	一九二厘	二四、八一七元三六二厘	三一〇元八二七厘	六八元六五一厘	三七元二〇四厘	三五元〇〇〇厘
	七、三八一元二一五厘	一五一元五〇〇厘	五四六元二一〇厘	一元二〇〇厘	一五七、一六九元六一三厘	一、九三四元〇三七厘	四〇四元二七六厘	二二三元二二三厘	二二七元四九八厘
	一、一四一元四二五厘	二〇元二〇〇厘	七八元〇三〇厘	一七六厘	二六、三三二元四八四厘	二七六元二九一厘	六一元〇二三厘	三一元八八九厘	三五元〇〇〇厘
	二三、〇五六元七八五厘	四六四元六〇〇厘	一、六九〇元六五〇厘	三元七四四厘	五二〇、三六七元九九三厘	五、九七四元七九二厘	一、二六六元二二四厘	六九六元二四三厘	七〇八元七四三厘
	七、六八五元五九五厘	一五六元五五〇厘	五七二元二二〇厘	一元二四八厘	一五八、六五一元一四四厘	二、〇〇三元一一〇厘	四一九元五三二厘	二三三元八五二厘	二三六元二四七厘
	七五	七五	七五	七五	七七	七五	七五	七五	七五
	二五	二五	二五	二五	二三	二五	二五	二五	二五

紹興縣志資料 第一輯 田賦

	中江沙地	銀九四厘三 八七 米無	三九 一厘	一七 ○厘	一五 厘	九四 厘	一四 厘	二九 三厘	九八 厘	四八五畝 五二四六	一八九 元八四 ○厘	八二元 五三九 厘	七元二 八三厘	四五元 六三九 厘	六元七 九七厘	一四二 元二五 八厘	四七元 五八二 厘	七五	二五
	沙佃地	銀二二厘五 六九 米無	九四 厘	四一 厘	四厘	二三 厘	三厘	七一 厘	二三 厘	一九二畝 四五六○ 九	一八元 ○九一 厘	七元八 九一厘	七七○ 厘	四元四 二六厘	五七七 厘	一三元 六六四 厘	四元四 二七厘	七六	二四
	沙稅地	銀二五厘○ 七六 米無	一○ 四厘	四五 厘	四厘	二五 厘	四厘	七八 厘	二六 厘	八九四畝 六○五五 四	九三元 ○三九 厘	四○元 二五七 厘	三元五 七八厘	二二元 三六六 厘	三元五 七八厘	六九元 七七九 釐	二三元 二六○ 釐	七五	二五
	沙塗地	銀二七釐○ 八二 米無	一一 二釐	四九 釐	四釐	二七 釐	四釐	八四 釐	二八 釐	三六六畝 九五一七	四一元 ○九九 釐	一七元 九八一 釐	一元四 六八釐	九元九 ○七釐	一元四 六八釐	三○元 八二四 釐	一○元 二七五 釐	七五	二五
	中櫃地	銀二五釐○ 七六 米無	一○ 四釐	四五 釐	四釐	二五 釐	四釐	七八 釐	二六 釐	畝六七	七○釐	三○釐	三釐	一五釐	三釐	五二釐	一八釐	七五	二五
	江櫃地	銀九四釐三 八七 米無	三九 一釐	一七 ○釐	一五 釐	九四 釐	一四 釐	二九 三釐	九八 釐	畝六二八	二四六 釐	一○七 釐	九釐	五九釐	九釐	一八四 釐	六二釐	七五	二五
	水浦地	銀四二釐三 二八 米無	一七 五釐	七六 釐	七釐	四二 釐	六釐	一三 一釐	四四 釐	三五畝	六元一 二五釐	二元六 六○釐	二四五 釐	一元四 七○釐	二一○ 釐	四元五 八五釐	一元五 四○釐	七五	二五
	上地	銀五五釐四 四三 米九合七七 一	二八 三釐	一三 二釐	一○ 釐	六五 釐	一一 釐	二一 八釐	六五 釐	二、二 一八畝	三、四 五七元 六九四 釐	一、六 一二元 七七六 釐	一二二 元一八 ○釐	七九四 元一七 ○釐	一三四 元三九 八釐	二、六 六三元 五二四 釐	七九四 元一七 ○釐	七七	二三
	中地	銀五三釐五 三五 米九合七七 一	二七 六釐	一二 九釐	一○ 釐	六三 釐	一一 釐	二一 三釐	六三 釐	九二七畝	二五五 元八五 二釐	一一九 元五八 三釐	九元二 七○釐	五八元 四○一 釐	一○元 一九七 釐	一九七 元四五 一釐	五八元 四○一 釐	七七	二三

	銀米								畝									
下地	銀五三厘〇三三 米九合七七一	二七五厘	一二八厘	一〇厘	六三厘	一一厘	二一二厘	六三厘	八、五一一畝	二、三四〇元五二五厘	一、〇八九元四〇八厘	八五元一一〇厘	五三六元一九三厘	九三元六二一厘	一、八〇四元三三二厘	五三六元一九三厘	七七	二三
山地	銀一六厘七六七 米無	七〇厘	三〇厘	三厘	一七厘	三厘	五三厘	一七厘	一七、〇六二畝	一、一九四元三四〇厘	五一一元八六〇厘	五一元一八六厘	二九〇元〇五四厘	五一元一八六厘	九〇四元二八六厘	二九〇元〇五四厘	七六	二四
全荒地	銀一三厘一五二 米無	五五厘	二四厘	二厘	一三厘	二厘	四一厘	一四厘	一、〇〇〇畝	五五元〇〇〇厘	二四元〇〇〇厘	二元〇〇〇厘	一三元〇〇〇厘	二元〇〇〇厘	四一元〇〇〇厘	一四元〇〇〇厘	七五	二五
鈔地	銀厘九 米無	三厘八	一厘六	厘二	厘九	厘一	二厘八	一厘	六七畝	二五五厘	一〇七厘	一三厘	六一厘	七厘	一八八厘	六七厘	七四	二六
合計									九七、九八九畝八〇一七八九	一九、一九〇元九一九厘	八、五一〇元二八二厘	七三四元七九七厘	四、五六四元七九六厘	七〇八元二五四厘	一四、五一八元一二九厘	四、六七二元七九〇厘	七六	二四
山 山	銀四厘五一四 米無	二〇厘	八厘	一厘	五厘	一厘	一五厘	五厘	七七八、七五一畝九七九五一五	一五、五七五元〇四〇厘	六、二三〇元〇六一厘	七七八元七五二厘	三、八九三元七六〇厘	七七八元七五二厘	一一、六八一元二八〇厘	三、八九三元七六〇厘	七五	二五
折山	銀四厘六一八 米無	二〇厘	八厘	一厘	五厘	一厘	一五厘	五厘	一七〇、〇八一畝	三、四〇一元六二〇厘	一、三六〇元六四八厘	一七〇元〇八一厘	八五〇元四〇五厘	一七〇元〇八一厘	二、五一五元二一五厘	八五〇元四〇五厘	七五	二五
闕山	銀五厘〇二 米無	二一厘	九厘	一厘	五厘	一厘	一六厘	五厘	五四、七六二畝	一、一五〇元〇〇二厘	四九二元八五八厘	五四元七六二厘	二七三元八一〇厘	五四元七六二厘	八七六元一九二厘	二七三元八一〇厘	七六	二四
合計									一、〇〇三、五九四畝九七九五一五	二〇、一二六元六六二厘	八、〇八三元五二二厘	一、〇〇三元五九五厘	五、〇一七元九七五厘	一、〇〇三元五九五厘	一五、一〇八元六八七厘	五、〇一七元九七五厘	七五	二五

蕩	蕩	銀八厘五二六 米無	三五厘	一五厘	一厘	九厘	一厘	二六厘	九厘	六一、八七四畝一一五九八	二、一六五元五九四厘	九二八元一一二厘	六一元八七四厘	五五六元八六七厘	六一元八七四厘	一、六○八元七二七厘	五五六元八六七厘	七四	二六
	湖中池	銀五○厘二五三 米無	二○八厘	九○厘	八厘	五○厘	八厘	一五六厘	五二厘	二、○二四畝七八二三六	四二一元一五五厘	一八二元二三一厘	一六元一九八厘	一○一元二三九厘	一六元一九八厘	三一五元八六六厘	一○五元二八九厘	七五	二五
	山池	銀四九厘五五一 米無	二○六厘	八九厘	八厘	五○厘	七厘	一五四厘	五二厘	三○二畝九一七六	六二元四○○厘	二六元九六○厘	二元四二三厘	一五元一四六厘	二元一二○厘	四六元六四九厘	一五元七五一厘	七五	二五
	江池	銀三八厘○一五 米無	一五八厘	六八厘	六厘	三八厘	六厘	一一八厘	四○厘	六三三畝五二八八	一○○元○九七厘	四三元○八○厘	三元八○一厘	二四元○七四厘	三元八○一厘	七四元七五六厘	二五元三四一厘	七五	二五
	天池	銀二一厘一六四 米無	八七厘	三八厘	三厘	二一厘	三厘	六五厘	二二厘	二、一八五畝七五五	一九○元一六一厘	八三元○五九厘	六元五五七厘	四五元九○一厘	六元五五七厘	一四二元○七四厘	四八元○八七厘	七四	二六
	中蕩	銀五三厘○六一 米無	二二一厘	九六厘	九厘	五三厘	八厘	一六六厘	五五厘	五畝八六二	一元二九五厘	五六二厘	五三厘	三一一厘	四七厘	九七三厘	三二二厘	七五	二五
	塘河	銀二二厘五六九 米無	九四厘	四一厘	四厘	二三厘	三厘	七一厘	二三厘	二○畝二一一八	一元九○○厘	八二九厘	八一厘	四六四厘	六一厘	一元四三五厘	四六五厘	七六	二四
	漊	銀八厘五二六 米無	三五厘	一五厘	一厘	九厘	一厘	二六厘	九厘	一畝○七三	三八厘	一六厘	一厘	一○厘	一厘	二八厘	一○厘	七四	二六
	江漊	銀八厘五二六 米無	三五厘	一五厘	一厘	九厘	一厘	二六厘	九厘	三畝五五五八	一二四厘	五三厘	四厘	三一厘	四厘	九三厘	三一厘	七四	二六

米蕩	銀二四厘〇八八 米四合〇一六	一二二厘	五七厘	四厘	二八厘	五厘	九四厘	二八厘	七四三畝	九〇元六四六厘	四二元三五一厘	二元九七二厘	二〇元八〇四厘	三元七一五厘	六九元八四二厘	二〇元八〇四厘	七七	二三
鈔蕩	銀一三厘三五三 米無	五五厘	二四厘	二厘	一三厘	二厘	四一厘	一四厘	九、九五八畝	五四七元六九〇厘	二三八元九九二厘	一九元九一六厘	一二九元四五四厘	一九元九一六厘	四〇八元二七八厘	一三九元四一二厘	七五	二五
池塘漊溜濠溝	銀一七厘七五五 米二合五七七	八七厘	四〇厘	三厘	二〇厘	三厘	六六厘	二一厘	七八七畝	六八元四六九厘	三一元四八〇厘	二元三六一厘	一五元七四〇厘	二元三六一厘	五一元九四二厘	一六元五二七厘	七五	二五
合計									七八、五三九畝八〇二三四	二、六四九元五六九厘	一、五七七元七二五厘	一一六元二四一厘	九一〇元〇四二厘	一一六元六五五厘	二、七二〇元六六三厘	九二八元九〇六厘	七四	二六
總計									二、二五五、六一三畝六六四三〇五	七二一、九八六元二八七厘	三三〇、二二〇元〇六三厘	二六、六七一元九九五厘	一六七、六六二元四二六厘	二八、一六〇元九八八厘	五五二、七一五元四七二厘	一六九、二七〇元八一五厘	七七	二三

紹興縣田賦每畝應徵數一覽表 錄民國二十一年浙江財務人員養成所浙江田賦一覽表

類別	稅目	等級	正稅稅率 上期	正稅稅率 下期	正稅稅率 合計	畝額
田	山陰湖田	一五	二七七	〇八四	三六一	一二九·七一七
	會稽上田	一九	二五七	〇六五	三二二	一七九·六三三
	山陰中田	一九	二四八	〇七三	三二一	二九四·九一一

會稽中田	二〇	二四九	〇六五	三一四	二七·〇〇八
山陰下田	二〇	二四二	〇七〇	三一二	二六·七二三
會稽下田	二一	二四二	〇六五	三〇七	一一〇·四三七
會稽二升下田	二三	二二五	〇五八	二八三	一一·八六六
會稽二升田	二三	二二五	〇五八	二八三	
會稽二升上田	二三	二二七	〇五三	二八〇	一·四二三
會稽三升田	二五	二一四	〇四八	二六二	一·三四二
會稽五升上田	二六	二二一	〇三八	二五九	
會稽四升下田	二六	二一〇	〇四五	二五五	·八六六
會稽四升田	二六	二一〇	〇四五	二五五	
會稽四升上田	二六	二一二	〇四二	二五四	五·四九四
山陰山田	二七	二〇七	〇三五	二四二	二四·三〇〇
會稽五升下田	二八	二一〇	〇三八	二四八	一·六〇六
會稽五升田	二八	二一〇	〇三八	二四八	

山陰江田	二八	一八七	○五○	二三七	九二·九九三
會稽七升田	二九	一九二	○三一	二二三	二·三一五
山陰中沙田	三一	二○九		二○九	三·八四一
山陰江沙田	三二	一九三		一三九	一·六一八
會稽山田	三四	一七五		一七五	七六·○九五
山陰天田	三五	一三九	○三○	一六九	五五·二九七
會稽免丁山田	三五	一六五		一六五	
會稽墾山田	三八	一三六		一三六	一六
會稽海患田	四○	一一四		一一四	八·六七○
山陰學田	四一	○七三		○七三	七二
山陰沙稅田	四二	○六八		○六八	七三六
山陰茅沙田	四二	○六七		○六七	一九
山陰沙塗田	四四	○五五		○五五	二二九
會稽山患田	四四	○五三		○五三	五·○五○

山陰沙佃田	四四	○五○		○五○	一九四
山陰中櫝田	四四	○五○		○五○	七
山陰江櫝田	四五	○四九		○四九	
會稽塈患田	四五	○四四		○四四	
地					
山陰沙地	二四	一七○		一七○	
山陰中沙地	二四	一七○		一七○	四八五
山陰江沙地	二四	一七○		一七○	
山陰江櫝地	二四	一七○		一七○	
會稽上地	二八	一○○	○三二	一三二	一二·二一八
會稽中地	二九	○九六	○三二	一二八	九·一七
會稽下地	二九	○九六	○三二	一二八	八·五一一
山陰湖中地	三一	一○○		一○○	
山陰山地	三二	○九六		○九六	七·六二七
山陰江地	三四	○七六		○七六	

類	名稱					
	山陰沙塗地	三七	○四九		○四九	三六六
	山陰天地	三七	○四七		○四七	八·七四九
	山陰沙稅地	三七	○四五		○四五	八九四
	山陰中櫃地	三七	○四五		○四五	
	山陰沙佃地	三七	○四一		○四一	一九二
	會稽山地	三八	○三○		○三○	一七·○六二
	會稽全荒地	三九	○二四		○二四	一·○○○
	會稽墾山地	三九	○二三		○二三	
	會稽鈔地	四一	○○二		○○二	六七
山	會稽關山	一一	○○九		○○九	五四·七六二
	山陰山	一一	○○八		○○八	七七八·七五一
	會稽折山	一一	○○八		○○八	一七○·○八一
	會稽墾山	一一	○○六		○○六	
蕩	山陰中溜	一七	一○○		一○○	

山陰水溜	一七	一〇〇		一〇〇	
山陰中溜	一八	〇九六		〇九六	
會稽米蕩	一二	〇四三	〇一三	〇五六	七四三
山陰塘河	一三	〇四一		〇四一	
會稽池	一三	〇三二	〇〇九	〇四一	
會稽漊	一三	〇三二	〇〇九	〇四一	一
會稽蕩塘	一三	〇三二	〇〇九	〇四一	
會稽鈔蕩	二五	〇二四		〇二四	九·九五八
山陰蕩漊	二六	〇一五		〇一五	

紹興縣田賦項下每元帶徵附加稅細目一覽表 錄民國二十一年浙江財務人員養成所浙江省田賦一覽表

期別	稅目	銀數 單位釐
上	建設特捐	五五六
	建設附捐	〇八三
	水利經費	
下	建設特捐	三〇三
	建設附捐	〇九一
	特捐	一五一

期

項目	數額
特捐	二四四
自治附捐	○四四
農民銀行基金	
教育附捐	一六六
救濟院經費	
治蟲經費	○五六
徵收公費	○九○
其他	四○一
合計	一·六四○

期

項目	數額
自治附捐	
教育附捐	○九一
治蟲經費	○三○
徵收公費	○三七
其他	○七六
合計	七七九

附註　屬於田賦一類尚有後列各表均見於民國二十七年紹興縣政府公報內縣勢輯覽此報流佈甚廣異時不難搜集故擬俟編印第二輯時再行刋入

紹興縣徵收田賦之折價〔此件分二表一爲適用銀米本位時之折價一爲廢除銀米改用銀元本位後之折價均載公報第八期〕

紹興縣之田賦科則〔載公報第九期〕

紹興縣田地山蕩科則畝積並額徵糧米折合上下期田賦正稅銀元一覽表〔載公報第二十二期〕

紹興縣舊山陰承糧坊區都啚坐落地積賦額明細表〔載公報第十七至第二十一期〕

紹興縣舊會稽承糧坊區都啚坐落地積賦額明細表〔載公報第二十三至第二十六期〕

紹興縣各區不動産之評定産價表

區別	産別	等級 特	上	中	下	備考
城區	田	無	九〇	七〇	五〇	
	地	八・〇〇〇	四・五〇〇	一・〇〇〇	二〇〇	特等地以大馬路自大江橋起至縣西橋爲止兩旁市屋三丈以内爲限
	山	無	無	無	無	
	蕩	無	八〇	六〇	三〇	岸池蕩
		無	三〇	二〇	一〇	河蕩
皋埠	田	無	九〇	七〇	五〇	
	地	無	五〇〇	一五〇	三〇	上等地以市鎮地爲限

	山	無	二〇	一〇	五	
	蕩	無	五〇	三〇	二〇	岸池蕩
		無	二〇	一二	八	河蕩
南池	田	無	一〇〇	七〇	四五	
	地	無	八〇	五〇	三〇	
	山	無	二〇	一〇	二	
	蕩	無	四〇	三〇	一五	岸池蕩
		無	二〇	一四	八	河蕩
東關	田	無	七〇	五〇	三五	
	地	無	五〇〇	一五〇	三〇	上等地以市鎮地爲限
	山	無	二〇	一〇	五	
	蕩	無	四〇	二五	一五	岸池蕩
		無	二〇	一二	八	河蕩
柯橋	田	無	一〇〇	七〇	三五	

	地	無	五〇〇	一五〇	三五	上等地以市鎮地爲限
	山	無	二〇	一〇	二	
	蕩	無	四〇	三〇	二〇	岸池蕩
		無	一六	一二	六	河蕩
安昌	田	無	八〇	五〇	三〇	
	地	無	五〇〇	一五〇	三〇	上等地以市鎮地爲限
	山	無	一〇〇	五〇	五	
	蕩	無	六〇	四五	二〇	岸池蕩
		無	一五	一〇	五	河蕩

說明 (一)本縣所列產價以畝爲單位

(二)本表所列各級產價係以最低額爲標準

(三)蕩價按照本縣實際情形分岸池蕩河蕩兩項

(四)產價不列等照建築裝璜隨時估定

(五)本表所列各級產價於二十五年四月二十一日五月二十六日兩次召開

縣不動產評價會議依次評定並呈奉財政廳二十六年六月十三日指令

第七四一三號備查在案

浙江省地丁徵收法民國元年浙江省臨時議會議決（節錄）

第一條　浙省田地山蕩應完地丁未經改定稅則以前暫照原定科則徵收

第二條　每地丁銀一兩各照原定折徵錢數改徵銀元

折徵錢數各縣不同應以向來解省之正銀一兩合洋一元五角及備抵外債之三

角爲省稅餘充縣稅

向照市價徵銀者比照全省最少之數改徵銀圓

第三條　浙西漕南浙東南兵米一律裁免但軍事未定以前明年（陽歷壬子年）應否徵收

一次由省議會議決之

第九條　荒丁絕戶向不完納者得據實呈明財政司於應徵原額内剔除不准浮攤業戶並

於田畝清册先行聲敍

第十三條　二項　原有禀准立案隨糧帶徵之各種公益捐應查明目的有無變更適用第

四條第二項之規定議決後列入附捐於串票上加蓋戳記

附會議細則

第一條　關於徵收公費預算及小銀元銅元價目之會議於每屆每忙地丁開徵之一月前照會縣議會定期舉行

關於徵收公費決算之會議於每屆每忙徵收完畢後舉行

浙江省徵收田賦章程 民國二十年六月三十日省政府第四一二次會議議決

第一章　總則

第一條　凡本省各縣徵收田賦悉依本章程辦理

第二條　各縣田地山蕩應徵田賦正稅暫照原科則銀每兩以一元八角米每石以三元三角折合國幣分期徵收之

每年徵收分上下兩期由銀科則折合者於上期徵收由米科則折合者於下期徵收

第三條　各縣向由地丁項下以平餘改徵留作縣稅之特捐照舊隨正帶徵

第四條　各縣隨正帶徵之自治塘工積穀教育建設及其他省縣特捐附捐均照核准原案徵收

第五條　隨正帶徵之特捐附捐及徵收費應將逐項數目刊載於串票其有臨時奉准加徵者得就串票蓋戳帶徵

第六條　徵收公費上期每正稅額一元帶徵國幣九分下期每正稅額一元帶徵國幣三分七釐

第二章　徵收日期

第七條　各業戶完納田賦上期應自開徵日起限三個月內一次完納下期應自開徵日起二個月內一次完納

第八條　上下兩期開徵日分左列三種

甲　上期四月一日下期十月一日

乙　上期五月一日下期十一月一日

丙　上期六月一日下期十二月一日

各縣對於前項開徵日期之適用由財政廳規定列表頒發其有必要情形提前或展限者得由各縣聲敘事由呈請財政廳核定

第九條　上期開徵經過一月後兩個月內下期開徵經過一月後一個月內均爲催傳期間

所有未完業戶應徵官署酌派員警催徵

第三章　完納手續

第十條　各業戶於開徵期前接到經徵官署發給之通告單後應即按期赴櫃完納其未執有通告單之業戶逕自完納者得由經徵官署於發給串票時臨時掣給

第十一條　凡田賦科則及帶徵各項附稅並稅率每年應徵官署於開徵前印發各區坊鄉鎮公所並於開徵櫃前豎立木牌逐項載明俾業戶查覽其有未明科則稅率者得向問詢處詢問

第十二條　業戶在上期田賦徵期内併納下期田賦者悉聽其便

第十三條　業戶完納田賦不滿一元者准以小銀圓銅幣按照市價繳納

第四章　完欠獎罰

第十四條　凡糧戶於每期開徵日起十五日以内完納者照所納正稅給以百分之五之獎金

第十五條　凡糧戶經過本章程第七條規定完納期限滯未完納者在第一個月内照正稅應徵數加收百分之五罰金在第二個月内照正稅應徵數加收百分之十罰金

自第三個月起至徵收年度終了止照正稅應徵數加收百分之十五罰金經過徵收年度仍未完納者照正稅應徵數加收百分之二十罰金

第十六條　凡糧戶經過應加百分之十處罰期間後仍未完納者除照正稅應徵數加收百分之十五罰金外並得拘案押追

第十七條　凡糧戶對於應完上下期田賦已至下期應處拘案期間仍未完納者得由經徵官署酌量情形按應徵數封産備抵俟完清之日返還之

第十八條　凡帶徵之特捐附捐及徵收費一律免收滯納罰金

第五章　附則

第十九條　被災被歉各田地之當年田賦應辦蠲緩事項悉依部定條例辦理

第二十條　本章程施行後浙江省徵收地丁章程浙江省徵收地丁章程施行細則浙江省徵收抵補金章程均廢止之

第二十一條　本省各縣縣政府及縣財政局經徵田賦規則另定之

第二十二條　本章程自浙江省政府公布後於各縣二十一年徵收年度開始起施行

清同治三年紹興府屬減浮案

閩浙總督左宗棠奏摺

奏爲覈減紹興府屬浮收錢糧恭摺奏祈聖鑒事竊浙東各屬地丁南米經臣上年奏明應一律核減並將温州府屬先行減定在案茲查浙東八府錢糧徵數以紹興爲最多浮收之弊亦以紹興爲尤甚山陰會稽蕭山諸縣完納錢糧向有紳戶民戶之分每正耗一兩紳戶僅完一兩六分至一兩三四錢而止民戶則有完至二千八九百文或三四千文者以國家惟正之供而有紳民重輕之別以閭閻奉公之款徒爲吏胥中飽之資官司以賠累爲苦民戶以偏重爲苦若不明定章程刪除浮費弊累日甚其何以堪孟子論治以經界不正井地不均穀祿不平爲深憂者此也臣於上年覈定温屬地漕後即飭奏調來浙差遣候選知府戶部郎中顧菊生前赴紹興會同該管道府將歷年官徵民納實數及向來流攤各款逐細清查分別裁減茲據顧菊生等禀稱紹屬八縣六場正雜錢糧有照銀數完納有照錢數完納殊與定例有乖現擬統照銀數徵解其一切攤捐名目及道府各署陋規概行禁革并擬於正耗錢糧之外仍視各縣前徵多寡每兩酌留平餘以爲各該縣場辦公之用開送徵解留用數目清册前來臣細加覆核除正耗仍照常徵解外紹屬八縣額徵地漕等款并蕭山公租竈課銀四十五萬三千四百七十四兩零新昌一縣徵數業經減定勒石毋庸議改外其餘七縣共實減去錢二十萬五

千一百零六十文南米額徵本色米七千餘石折色米一萬五千二百六十七石零減去本色耗米三百六十一石減折色耗錢一萬二千零七十二千文六場竈課額徵銀一萬四千三百八十九兩又蕭山牧租額徵錢一萬三千九百十六千文實減去錢四千二百四十二千文計共減二十二萬一千四百二十千文米三百六十一石但能永遠遵守大小戶一律完納以十年之通計之民間即可多留二百餘萬千之錢三千餘石之米矣既須損上以益下民力自見其有餘亦無須裒多以益寡貧戶不憂其不足官之徵收有定章則上下之交肅民之完納有定數則胥吏之弊除此次定章之後臣當飭令各屬一體勒石遵守如有官吏陽奉陰違於定章之外添設名目多取分文者定即立予撤參如大戶不遵定章完納致官有賠累之虞民有偏重之苦者亦必核實懲辦以昭儆戒所有覈減紹興府屬錢糧緣由理合恭摺具陳伏乞皇上聖鑒訓示四月十一日內閣奉上諭左宗棠奏覈減紹興府屬浮收錢糧一摺浙東各屬錢糧以紹興府屬徵收爲最多而浮收之弊亦最甚經左宗棠查明核減將紹興府所屬八縣六場正雜錢糧無論紳戶民戶統照銀數徵解一切攤捐名目及陋規等項概與革除計除正耗仍照常徵解外共減去錢二十二萬有奇米三百六十餘石民困諒可稍蘇即著照所議辦理嗣後並著爲定章永遠遵行不準再有紳戶民戶之別致滋偏重其地方官吏尤當潔己奉公

剔除積習倘敢陽奉陰違添設名目格外需索及大戶不遵定章完納者即著該督撫核實查參懲辦以重國帑而恤民瘼欽此

又札諭一道

爲曉諭事照得本部堂督師入浙以來目擊彫殘勤思撫字疊次札飭各該地方官嚴禁浮勒核減徵收以蘇積困復經照會顧郎中前赴紹興會同該署府楊守詳查紹屬各縣場前徵銀米各數分别釐減浮費去後兹據顧郎中楊守以紹屬各縣場錢糧除新昌一縣已經勒石定數毋庸更改外其餘各縣場應統以一兩一錢作爲正項外每兩酌留平餘津貼辦公並將一切陋規裁革酌定用款禀復前來本部堂細加酌核所擬均尚妥協當即據情入告所有紹屬徵解錢糧合行出示曉諭爲此示仰紹屬軍民人等知悉自同治三年上忙啓徵爲始除正項一兩一錢外山陰縣地漕每兩准留平餘錢三百文南米本色每石准留米七升折色每石准照五千文折收會稽縣地漕每兩准留平餘錢四百文南米本色每石准留餘米七升折色每石准照五千文折收蕭山縣地漕公租竈課每兩准留平餘錢四百文南米折色每石准照五千文折收零戶米每石准照三千三百六十文折收牧租每千准照一千一百文徵收諸暨縣地漕每兩准留平餘錢三百文上虞縣地漕每兩准留平餘錢二百五十文餘姚縣地漕每兩

准留平餘錢二百八十文嵊縣地漕每兩准留平餘錢三百五十文曹娥場金山場均每兩准留平餘錢四百文錢清場東江場均每兩准留平餘錢三百文石堰場每兩准留平餘錢二百文自示之後准爾等地方刋碑勒石永爲定例無論大戶小戶一律照章完納不得稍有抗欠其完銀米應概用板串書吏不得包徵包解如有奸胥蠹役仍前勒折浮收或藉代墊及各項名目需索加費許赴該管地方官控訴申理爾等亦宜互相勸勉踴躍輸將毋得任意抗玩致干咎戾其各凛遵毋違等因除示諭外合行札飭爲此札仰該縣即將發來告示實貼曉諭以便周示毋違此札

附章程五條

一實徵一兩一錢解司除正款並耗銀餉餘外籌補一款現在裁革所餘之銀應作爲解費省歇傾工火耗釘鞘等項之用歸縣自行開銷其從前一切攤捐名目及各署陋規盡行裁革

一各縣徵收錢糧照例應用板串嘉慶二十四年曾經司詳通飭在案嗣因日久弊生改用活串致書吏弊端百出現在更定新章應統用三聯板串如某戶應完銀若干均查照糧册於串票內註明上忙完銀一半下忙完銀一半庶書吏不能有大頭小尾重徵倍徵諸弊而州縣發出串票若干即應徵銀若干亦易於隨時稽察　一串票櫃書向有票錢現在雖未全行裁革

亦應明定章程不准例外多取其完納銀米花戶應隨完隨給串票不准延閣　一幕友修火

自此次定章之後亦應減省大縣准請刑名一席錢穀一席其小席祇准酌留二三人中小縣

刑錢併請一席小席准留一二人至府署向有發審修金由各縣攤派現已提辦公即不准再

問州縣攤派　一院府縣試經費自此次定章之後皆不准列入流攤每屆應實用若干亦應

由府預先酌定按年提存

附紹興府知府禀

敬禀者本年三月初四日奉憲臺批另發章程五條並仰妥議禀覆繳等因奉此遵經卑府鈔

行各縣場遵辦一面移知司員會查奉發飭議章程内如錢糧應用板串徵收一條在附郭之

山會二縣徵收皆用板串惟郡外各縣場或有改用活串徵糧之事當由卑府遵飭嚴查禁止

又櫃書串票一條向例每張准取錢一文現當遵飭查禁多索又幕友修火一條亦當督屬凛

遵辦理惟實徵一兩一錢解司條内有籌補一款現在裁革等諭此係道光二十九年辦理清

查案内奉前撫憲奏准提補通省挪缺之款並奉核定各屬每解地漕銀隨解籌補銀十兩令

遵辦在案茲蒙裁革似應請奏又院府縣試經費每屆實用若干應預先酌定按年提存一條

檢核擬呈清册原定各縣每年各考費暨各房費并捐給各款山陰縣錢二千四百串會稽縣

錢一千八百串蕭山縣錢二千串諸暨縣錢一千二百串餘姚縣錢二千串上嵊二縣錢各一千四百串共一萬二千二百串議請酌提一半爲考試經費以三年兩屆而計共可提存錢一萬八千三百串歲科兩考有文武兩試及專舉行文試之年分應用經費不無多寡並議以一萬串爲歲試各經費八千三百串爲科試各經費核與向辦歲科兩考用數亦皆有絀無盈仰蒙憲臺明諭不准列攤尤慮州縣更調不時或涉偏枯若按徵數提存設遇歉歲蠲緩款難如數提足計唯將每屆酌定考費錢文議令各縣按照在任月日預先存出如遇交代責成前官存交後任或提儲府庫俟屆辦考之年按數動用第不准有不敷名目額外加派以杜冒浮是否有當合將遵飭會議緣由稟覆仰祈批示旋皆批准

浙江布政使司使蔣益澧移金巡道文

爲移知事本年九月初十日奉爵督部堂左札開據貴道稟稱竊查接管卷內同治四年五月二十日奉撫憲馬批前署道稟送核減各屬銀米浮收各款清册由奉批據稟已悉查應留各款之中以考試經費爲最要自應分清數目如何抽提前後任不敢推諉前據局詳杭湖等屬均係併計業經批飭照紹溫等府議稟章程試費應分幾成何項捐款應分幾成院司道府房費各派分幾成逐一劃清免致轇轕至於應出之款如稟即照現征之數分別解給免致各屬

苦累俟將來照額征收即照章支給仰即將考費捐款院司道府房費詳細分成開摺馳稟仍移明清賦總局查照核轉以憑彙奏毋稍舛延并補稟督部堂查核批示繳各册存並准藩司移知奉減各屬浮收案内紹興府議稟試費章程係以考費及房費捐款并列一項除提一半作爲考費外其餘一半錢文分作十成以二成作爲捐款并以八成酌量各衙門公事繁簡派分各房費内歸撫轅各房五釐本司各房三成臬司各房二釐秋錄經費八釐糧道各房六釐巡道各房六釐本府各房二成各等因奉准此案查前署道詳定金衢嚴三府屬平餘項下應提之考試經費一款各縣均已註明抽提數目自可照辦無庸更張惟各衙門房費以及捐款各項未經酌分成數目應查照藩司移知紹屬章程通飭三府屬遵辦除行知外合肅開摺稟陳仰祈俯賜察核等情計送清摺一扣到本爵部堂據此除批候飭浙藩司核飭遵照繳清摺存等因印發外合行飭遵札司即便遵照核明移飭遵照辦理等因奉此查房費捐款既照紹屬章程分成飭遵自屬允協奉飭前因擬合移知爲此合移貴道請煩查轉飭遵辦施行

山陰縣

額征紳戶每兩納銀自一兩六分起至一兩四錢民戶每兩折錢自二千九百五十文至三千四百文不等牽算每兩收錢二千九百五十文共收錢二十六萬一千六百六十五串

現擬每兩連耗征銀一兩一錢起解一七合錢一千八百七十文共應解錢十六萬五千八百六十九串

現定銀數大小戶一律完納如小戶不能完銀者仍照市價隨時合錢不准書吏抑勒多取

下餘平錢九萬五千七百九十六串

本官衙門伙食茶爐柴油等項錢四千串

幕友修火等項錢一千八百串

戶庫各書銀匠差役門印經管人等錢一千六百串

鄉櫃等項錢四千五百串

同寅節禮等項錢一千六百串尋常往來委員一概不給差費

院府縣試及司道府房費并捐給各項錢二千四百串

緝捕經費錢一千串

監押口糧看役人等各項錢一千串

留給辦公雜用錢五千五百串內本道府辦公錢五百一千串

留作本官家用錢三千零五十串

書院山長錢一百六十串

以上十一款共需錢二萬六千六百十串尚餘錢六萬九千一百八十六串每兩

可減錢七百八十文共減錢六萬九千一百八十六串

山陰縣

額征南米一萬二千五百四十五石五斗二升五合六勺

向征本色四千餘石其餘折色

解省倉米四千二百十石零以本色抵解

舊收淨米一石加耗米自二升二斗不等牽算加耗米一斗二升共收米四千七百十五

石二斗

另有幫助貼解費自一百至四百文不等

現擬每石減去幫貼解費幷減耗米五升共減二百十石零五斗每石實收米一石七

升大小戶一律

共收米四千五百四石七斗

留給書役斗級雜用米二升共計米八十四石二斗

留給縣中公用米二升共計米八十四石二斗

實解淨米一石零三升計實解米四千三百三十六石三斗

留給兵米六千一百六十九石

舊征每石自二千至八千餘文不等牽算每石約錢五千三百文共收錢三萬二千六百

九十五串零七百文

現擬每石減錢三百文共減錢一千八百五十串零七百文每石實收錢五千文大小

戶一律共收錢三萬八百四十五串

留給書役各費二百文計錢一千二百三十三串八百文

留給公用二百文計錢一千二百三十三串八百文

實解每石四千六百文共約解錢二萬八千三百七十七串四百文

解司零戶米二千一百六十六石三斗七升一合

舊征每升收錢五六十文不等而解司定例每石止銀一兩六錢今據每兩以二千一百

文征收每石可減一千九百四十文共減錢四千二百零二串七百文

會稽縣

額征地漕銀五萬九千零七十四兩零

舊征紳戶每兩納銀自一兩六分至一兩四錢民戶每兩折錢自二千九百五十文至三四千不等牽算每兩收錢二千九百五十文共收錢十七萬四千二百六十八串三百文

現擬每兩連耗征銀一兩一錢起解一七合錢一千八百七十文共應解錢十一萬零四百六十八串零

現定銀數大小戶一律完納如小戶不能完銀仍照市價隨時作錢不准書吏抑勒多取

下餘平錢六萬三千八百串

本官衙門火食茶爐柴油等項錢三千六百串

幕友脩伙等項錢一千八百串

戶庫各書銀匠差役門印經管人等錢一千四百串

鄉櫃各項錢四千串

同寅節禮等項錢一千六百串尋常往來委員一概不給差費

院府縣試及司道府房費并捐給各項錢一千八百串

捐捕經費錢八百串

監押口粮看役人等各項錢八百串

留給辦公雜用錢五千五百串內本府道辦公錢一千五百串

留給本官家用錢二千一百四十串

書院山長錢一百六十串

以上十一款共需錢二萬三千六百串尙餘錢四萬零二百串每兩可減錢六百八十文共減錢四萬零一百七十串除減尙餘錢三十串

會稽縣

額征南米六千八百九十一石零向征本色米三千二十石

舊征每石收米一石一斗二升共收米三千三百八十二石四斗

現擬每石減米五升共減米一百五十一石幫貼費革除

解省倉米二千四百石今據每石實解米一石三升共解米二千四百七十二石

留放兵米六百二十石

留給書役斗級雜用每石二升計米六十石零四斗

留給本官公用每石二升計米六十石零四斗

尙餘米十八石六斗此項因司撥省倉米歲無定額如遇多撥之年卽以此抵耗作解

向收折色抵放兵米二千四百六十石每石牽算收錢五千三百文共收錢一萬三千零三十八串

現擬每石減錢三百文共減錢七百三十八串

留給書役斗級雜用每石二百文計錢四百九十二串

留給本官公用每石三百文計錢四百九十二串

實收每石四千六百文共收錢一萬一千三百十六串解司零戶米一千四百十一石

舊征每升收錢五六十文不等而解司定例止銀一兩六錢折米一石今擬每兩以二千一百文征收每石可減錢一千九百四十文共減錢二千七百三十七串三百四十文

錢淸場

額征銀四千三百兩零

舊征每兩收錢二千三百五十文共收錢一萬一百零五串

現擬連耗每兩征銀一兩一錢起解一七合錢一千八百七十文共應解錢八千零四

十一串

下餘平錢二千零六十四串

糧櫃各書差役門印經管人等錢四百串

藩臬運署房費錢一百串

本官留用錢七百九十串

共用錢一千二百九十串尚餘錢七百七十四串每兩可減錢一百八十文共減錢

七百七十四串

曹娥場

額征銀七百七十五兩零

舊征每兩收錢二千七百文共收錢二千零九十二串零

現擬每兩連耗征銀一兩一錢起解一七合錢一千八百七十文共應解錢一千四百

四十九串零
下餘平錢六百四十三串
糧櫃各書差役門印經管人等錢五十串
藩臬運署房費錢六十串
本官留用錢二百串
共用錢三百一十串尚餘錢三百三十三串每兩可減錢四百三十文共減錢三百
三十三串

東江場

額征銀四百九十四兩零
舊征每兩收錢二千四百文共收錢一千一百八十五串零
現擬連耗每兩征銀一兩一錢起解一七合錢一千八百七十文共應解錢九百二十
三串零
下餘平錢二百六十一串
糧櫃各書差役門印經管人等錢二十串

藩臬運署房費錢十五串

本官留用錢一百十三串

共用錢一百四十八串尙餘錢一百十三串每兩可減錢二百三十文共減錢一百

十三串

三江場

額征銀四百十三兩零

舊征每兩收錢二千二百六十文共收錢九百三十三串零

現擬連耗每兩征銀一兩一錢起解一七合錢一千八百七十文共應解錢七百七十

二串零

下餘平錢一百六十串

糧櫃各書差役門印經管人等錢三十串

藩臬運署房費錢二十串

本官留用錢七十三串

共用錢一百二十三串尙餘錢三十七串每兩可減錢九十文共減錢三十七串

此件各種公牘采自蕭山上虞兩縣志中其減浮數目則姚君慧塵所藏浙江減浮章程也

山陰縣知縣任爲嚴禁收取銀米串票錢文示 清光緒二十三年

爲出示曉諭事查接管卷內奉府憲霍札開案於光緒二十三年五月二十二日奉藩憲惲札開案奉撫憲廖批會稽縣稟擬裁減銀米串票錢文請示由奉批此項串票錢文係屬陋規既經查實亟應從速禁革何可緩待來年并由官定價愈滋流弊仰布政司核飭遵照繳等因奉此查此案前據該縣具稟到司即經批示在案奉批前因合行札飭札府立即遵照前批轉飭該縣嚴禁革除不准再收分文如敢陽奉陰違官參吏究決不寬緩凛之切切又於五月十七日奉藩憲惲札會稽縣稟同前由奉批查光緒六年間查辦飭餘姚縣浮征參案奉前撫憲譚覆奏串票錢文雖減浮案內有此名目作爲經書造串之費然究未奏咨立案嗣後應於平餘款內酌給不得任書吏需索滋弊飭遵在案是票錢一項本無應收之例該縣每串一張收錢十四文殊屬非是現在既經查實並不即時裁革請至來年上忙裁革改章亦與該縣面稟不符仰紹興府卽飭會稽縣立卽嚴禁革除不准再收分文如敢陽奉陰違官參吏究決不姑寬凛之切切仍候撫憲批示繳各等因奉此查此項銀米票錢係屬陋規會稽如斯恐別縣亦所不免既奉各大憲嚴禁革除不准再收分文自應通飭各縣一律禁革以免參差除由府出示

禁另行札發外合行通飭遵照如有是項陋規趕緊嚴禁革除不得再收分文如敢陽奉陰違一經查出定即官參吏究決不姑寬仍將遵照原由先行稟報備查毋稍違延等因下縣奉此查是項票錢本無應收之例現在既奉革除自應遵照辦理合亟出示曉諭爲此仰闔邑糧戶地保人等知悉自示之後爾等完納糧米並不收取票錢如有需索情弊許即該糧戶指名稟縣以憑嚴究決不姑寬凜之切切特示光緒二十三年七月十五日給

浙江布政使顏示縣征銀米不容違章浮收碑 清光緒三十一年十二月

爲申明定章示諭遵守事光緒三十一年十月十九日奉前兼署撫憲瑞批據前湖北督糧道夏宗彝等稟稱紹屬山會兩縣征收錢糧南米本折平餘均奉頒示定章舊糧征價概照新糧不准加收亦奉示諭有案乃大戶完納尙克照章小戶多被浮勒每銀一兩浮收錢數百文每米一石浮收錢一二千文不等遇有貧戶當年無力淸完年外亦須加價浮收之外完銀者名爲按兩遞增加價錢四百文懦者猶不止此完米者按石遞增加價錢一千數百文若經截串差追名曰墊票横索每石至四五千文及二十四五千文不等此外又有差費酒飯名目民莫能堪流有怨讟不得已爲民請命乞賜憲示將山會兩縣地漕銀兩並南米折色收價各數目及銀洋概照市價毋許減短貼串亦無紳民與新舊之別一律申明定章分晰曉諭所有向日

浮收及年外加價自此永遠禁革並求另頒數紙由紳等具領刊碑分立各處俾資遵守等情奉批據稟舊糧加價及勒抑浮價等情如果屬實均干例禁仰布政司即行查核出示並通飭各州縣一體遵照毋得任聽書役朦收舞弊致干參咎懔之切切等因奉此查此案前據該紳等並稟到司業經批飭紹興府遵辦在案兹奉前因又據該紳等稟請由司給示前來合行出示曉諭爲此示仰山會兩縣紳民人等知悉同治初年奉前陞爵閣督撫憲左釐定山會兩縣地漕錢糧每兩正耗收銀一兩一錢外山陰縣每兩加收平餘錢三百文會稽縣每兩加收平餘錢四百文南米本色每石加收耗米七升折色每石收錢五千文大小戶一律完納又光緒二十七年賠款籌捐案內誠前陞司議定每征地漕正銀一兩無論新舊加收糧捐錢三百文舊糧與新糧並征不得另再加價亦經示諭有案是縣征銀米均有章程不容違混自示之後爾等戶内應完之款務各遵章輸納毋聽抑勒倘有不肖書役仍敢違章浮收藉端需索並銀洋不照市價減短貼串從中滋弊許即指名控告飭府嚴提究辦决不寬貸其各懔遵毋違特示光緒三十一年十二月日給

會稽縣儒學教諭趙移會稽縣申明定例監收錢糧文清同治三年三月二十日

會稽縣教諭爲申明定例等事奉府正堂楊憲牌案奉憲准部咨州縣征收一切錢糧飭令佐

貳或儒學在於收糧處所逐日監收每晚照依成式實徵流水簿册將所收數目日記一單五日一報征有成數聽候委員監拆遇有短封即於封袋上并流水名下均用硃筆塡明數目備造清册送府查核等因久經飭遵在案今同治三年分錢糧現已啓征合行飭委爲此仰牌該員立即親赴會稽縣收糧櫃所將徵收新糧逐日監收每五日將收數照依頒式具摺報查征有成數即會同該縣面同監拆間有短封之戶即於封袋流水註明數目示諭花戶下卯補交毋許征多報少如有扶同揑混以及匿不按旬摺報即行撤回另委亦不得藉端滋擾仍將遵辦緣由報查毋違須牌等因下學奉此擬合備文移知爲此合移貴縣請煩查照來移憲行事理希即會同辦理施行（此可考見當時儒學有監收錢糧之責故錄存之）

不動產移轉

浙江省暫行不動產移轉稅法（節錄 民國元年）

第二條　凡屬於左列各項者爲本法中之不動產

一田　二地　基地　三場地　四山　五蕩　六房屋　七其他不動產

第三條　本法中之移轉限於交易行爲其區別如左

一買賣　二典戲　三抵押

第四條　凡爲第三條之移轉行爲於第二條不動產之上者照本法課税其税率如左

買賣契價千分之二十分

典戤契價千分之十五分

抵押契價千分之十分

但税額至百元以上者得先納十分之五其餘以兩倍税額之有價證券提存官廳以爲擔保准於一個年内延納如逾限不納官廳即將擔保證券變價充税

第七條　納税者應於請求登記時一次完納

第十條　凡依本法所課之税八成解財政司作省税餘一成作縣税一成作征收經費

第十二條　凡本法所規定之移轉行爲自其移轉成立之日起三個月後隱匿不報經告發或收税官廳查出者除照額補税外再照應納之税加四倍處罰所罰之款一半給與告發或查出者一半充公但既呈報後而尚未完納並延納者不在此限自呈報至完納以一月爲限另於施行細則内規定之

第十四條　本法施行後所有從前之契税契尾捐一律廢止

契税在紹興張志超　見民國二十六年東南日報

所謂契稅就是下列兩稅

（一）驗契稅　將舊時所有之契紙一一查驗而徵收驗契費也

（二）移轉稅　不動產或類似不動產（如田地永佃權）移轉時由受主出戶雙方訂立正式契約官方對此契約所徵收之稅也

前者爲國稅後者爲省稅查驗徵收概由縣地方政府辦理之徵收契稅的原因自不外左列兩個

（一）財政的　清時契稅僅列爲外賦故當時契稅在國家財政上的義意尙居次要迨光復後初名爲不動產移轉登記費旋復稱契稅始與田賦同視爲正稅收入晚近更形重要浙省契稅近年逐漸增加便可以證明矣

（二）法律的　未投稅之契紙謂之白契在法律上不能成爲正式產證民國二十一年七月十二日浙江高等法院暨財政廳會銜訓令各縣縣政府及財政局謂未稅白契於訴訟上無唯一確切證據力故業主於其產權欲得法律上之保障者非投納契稅不可

契稅在紹興每年徵收數額幾爲全省各縣冠而積弊之深亦爲其他縣所不及本文目的在序述其概狀並將其積弊與夫最近改革情形和盤托出以爲研究縣地方財政者之參考

（甲）徵收之機關

紹縣府契稅徵收處爲擔任該縣契稅徵收之唯一機關係現任賀縣長到任後由稅驗處永佃契稅處兩個機關合併而成的

契稅徵收處設主任一人下分二室稅驗室設收欵員一人批算員一人發契員一人寫契員三人永佃契稅室設永佃契稅員一人各鄉區徵收員八人

（乙）徵收之情形

該處徵收工作計分左列數種

（一）驗契　民國十六年十一月十八日財政部頒行國民政府財政部驗契暫行條例規定凡在民國十七年四月一日以前成立之不動產舊契無論已稅未稅應一律呈驗蓋國民政府成立後藉以證實人民不動產之所有權也呈驗契紙無論典賣一律給予新契紙每張收契紙價一元五角註册費一角附收教育費二角（中央地方各半）其不動價格在三十元以下之契據祇收註册費大洋一角

（二）不動產移轉稅　不動產移轉稅計分四種其稅率則因種類不同而各異別（一）絕賣照契價徵收百分之六（二）活典照典價徵收百分之三（三）贈與遺贈照估定產價徵收百分之六（四）繼承分析照估定產價徵收百分之二以上各稅之附加計有下列兩種

一　置產捐　係爲縣地方建設費之用其稅率如左（子）絕賣照契價徵收百分之一（丑）活典照契價徵收百分之一·五（寅）贈與遺贈照估定產價徵收百分之三（卯）繼承分析照估定價值徵收百分之一

二　置產捐教育附加　係充縣地方教育費用其稅率如左（子）絕賣照契價徵收百分之一（丑）活典照典價徵收百分之〇·五（寅）贈與遺贈照估定價徵收百分之一（卯）繼承分析照估定價徵收百分之〇·三四

（三）永佃契稅　永佃契稅係民國二十二年始行創辦凡耕作地牧畜地有永佃性質而訂立契約者均須照章納稅所謂永佃性質係俗稱小頂田客田或田脚田面田皮等而言所謂永佃契約係指各地依習慣訂定之各種永佃票據而言如頂田票便佃票永租票長租票吐佃票賣佃契常稍契等皆是也

永佃契稅定爲每畝徵收銀元五角零數按畝分計算訂立永佃契約者應自契約成立之日起限兩個月以內備具稅欵檢同契據申請該管徵收機關查驗註册並給予納稅憑證其在本稅未徵收以前所立之永佃契約自徵收機關公告開始徵收之日起限於三個月以內依照規定手續報稅領證

(四)代徵稅欵　契稅處與推收所之關係至爲密切紹邑習慣凡推收所方面所規定之捐費概由契稅處爲之代收現該處爲推收所代徵者計有左列數種

一　推收費　凡不動產向推收所推收過戶者無分田地山蕩每畝一律徵收大洋四角其不及一畝者概以一畝計

二　推收附加自治捐　凡經推收之土地一律附加此項自治捐稅率如左(一)田每畝徵收洋四角(二)地每畝徵收洋二角(三)山每畝徵收洋一角(四)蕩同上歸戶撥戶時僅納推收費而免納此項附捐凡畝分不及五分者以半畝計

三　推收附加學捐　此項推收附加學捐之徵收率如左(一)田每畝收洋八角(二)地每畝收洋四角(三)山每畝收洋二角(四)蕩同上不及五分者作半畝計歸撥戶一槪免納

(丙)積弊之一般

由紹人俗謂(稅驗處爲最肥機關)一語推測之該處過去之積弊可想見矣茲試將其大者縷述於後

(一)匿報契價　嚴格言之向來投稅之典賣契其契價幾無一不有匿報之情形惟匿報數目大小不同耳此種情形於絕賣契紙爲尤甚蓋典契契價出典人尙須按價贖回如照契價短寫則以後回贖時不免發生糾紛至絕賣契一經雙方訂立後彼此遂無關係

(二)所謂(公私雙全)之辦法　過去稅驗機關對於匿報契價過大之契紙如納稅人不事先予以請求或用他種方法而得其默許者則一扣留拒發殆納稅人於稅驗處以外地點與其當局往返磋商經雙方同意後再立一找契其數目大小自可隨意規定以公言己立找契而補匿報之契價以私言則非局外人所能知矣此所謂公私雙全之辦法也

(三)任意處罰　凡延期投稅與匿報契價者照章均須處罰在昔因私人之情託請求主管徵收機關每任意減輕其處罰而上級機關亦無從稽查

(四)代辦契稅分中飽　現在來處投稅者其爲業主者甚少大半爲契稅代辦人蓋卽昔時之莊書民間推收事宜在本縣縣政府未能直接辦理時多由伊等代辦一切規費任意索取現在推收事宜雖由縣政府推收所直接辦理但一般人民昧於推收之手續與秩序仍託伊等代辦與推收有密切關係之契稅遂亦託由伊等代辦從中漁利自所難免據熟知此等情形者云現在紹邑專司此種職業者約有二百餘人惟伊等業此者多不公開或託辭代爲親友辦理而避官方之干涉

(五)僞造老契　驗契費之徵收率係以契紙之張數而計算一般圖逃稅者每將舊契數張之畝分價格合併而另僞造舊契一張以送驗遂得從中逃稅惟此種情形現在已不多覯因其手續繁瑣而所得且屬無幾

(六)僞立找絕契　卽預先僞立典契一張以納典契稅而後買賣雙方串通再僞立找絕契一張以納買契稅俾先時典產旣達絕賣之目的且得以逃稅若干簡言之卽絕賣產業納稅時圖逃絕賣稅之稅率

(丁)已實現之改革

契稅處自由稅驗處與永佃契稅處歸併成立後以現任賀縣長之督率對於稅務頗有改進茲將其詳略述如次

一〕登記簿加塡土地之畝分　每日所收進之契紙一一均須登記以便稽核在昔登記事項僅有左列數端〔一〕納稅人之姓名〔一〕契上所載之產價或典價〔一〕典買之區別〔一〕應納稅銀之數額

土地之畝分獨付缺如學捐自治捐推收費之核算實覺不便本處成立後除上列照舊登記外復加土地畝分一欄逐日塡清以便核查

〔二〕嚴核每日繳款之數額　在昔繳稅款時每有少繳之事發生主管人員對於多繳者則退還之少繳者則命補繳初無若何懲罰此等現象如不糾正至足引起繳款人員僥倖之心理蓋少繳稅款若干如主管人員未能發現則侵融之而私自中飽經其發現亦不遵照數補齊足矣自該處成立後嚴禁此種現象凡多繳少繳稅款者均一一追究之並處罰其負責人有一職員且因此而受撤差之處分故多繳少繳之事迄無一次發現矣足證向時此等現象之原因實爲繳款人僥倖之心理而非出於當時之過失

〔三〕照章處罰　該處初改組後時有納稅人向該處請求免罰或從輕處罰之事更有以不正當之手續請求免罰或從輕處罰者均由該處當局一概拒絕是等現象現已泯滅蓋處罰章則如由徵收人員自由上下非僅弊竇叢生且不足以昭公允

〔四〕先典後賣者一律補納契稅　查浙江省不動產移轉契稅章程第九條規定〔先典後賣者得以原納典契稅額抵充賣契稅但以承典人與買主屬於一人者爲限〕明示先時成立典契報稅後復絕賣者應以賣契併總額照章稅辦而以原納之典契稅抵充一部分賣契稅乃紹興民間買賣習慣其先係典產後作絕賣者僅立找絕契一紙稅辦是項契件亦祇就找絕契價科稅並不追溯原典契先典後絕之契價一般稅戶每買賣兩方串通勾結預先僞立數目較大之典契一紙然後再立數目較小之絕找契一紙兩次投稅便可逃稅若干當經該處呈請縣府轉財政廳核准凡以找絕契投稅者應與原典契同送即將產價合併計算應納稅額並將原納典契稅額抵充賣契稅如原典契遺失或因事故不能檢附時應取具確切證明由處查照不動產分區評價表代爲估定產價飭令納稅自如此規定後一般假借先典後絕之名而逃稅者將無由施其技矣

〔戊〕新舉辦之附捐

舉辦贈與遺贈繼承分析等稅之置產附捐查各縣稅契項下帶徵置產捐辦法第二項規定〔不動產移轉赴縣投稅時各按契載原價徵收置產捐其有以產業遺贈分析歸併等類如嘗立契據應照數完納契稅者亦應照數徵收置產捐〕紹邑徵收是項置產捐買契照契價每百元徵收四元典契照契價每百元徵收二元五角所有贈與遺贈繼承分析等契據來縣投稅者均未實行帶徵夫贈與遺贈繼承分析等類在受主爲不勞而獲者今不與典賣契同時按章徵收置產捐其於稅則上實欠公允故該處呈請縣府轉請財政廳准予照章帶徵贈與遺贈按照契價徵收百分之四〔每百元四元〕置產捐繼承分析按照契價徵收百分之一・三四〔每百元一元三角四分〕置產捐以符定章是項附加已於本年七月十七日開始征收

〔己〕計劃中之改革

該處在計劃中之改革與設施約有左列數端

〔一〕登記契稅代辦人　登記此項人員實有兩種意義

一便於管理　在目前情形下代辦人與政府機關毫無關係其與納稅人如何情形政府方面既不知悉因亦無從干涉此種制度在積極

方面既不克一時廢除則消極方面須予以登記俾其行動不因毫無拘束而得爲所欲爲

二　利用其組織俾政府方面便於調查未稅之契紙　就紹邑目前情形而論新契未稅老契未驗者其數目仍屬不少一般契稅代辦人最能熟悉其情形政府方面如須實際調查各區未稅契紙之數目而從事追完則有與此等人員合作之必要

〔二〕將納稅手續廣事宣傳　將納稅手續盡量向民衆方面宣傳使其不再請託代辦人辦理而受其魚肉

〔三〕重訂各區不動產評價表　重訂各區不動產評價表一事至形重要蓋該處現在所用之不動產評價表係於民國二十年所訂因時勢推移其規定價格多不適用本縣須於最短期内召開不動產評價委員會重新評定各區不動產之價格以爲估定各契契價之標準

〔四〕調查機構之設置　該處組織向無調查與追完之機構凡來投稅者均自動投稅其延期不稅者則亦無如之何設有調查機構則可隨時追完故擬添設此等機構以司追完事宜

紹興府知府熊起磻詳覆山會兩縣莊書推收費錢章程文　清光緒三十一年

爲詳復事案奉前憲臺翁批山會兩縣紳士馬傳煦等稟陳推收苛索積弊乞示定章勒石永禁等情詞奉批民間買賣產業過戶承糧豈容莊書刁難勒索據稟山會兩縣莊書把持挾制習爲固然小民赴訴無門間經控發地方有司並不嚴行懲創實堪詫異稟叙推收費錢與其浮之分外無當處以適中洵是通論應如何酌中損益仰紹興府悉心妥議詳復察奪至田房稅契例應照征收錢糧設櫃大堂聽業戶自行賫契投稅該兩縣不遵定制亦屬非是應令遵例設櫃司印官契莊書領售既極苛碎應改由契稅櫃書兼售以恤民隱而除積弊並即轉飭遵辦具報均無違延切切等因奉此卑府伏查山會兩縣民間買賣田房產業推收戶糧莊書刁難婪索最爲民害前據紳士胡壽恆等稟陳積弊卑府當以弊去太甚法期可行札飭該兩縣妥議章程通詳請示辦理在案迄今未據遵辦茲奉前因正在查議間據紳士胡壽恆等聯名稟稱職等邀同城鄉紳民在大善寺集議公決有謂照上虞定章每畝給錢二百五十文蕭山諸暨定章給錢四百文其餘各縣均無有過三百文者職等公同商酌既有蕭諸兩邑之多數而轉從上邑之少數比擬似難折服請照蕭諸兩邑定章嗣後推收田一畝准給錢四百文地山蕩及房屋墳地各產因契價大有軒輕應照田畝計算每田一畝以六十千作算如僅止撥戶每畝給錢一百文凡有公祭字樣不准私自收除以杜盜賣而清訟源等情條議章程開摺稟送前來卑府查該紳等所議推收戶糧每畝給錢四百文較之從前定章已加增多數於莊書紙張費用尚不爲少至民間買賣房屋墳地各產雖畝分有限而契價數倍田價若按畝計費似覺偏枯現以契價之重輕定除費之多寡按田價每畝六十千作算亦屬平允惟各莊書索以推收索費視爲固有之利一旦明定限制縱不能額外浮索而種種刁難在所不免小民仍隱受其累查兩縣本立有莊總書名目應由縣於兩廊科房内專設推收公所一處責令莊總書專司推收戶糧製給印旗等事另由糧戶每畝加給錢四十文以資莊總辦公之費至奉飭官印契紙發莊領售既極苛碎亦應由縣改發莊總書售賣照章取價以專責成並將契稅按照推收公所辦法設櫃征收聽業戶賫契投稅以從民便而杜蠹漏理合將該紳等所議章程核明錄摺詳復仰祈憲臺察核俯賜批示立案俾便轉飭遵辦一面由府出示曉諭以資遵守而垂久遠實爲公便爲此備由呈乞照詳施行須至詳者

今將山會兩縣紳士胡壽恆等條議莊書推收費錢章程核明照錄清摺恭呈憲覽

計開

一推收戶糧定章每畝給錢十文地山蕩給錢五文此價似覺太少現在酌中損益每田一畝給錢四百文房屋墳基及地山蕩等產准照田畝升算以六十千作價如僅止撥戶每畝給錢一百文房屋各產亦照契價升算以昭公允倘有公祭字樣不准私自收除以保祭產而杜盜賣

一推收田畝及撥戶雖經公議定價終恐日久玩生如欲刁難不患無詞非指號畝不符即謂戶名有錯明知出主急不能待而紅單措捺不給給亦無可如何惟有於定價之外格外加給俾得從速過割小民仍被勒索可想而知況若輩惟利是圖且恐因此而愈無忌憚不特積弊未能盡絕反開需索之端應請另設推收公所一處令莊總專司其事如業戶齎旗推收即赴公所交由莊總向該莊查明戶號畝分相符保除可靠莊書不得刁難照議給價每畝給錢四百文另給每畝錢四十文以作莊總辛工當日出給印旗由莊總交付業戶總以三日為限不得久延以杜需索

一司印官契發莊領售殊多苛累應請發交莊總售賣照章取價以專責成而廣通銷

一議各房共公產業如有緊急要需各房均願出售立有議據自當驗明議據兼憑保人推除其除費亦照定章每畝給錢四百文不得額外多索

藩憲曾批查山會兩縣民間買賣產業向莊書推收過戶承糧既經胡紳等集衆公議援照蕭山諸暨兩縣定章每田一畝給莊書推收費錢四百文山蕩房屋墳地按照田畝以每畝價錢六十千文作算如僅止撥戶每畝給錢一百文由縣於兩廊科房內專設推收公所責令莊總書專司推收戶糧製給印旗等事另由糧戶每畝津貼辦公費錢四十文應准如詳立案仰即轉飭山會兩縣遵照諭飭各莊書不得再行額外需索倘敢故違一經覺察定行從嚴懲辦一面由府出示曉諭用垂久遠至官印契紙發莊領售既極苛碎自應改發莊總書照章售賣並將稅契援照推收公所辦法設櫃征收聽憑業戶持契投稅以從民便切切此繳摺存

署紹興府知府劉示諭推收戶糧章程文 清光緒三十二年

為出示曉諭事查接管卷內光緒三十二年二月初五日奉藩憲曾批熊前府詳復山會兩縣莊書推收費錢章程請示遵行由奉批查山會兩縣民間買賣產業向莊書推收過戶承糧既經胡紳等集衆公議援照蕭諸兩邑定章每田一畝給莊書推收費錢四百文山蕩房屋墳地按照田畝以每畝價錢六十千文作算如僅止發戶每畝給錢一百文由縣於兩廊科房內專設推收公所責令莊總書專司推收戶糧製給印旗等事另由糧戶每畝津貼辦公費錢四十文應准如詳立案仰即轉飭山會兩縣遵照諭飭各莊書不得再行額外需索倘敢故違一經覺察定行從嚴懲辦一面由府出示曉諭用垂久遠至官印契紙發莊領售既極苛碎自應改發莊總書照章售賣並將稅契援照推收公所辦法設櫃征收聽憑業戶持契投稅以從民便切切此繳等因奉此除飭山會兩縣遵辦外合行列條出示曉諭為此示仰山會兩縣紳民人等一體知悉嗣後凡賣買田房產業向莊書推收戶糧均應遵照詳定章程辦理倘各莊書仍有留難需索情事一經覺察或被指控定即立提到案從嚴懲辦決不寬貸其各懍遵毋違特示光緒三十二年二月日給

司法

紹興縣民國以來司法情形此承紹興地方法院葛院長光宇錄示沿革悉備矣故其他采訪稿件悉不錄

一 法院沿革

本縣於民國元年八月創設紹興縣法院暨檢事廳管轄全縣「山會兩邑下同」初審案件並設第五地方法院暨檢事廳管轄全縣二審案件三審案件由省法院暨省檢事廳管轄其司法行政由浙江提法司監督民國二年二月改提法司爲司法籌備處改省法院暨檢事廳爲高等審判檢察廳因將紹興縣法院暨檢事廳第五地方法院暨檢事廳改爲紹興初級審判檢察廳第五地方審判檢察廳隸於浙江司法籌備處及高等審判檢察廳同年七月又改第五地方審判檢察廳爲紹興地方審判檢察廳十月一日又將初級審判檢察廳併入地方廳更名曰紹興地初合廳民國三年二月裁撤紹興地初合廳改組紹興縣審檢所由縣知事兼理檢察事務幫審員辦理審判事務同年三月裁撤審檢所由縣知事兼理初審事件民國五年九月復設審檢所至民國六年四月裁撤仍由縣知事兼理訴訟事宜民國十一年籌設地方分庭同年十一月成立名曰浙江杭縣地方審判廳紹興分庭受理第一審案件民國十六年四月更名爲浙江杭縣地方法院紹興分院仍襲分庭舊制惟司法行政改隸於省政府司

法廳旋司法廳裁撤完全隸屬於高等法院民國二十四年七月法院組織法施行易名爲浙江紹興地方法院院址亦屢有變更民國十一年分庭成立時係在城隍廟隆教寺二處辦公二十年高院呈部撥款改建新屋覓院址於龍山之麓〔即舊山陰署址〕同年五月奠基十月告成遷入辦公現爲本院院址此紹興法院沿革之大概情形也

二 監所沿革

清季不分監獄看守所已決未決人犯均押禁監獄本縣自民國元年八月法院成立同時設監獄於舊貢院遷善所故址執行已決人犯設看守所於舊典史署覊押未決人犯嗣於法院之旁闢地建築看守所二十二年十月奠基二十三年五月落成一切所務均照新監所章則辦理至監獄仍係舊式但內部設有打箔等工場管理教誨等事宜亦多參用新章此紹興監所沿革之大概情形也

三 刑事案件及其他特別刑事案件平均每年受理之件數

刑法罪刑各章除內亂罪外患罪妨害國交罪第一審管轄權屬於高等法院及因特別法令劃歸行政或軍法機關審判者外其餘各章罪刑第一審案件販賣私鹽違反印花稅法及違反所得稅暫行條例均屬地方法院管轄惟違反所得稅暫行條例案截止二十六年度止未

曾受理茲將本縣地方法院受理其餘各項刑事案件自民國十六年度起至民國二十六年度止每年平均件數臚列如左

瀆職罪六件弱

妨害公務罪八件弱

妨害秩序罪五件强

脱逃罪七件强

藏匿人犯及湮沒證據罪一件弱

僞證及誣告罪二十四件

公共危險罪十六件弱

僞造貨幣罪六件

僞造有價證券罪一件

僞造度量衡罪三件弱

僞造文書印文罪三十件

妨害風化罪八件

妨害婚姻及家庭罪四十六件强
褻瀆祀典及侵害坟墓屍體罪四件弱
妨害農工商罪三件强
鴉片罪九十件弱
賭博罪四十三件弱
殺人罪七件弱
傷害罪一百三十一件强
墮胎罪二件弱
遺棄罪四件弱
妨害自由罪六十件弱
妨害名譽及信用罪十五件
妨害祕密罪二件
竊盜罪一百三十二件强
搶奪强盜及海盜罪三十三件弱

侵占罪七十九件弱

詐欺背信及重利罪五十件

恐嚇及擄人勒贖罪七件

贓物罪七件弱

毀棄損壞罪五十八件弱

販賣私鹽罪十二件弱

違反印花稅罰五十七件

四　民事案件及其他民事案件平均每年受理之件數

本縣地方法院受理第一審民事案件（其種類可大別爲人事建築物金錢土地糧食物品證券雜件八種）非訟事件執行事件公證事件等（民國二十六年四月起試辦）其每年受理件數自民國十六年度起至民國二十六年度止平均如左

人事案件六十二件强

建築物案件一百零三件强

金錢案件五百件

土地案件二百三十二件强

糧食案件一百七十件弱

物品案件二十六件强

證劵案件三十七件弱

雜件案件五十一件强

非訟事件三百七十二件

對於判决執行事件五百零四件弱

對於調解和解執行事件一百九十七件弱

對於其他執行事件一百十二件

對於不經判决聲請拍賣抵押物執行事件五件

公證事件六件

雜記

附錄山陰縣知縣江稟省憲請明定解勘雜費章程文 清宣統元年九月

敬稟者竊維恤民之道莫亟於清獄訟現在研究審判開辦習藝飭除非刑改良監獄凡所以

矜恤罪囚者莫不漸次見諸實行惟州縣解審人犯尚不免困難致有應解不解久羈囹圄者知縣愚以爲解勘雜費亦應明定章程俾免諉延而飭吏治謹就山陰情形爲憲台據實陳之查山陰解犯至府命案每名須給投文掛號紅硃府書府差津貼等費錢十三千五百文盜案每名須錢十一千六百文解司則無論命案盜案每名均須錢十六千二百文沿途食用丁役守候以及辦招白册等費均不在內除辦招公費另用旅費皆由縣中分别捐廉解給外其每犯十餘千文之雜費向係責成原差擔任此輩平日本已遇事生風擇肥而噬一遇有派解之案孰肯賠貼勢必敲剝平日藉口取償積弊相承隱患潛伏山陰自光緒三十三年以來未解一犯知縣未敢因噎廢食本年春間迄今共審解舊案命犯邵小和尚嚴遠恠錢阿榮葉三二葉雪良新案命犯周聚堂舊案盜犯蔣金有張阿沅吳阿四莫小生新案盜犯許椿憙樓阿三陳阿未林秋導劉茌潰等十六名尚有獲犯應行詳辦解勘者亦復不少在司府書役抄繕承値原難枵腹從公第如照相沿舊章責令原差措付必仍取給於民徒爲厲階若由審解之員捐給司府兩處每犯各需十數千文案多犯衆動輒數百千則現在缺况委實不堪賠累可否仰乞憲恩嗣後解司府每犯一名定以開銷雜費洋銀四元此項費用全數由縣隨文捐給不再責之差役以除弊政其白册辦招錢文仍按向章支解合以川資另用每犯已需洋銀十餘

元似此明定限制所費較輕不致再有延宕而監犯亦可免擁擠之虞矣是否有當理合肅泐

稟請仰祈大人察核示遵再聞浙省各廳州縣情形各有不同現祇就山陰一縣據實聞陳合

併聲明

紹興縣志資料第一輯第十册勘誤

疆域及沿革

第一頁後幅紹興縣之面積　按是表平地山地二數悉同疑必有誤兹核其方里總面積數實祇五・九九九依原表應減・二八〇或此卽平地山地二者之相差數但舊畝之總面積數並不誤惜一時未能覔得本省陸地（此地字疑是軍字之誤）測量局之地形圖爲之重核乃從闕疑

第二頁前幅第九行　經緯度里表誤經緯度里度

山川

第六頁後幅第六行注　二十丈誤十二丈

第九頁前幅第十一行　官洋村洋誤陽

第十六頁後幅第十一行注　望秦山誤秦望山

第十七頁後幅第一行注　舊稱會稽山脫一山字

第十八頁前幅第五行注　倉橋由水澄巷誤由倉橋水澄港

第二十四頁後幅第二行　不亂瀏覽目光瀏誤測

又第四行　以便瀏覽者瀏誤測

第三十二頁前幅直第一闌横第七闌　丁偏午誤午偏丁

又直第二闌横第七闌　丁偏午誤午偏丁
又直第四闌横第七闌　未偏坤誤未偏丁
又直第五闌横第七闌　未偏坤誤未偏丁
第三十三頁前幅直第一闌横第十一闌　馬徐墺應列横第十闌
又直第八闌横第十一闌　孟家墺誤樂家墺
第三十四頁後幅直第五闌横第六闌　一·一三〇·〇誤·一一三·〇
第三十五頁前幅直第十二闌横第六闌　一·〇三一·一誤·一〇三·〇
又後幅直第二闌横第三闌　巳偏丙誤南偏東
又後幅直第十二闌横第六闌　·九〇八·〇誤·九〇·八
第三十六頁前幅直第十二闌横第六闌　一·一九七·〇誤·一一九·七
又後幅直第五闌横第十二闌　黄泥弄山誤黄滙弄山
第三十八頁後幅直第三闌横第十二闌　甲杖誤中杖
第三十九頁前幅直第一闌横第三闌　巳偏巽誤南偏東
第四十三頁前幅第十行　港右綠岸誤溪右綠岸
第四十四頁前幅第二行　二〇里誤一一〇里

第四十六頁前幅第三行　方墺嶺三字衍

又第八行　應名石龍山山脈」下應補五十九字如下　江右之山亦起於餘上交界之望梅尖從方墺嶺之西派出一股山脈名龍田山連緜至臨江沿之謝東山而訖左右兩山對岸包抄此卽第二重水口也

第五十二頁前幅蕭紹曹運河里程一覽表直第三闌蕭山縣城橫第十一闌曹娥鎭　七三・〇誤七三・五

道路

第五十四頁前幅第十行　自駐日嶺麓誤自駐日麓嶺

第五十八頁前幅說明三　共二十八尺下應添爲三等路四字

田賦

紹興縣田賦一覽表

第二頁前幅直第二闌橫第六闌　銀一八七厘三八七二誤銀一八七厘三七四二

又橫第八闌　小計三七七厘八六〇五六誤三七七七厘八六〇五六

第三頁前幅直第一闌橫第十四闌　六元三九〇厘九七〇四七四五六誤六元三〇九厘九七〇四七四五六

第五頁後幅直第三闌橫第十四闌　一八五・〇六六元五八五厘三二一六四五三三三〇一誤一八五

·〇六六元五八五釐四三二二一六一　五三三〇

第十頁前幅直第一闌横第九闌　七八七畝誤七八七釐

又横第十闌　七八七畝誤七八七釐

紹興縣現徵賦額解省留縣數百分表

第十三頁後幅直第七闌横第十五闌　六五元三〇三厘誤六五·三〇三釐

又直第九闌横第十一至第十七闌　均落釐字

第十四頁前幅直第七闌横第二闌　米合二一一誤作無字

又後幅直第六闌横第十三闌　一八元一八六釐誤一八元一六八釐

第二十七頁後幅第十三行　至三四千文千誤百

第三十頁前幅第二行　緝捕經費緝誤揖

第九册以前各册勘誤補

山陰縣志校誤補遺中第二頁後幅第一行衍文宜删　按先儒羅子欽順係雍正三年從祀文廟載明省志府志惟舊本山陰志誤順作舜新刊志已更正矣前校尚沿其誤特補正之

第五册安昌志第五頁前幅第七行注　聯云亭建安昌　建誤在　按陸孝子尚質嘉慶山陰志有傳安昌碑亭乃光緒十三年里人朱潤沈森陳沛鎧等公建陽湖楊葆彝記其碑陰

第七册氏族目錄第二頁前幅第四行譚誤潭

又氏族上第二十六頁前幅第十二行　十七世七誤五

又氏族上第三十六頁後幅第四行　阮江江誤社

第九册選舉下第十二頁後幅第六欄　尹廷楝注落榜名長清

又第七十九頁前幅第四欄　金慶棪後落王恩賜改名有筠山陰人拔貢七品小京官法部

又頁數漏編七八兩頁自九至八十一起應遞改爲七至七十九

第一輯　鄉鎮

李生翁題

中華民國二十七年十月

紹興縣修志委員會刊

紹興縣志資料第一輯

鄉鎮目錄

王世裕編

鄉鎮沿革

山會城鎮鄉地方自治議員額表 清宣統二年

此係籌辦處製最初劃區說明書 韓小颿君來

自治區域	坊	都	啚	村	人口	議員	總董	董事	名譽董事	鄉董	鄉佐
山會城	山屬二十三	一	三	王家山下	十一萬二千	三十	一	一	六		
	會屬十六	八	二三	三	四百另二	二					
		九	一二	五							
		二六	一二三	十八							
		二七	一三四五六	二三							
		三十	一	陳家岸							
		一	一	城牆下							
安昌鎮		三三	一三七	六	五萬七千四	二十	一	一	四		
		四六	一二三四	十七	百另二	一					
		四七	上一二三四	十六							
		四四	下一二四	十三							
		四五	下五	四							
柯鎮		十三	一四八九	六	五萬五千八	二十	一	一	四		
		十六	一三	柯山蜀山	百一十七	一					
		十七	一二三四七	十七							
		十八	三四	五							
		十九	一二三	六							

二一　一二三　八
二二　一　項里秋湖
三三　二七　三
三四　一四五七　八
三五　一　板橋
清水鄉　十五　一二三四五　十一　一萬七千四　十二　一　一
十六　二　四　百七十八
十七　五　仁讓鄉
雙山鄉　二二　二三四　九　一萬三千九　十二　一　一
二五　一二三四五六七　二五　百六十四
二六　二　石堰山港
鎮西鄉　二一　三　三　一萬三千九　十二　一　一
二二　二四　七　百八十九
二三　一二　十二
二五　二五　五
集慶鄉　二〇　二三　十一　一萬九千五　十二　一　一
二三　一二　十一　百八十三
二四　一　十九
二五　三四六　十三
龍南鄉　二七　五　九　二千八百十　八　一　一
五
朱華鄉　二七　二五　十　四萬八千七　十八　一　一
二八　一二三　二九　百二十五
二九　一二三四　一九

三〇 一二 三〇
三一 一二 三四
三二 一 任家坂
桑瀆鄉 一三 八 桑瀆 四千另二十 八 一 一
五
開泰鄉 一七 七 四 九千八百二 十 一 一
一八 二 阮社 十六
一鏡鄉 一八 一五六 八 一萬另八百 十二 一 一
一九 三 二 十四
三四 二 四
夏履鄉 二〇 一三 二九 一萬四千另 十二 一 一
三六 一二 三 二十九
三八 二三四 二四
延壽鄉 二〇 一 一萬四千八 十二 一 一
三七 二 四 百九十二
三八 一 六 一 一
三九 一二三 五十二
新安鄉 三七 一二 三八 六千六百五 十
十一
前梅鄉 三六 三 八 四千三百五 八 一 一
三七 一 東江 十九
南錢清鄉 三六 一二三 四 六千四百另 十 一 一
四四 二 濠湖 二
鎮都 一二 九

鄉							
九曲鄉	三四	三五	三		一萬另九百	十二	一 一
	三五	一二	九		八十八		
	三六	一二	三				
天樂鄉	四〇	三		諸家莊	三萬三千五	十六	一 一
	四一	一二	二七		百九十八		
	四一	一二三	三一				
	四三	一二三四	三二				
	四四	三		董家塔			
梅袁鄉	九	二		王城寺	一萬一千二	十二	一 一
	十一	二		楊家匯頭	百七十五		
	十四	三四	四	袁家坟			
	十六	三		梅墅			
會龍鄉	一	三五	三		一萬另八百	十二	一 一
	二	一三六	八		九十		
	四	二		永甯後張			
芝鳳鄉	一	一二三四	十三		一萬七千六	十二	一 一
	八	一二	十二		百八十一		
東合鄉	七	一二	六		一萬三千七	十二	一 一
	九	二		鍾家灣大樹港	百六十五		
	十	一二三五六	十四				
	十一	一		東浦			
賞紡鄉	七	三	三		一萬四千一	十二	一 一
	十	四		賞紡	百四十五		
	十一	二		后社			

	十二	一二	十一				
禹會鄉	十三	一三五六七八十	十四	三萬一千二	十六	一	一
	十四	一	四	百七十一			
	三三	二四五六	九				
嘉會鄉	十	三	雙橋	一萬一千五	十二	一	一
	十三	二三五	六	百八十四			
齊賢鄉	四十	六	二十	一萬五千三	十二	一	一
				百另四			
黨山鄉	四四	下三	十	一萬八千一	十二	一	一
	四五	下五	四	百二十九			
感鳳鄉	三	二	丁港安家漊	九千一百四	十	一	一
	四	一二三四五	九	十二			
安墟鄉	二	五	丁墟	五千一百四	十	一	一
	二	四	形浦	十一			
	三	一	安城				
袍瀆鄉	二	二七	袍瀆洋港	五千四百四	十	一	一
				十			
禹門鄉	五	二三	陡亹塘頭	一萬一千一	十二	一	一
	六	一	四	百六十四			
東九鄉	三	二	九	二千九百二	八	一	一
				十四			
荷湖鄉	六	一	橫山北	三千二百九	八	一	一
	四四	二	五	十六			
三江鄉	三	一二	十	四千六百八	八	一	一

十九
楊望鄉 四 四五 三 二千六百七 八 一 一
十七
瀦富鄉 五 一三四五六 八 七千另八十 十 一 一
六 一 史家灣 六
八 一 謝港五峯
盛穀鄉 四 二 裏外谷社 三千另二十 八 一 一
五 一 梅山岑港 七
墨莊
玉帶鄉 六 二 一三 七千二百十 十 一 一
七 三 三 九
馬鞍鄉 四四 一二三 六十三 四萬三千五 十八 一 一
四五 一二三 二十七 百十六
陶里鄉 四五 一二三 十五 一萬另六百 十二 一 一
四六 三 七家坂 三十一
山會鳳林鄉 二 三 五 三千九百二 八 一 一
二 四 恂興 十三
山會兼轄
十 三四 三
十二 一 塗里
渡船頭
山會嵩灣鄉 三 一 王家埭北 四千另四十 八 一 一
里瀼九頭 二
瀼高木楊

			樹漊〔係會稽兼轄〕					
山會姚江鄉	三	一	十七村宋	一萬六千六	十二	一	一	
			家漊與會	百十八				
			稽兼轄					
	四	一二四五六	六十四					
山蕭所前鄉	四〇	一二三	六十九	一萬九千五	十二	一	一	
	蕭山十八	二	五	百九十三				
	苧							
	蕭山十八	一二三四五	二九					
	來							
會稽城區與山陰同見前不載								
稽東鎮	一九	七	尉村	五萬另另十	二十	一	一	四
	二〇	二	十四	四				
	二一	一	十二					
	二七	二	六十九					
	二八	一三	五四					
	二九	〇	二十					
	三〇	〇	二十三					
	三一	〇	二十三					
	三〇	〇	昌源					
東皋鎮	一	一二	十二	五萬五千四	二十	一	一	四
	二	一二三四五	四十	百	一			

	三	一	三				
	四	三	西柱				
	五	一二三四	二十八				
	六	一二三五六	二十五				
	九	四五	正平 藕塘頭				
	十	六	四				
	八	七	橫里井頭 東港沿				
柯一鄉	二七	一	六	八千三百五	十	一	一
	二九	一二	三〇	十三			
東升鄉	二七	一	二十八	六千另六十	十	一	一
				六			
東恆鄉	二七	一二	二十七	五千五百四	十	一	一
				十五			
朱尉鄉	一	一二	十五	一萬一千九	十二	一	一
	二	三	十二	百另九			
長水鄉	二	四	形浦（茅水港西）	一萬三千六	十二	一	一
	三	一	三	百八十一			
	四	二三五六	十三				
賀湖鄉	五	二三	七	一萬另四十	十二	一	一
	六	四	四	五			
	七	一三	王甫莊 前小庫				
孫端鄉	四	四五	五	一萬八千一	十二	一	一

	六	二六	南匯東隅到王	百九十			
	七	一二三四	四十二				
	八	二	七				
吳融鄉	七	三四	四	四千八百四	八	一	一
				十六			
道墟鄉	十二	一二三五六	四十	一萬五千七	十二	一	一
				百七十六			
嘯唫鄉	八	一二三	二十七	一萬六千四	十二	一	一
	十一	一二三	四十六	百五十七			
六社鄉	九	一	十六	四千二百五	八	一	一
				十八			
合浦鄉	八	二三	十九	四千三百另	八	一	一
				八			
瀝堰鄉	九	二三四五六	四十	一萬六千另	十二	一	一
	十	一二	十九	一			
	十二	一五	七				
	十七	一	張家塿				
長松鄉	十四	二四	三	八千三百六	十	一	一
	十六	二三	十一	十二			
	十八	七	木杓漊				
	二三	三	八				
長興鄉	十二	五	擔山	三千八百九	八	一	一
	十六	一三	七	十五			

鄉							
	十七	一	四				
書黛鄉	十五	一二	五	三千四百一	八	一	一
	十六	一三	六	十			
雲鳳鄉	十六	一	三	三千一百五	八	一	一
	十七	沉鳳宕裏		十二			
盛德鄉	十八	一二	十五	三千另九十	八	一	一
				六			
通德鄉	六	六	吳家漊	三千三百七	八	一	一
	十八	三四五	十九	十八			
化德鄉	十七	二	九	二千六百二	八	一	一
	十八	三	三	十九			
廣德鄉	十八	一二	三	四千二百五	八	一	一
	廿二	二三	七	十八			
寶龍鄉	十八	一五	九	七千一百六	十	一	一
	十九	一三七	一五	十三			
	二十	二	下皋				
東關鄉	十五	一二三	三十一	二萬七千八	十四	一	一
	三	一	塘角	百另四			
	十二	四	五				
	十三	一二三四	三十二				
	十四	一二三	十三				
	十六	一	高貢山				
曹娥鄉	十四	一二三四	三十四	一萬二千三	十二	一	一
				百七十九			

山會鳳林鄉
山會嵩灣鄉三鄉詳見山陰表中茲不載
山會姚江鄉
會上瀝海鄉　八　二　南匯　一萬三千一　十二　一　一
三三　一二　三十八　百十一
上虞　七八　一二三　後朱村　十三
沙　馬路頭

山（附說）山陰固有區域城內分坊城外分都啚茲據知縣增春召集士紳會議分劃自治區域計城一鎮二鄉四十有二

山陰城自治區域係遵照城鎮鄉地方自治章程第十條與會稽合併辦理據該縣附呈說明書內稱統計城內分三十九坊其中屬山陰者爲大辛大雲東觀紫金下植上植美政常禧南和西光迎恩戒珠東中筆飛西中東光東如朝京下和昌安萬安西如承恩等二十三坊屬會稽者爲上望中望下望東陶西陶朝東稽山東仰安甯西府永昌東府都泗石童東大西大等十六坊每坊設立社廟從前舉辦各事如平糶冬防之類均以坊爲範圍各坊所轄零星地段界限本非確定居民亦隨意稱謂至附郭如山陰管轄之西郭門外偏門外昌安門外會稽管轄之五雲門外各村庄併入城區其餘各門外因距城較遠均分別劃入各鄉區其人口屬山陰者六萬四千三百九十七屬會稽者四萬八千另五

柯橋夙稱市鎮四近會集交通便利現除阮社江頭寺基庄等三村合立爲開泰鄉桑瀆自立爲桑瀆鄉外其餘各地合成是鎮名曰柯鎮從其大者亦以存其舊也安昌市最繁盛境內西如遺風各村距離不過五六里北如塘外沙地自王公漊灣迤東至西塘下灣直徑十里均赶市安昌雖王公漊灣底及王公漊九墩湖鼎長漊各處間有赶蕭山之瓜瀝市者然十僅二三西北至大西庄沙田盧社地勢固尚連屬接近華舍鄉之蜀阜以民業捕魚至安昌銷售者亦佔多數東北離五里爲官湖沿其西岸四十六都二四啚向與西辰合社故一律歸併鎮內南如上沙白馬山湖村潘家灣北如小西庄盛陵山西前庄白洋西塘下及附近各小村落利害關係尤爲密切合併成鎮僉稱便利名曰安昌仍其舊也地與蕭山毗連然向以山蕭橋分界今仍之

清水鄉在城之南鄉內如壺觴清水閘魯墟澄灣西澤仁讓堰等六村居民佔多數以清水命名從其大也雙山鄉以鄉內峽山徐山二村居民佔多數餘如伏龍橋港口望湖三村均係曠地並無居民但地勢連屬故一併劃入焉鏡西鄉領二十有七村雖居民以趙家坂爲最多而要以龍尾山爲最富他如和安惠家庄等處則僅有地名而無人口地位在鏡湖之西故名集慶鄉地面遼闊村落繁多其中漓渚村市廛林立居民絡繹最爲富庶全境峯巒屹峙各道迂迴經就地紳耆公同討論僉謂合併成鄉甚形便利龍南鄉距城甚近各村均無市肆居民貿易往往由

各道達城治焉民皆敦朴地非富饒第按其地勢習慣合併成鄉僉稱便利朱華鄉以境內朱華峯命名該鄉有大村二曰破塘曰南池破塘亦稱盛塘而介於南池破塘之間者有栖鳧村在盛塘士紳意欲獨立而虞江鄭家塔紳民復以該二村與盛塘有密切關係願與合併在西鳧村紳董則以盛塘地居適中斷難任其分析先後爭議未決茲以盛塘南池栖鳧虞江鄭家塔諸村一律劃入該鄉蓋恐盛塘一經獨立各村交通上致形不便故採取輿論查照習慣成今局也桑瀆地勢與柯鎮連屬且該村居民均以柯鎮爲往來貿易之地本可附入於柯鎮第該村屹然獨立之形勢天成且民情團聚地勢完全故以一村自成一鄉而卽以村名名之開泰鄉介於柯鎮桑瀆之間地勢與柯鎮密接初係劃入柯鎮之內嗣以就地士紳公議獨立故改由柯鎮析出自成爲鄉一鏡鄉逼近鑑湖形勝天然該鄉內大村爲湖塘其次銅堰與坂里又其次古城與麥塢他如定山王公溇桃花塢杉樹塢王家葉家堡等村人口雖少地勢實聯湖塘之西若跨湖橋至七尺廟一帶市肆尤爲繁盛合併成鄉極稱便利夏履鄉以該鄉內夏履橋村名名之該村爲各村交通之中樞雖如嶺下灣大橫坑木橋頭夏澤四村與夏履橋距離較遠有通市於柯鎮之型塘者然其習慣相同地勢連屬經士紳公議僉願合併成鄉延壽鄉村落繁多其中如穆程韓家沿宣家匯胡家匯魚臨關馬社下王等七村初議另立爲鄉嗣查該七村劃併是鄉地勢雖稍有隔絕交通尚無不便故遂不復分立新安鄉連合三十八村落而成鄉之東南隅有後梅下堡等村爲該鄉最富庶之地前梅鄉包有九村四面皆山雖人數不逮各鄉之盛而其地勢連屬交通便利合併成鄉頗稱適當錢清地方舊分南北南錢清地方包括馬埠頭三里塘墅後及前後東塘五村北錢清包括濠湖沿浦西湖西抱古四村南北地勢連屬交通便利合併爲鄉絕無窒礙以南錢清名者從其大也九曲鄉介於前梅夏履南錢清諸鄉之間中有賓舍村人口既繁地面亦廣其餘各村皆與賓舍相連故歸併成鄉天樂鄉村落繁密人口衆多向分上中下三段初議以天樂下段各地屬於蕭山管轄者歸併成鄉嗣因該處士紳公同討論復經籌辦自治事務所派員往查審其地勢叩諸輿情實僅上中兩段各村可以連台乃決議以天樂舊稱上中兩段成立是鄉名曰天樂從其舊也梅袁鄉以境內有袁家墺梅墅中梅後梅四大村故名而袁家墺一村面積較廣占全鄉東偏之半其王城寺楊家匯頭二處附屬焉芝鳳鄉與城區密接其中昌安門外一村市肆林立最爲繁盛其地勢足以聯絡諸村會龍鄉界於芝鳳鳳林二鄉之間該鄉包含村莊凡十有三其合併之理由因則水牌與松林相連趙墅與永仁樊家埭相連且松林則水牌兩村人口較盛地面較廣尤爲各村領袖按諸地勢習慣及交通上種種之關係合成是鄉稱便利焉東合鄉以境內東浦地方道里適中人口較衆凡四近各村貿易者皆趣於是故名賞紡鄉地域廣袤人口稠密其中以賞紡一村尤與各村有密切關係故名禹會鄉包含村莊凡二十有七境內舊有禹會廟故名嘉會鄉以雙橋與浦陳江西湖沿膏澤陽家隴雙廟等七村合併而成境內惟陽家隴小有市廛其餘各村羣趣於是齊賢鄉在安昌鎮之東境內市場以下方橋一村最爲繁盛該鄉之南極距該市不及五里交通習慣兩稱便焉黨山鄉自倪家莊起西北有前中後三梅林村接連塘外迤東梅林灣黨山灣車路灣團前灣大埠頭灣丈五村灣包殿灣大林灣鎮龍殿灣止各灣沙民赴市多在黨山從其大者名之曰黨山鄉感鳳鄉包有十一村莊地勢連屬習慣相同公同議決合成爲鄉感鳳鄉係固有鄉名仍之以志其舊惟舊有感鳳鄉不止十一村而十一村適當其中故以舊有鄉名讓之安墟鄉以丁墟安城

兩村暨二都四圖形浦村之茅水港以東地合併而成地勢習慣均無窒礙袍瀆鄉亦以洋港袍瀆二村合成名曰袍瀆從其大也禹門鄉山環水繞形勢天然中以陡門村爲各村交通貿易之總匯東九鄉以境內東四堰兩村爲人口最繁之處以九村合成故名荷湖鄉與禹門鄉密邇村落無多人口較少以地勢論本可與禹門鄉合併旋據該鄉居民以習慣未必盡如禹門鄉相同故離禹門鄉而獨立鄉之中有橫山村向分南北同隸屬於六都一圖而其界限之標準以交通之便否爲定故橫山以南隸禹門鄉橫山以北隸是鄉境內有荷湖村最著稱故名三江鄉山峯聳秀水道迴環有閘以資灌溉有城以爲保障連合十村莊合成爲鄉名曰三江仍其舊也楊望鄉介於禹門瀝富兩鄉之間中以楊望村爲最大從其大者命名故名曰楊望他如駕玉橋湖潮港坂里袁上窰河間房等村本附屬於楊望惟新河頭一村本非附屬第距楊望較近故劃入也鄉之隔河有埈里村前與瀝富鄉各有爭議在楊望鄉紳董謂埈里之名稱本於渡船山之埈而渡船山爲楊望村固有之境埈里之社廟即在楊望村之渡船山依照習慣應與楊望鄉合併而據瀝莊紳董之報告則謂埈里與瀝莊本屬同社距楊望村則山隔兩重水越二里地勢各不連屬交通復多障礙嗣經詳確調查埈里與楊望村中隔大河楊望村在河之東埈里與瀝莊均在河之西以埈里併入楊望確有障礙因即改劃瀝富鄉瀝富鄉以境內前後瀝莊及富陵村爲最大故名盛穀鄉以裏外穀社梅山岑港嚴山等四村合成其中梅山一村並無居民故實際只有三村岑港穀社二村爲最大故撮兩首字名之玉帶鄉本與禹門鄉密邇內如西山頭西堡坂里童閭漊四村本皆劃入禹門鄉之內嗣經兩鄉紳董再三討論多稱該四村情形似與玉帶鄉較爲便利故改由禹門鄉劃入是鄉馬鞍鄉西北一帶直出沙地袤海成隴樹棉成衣民風頗厚而馬鞍地適居中又爲大村故名道里鄉直出塘外沙地灣埭有四均係四十五都三啚風俗民情均稱聯絡理應內外合併辦理山會鳳林鄉包含村莊凡十有一有恂興一村係山會兼轄照章與會稽合併辦理該村人口屬山陰者六百五十二屬會稽者三十六山會松灣鄉以山陰王家埭北里漊九頭漊高木及山會兼轄之楊樹漊等五村合併而成惟前據王家埭紳民屢陳意見不願與北里漊九頭漊二村合併嗣因詳確調查以該兩村地勢交通未便改隸他鄉故成今局名松灣者即以該處社廟之名名之也人口屬山界內者三千九百另一屬會稽界內者一百四十一山會姚江鄉以境內姚江命名其包含各村莊內有宋家漊一村本係與會稽兼轄兩縣界線分劃頗難照章與會稽合併辦理其人口屬山陰者九百六十三屬會稽者一萬五千六百五十五山蕭所前鄉東傍山陰西隣蕭山跨於二縣界線之間勢難分劃照章合併辦理其人口屬山陰者一萬四千一百三十九屬蕭山者五千四百五十四

會（附說）會稽固有區域城內分坊城外分都啚茲據知縣陳德龢召集士紳會議分劃自治區域計城一鎮二鄉三十二

會稽城自治區域係遵照城鎮鄉地方自治章程第十條與山陰合併辦理據該縣附呈說明書內稱統計城內分坊三十有九其中屬會稽者爲上望中望下望東陶西陶朝東稽山東仰安甯西府永昌東府都泗石童東大西大等十六坊餘如大辛大雲東觀紫金下植上植美政常禧南和西光迎恩戒珠東中筆飛西中東光東如朝京下和昌安萬安西如承恩等二十三坊係屬山陰其附郭地方併入城區者在會稽僅五雲門外一都一圖之城牆下一莊餘屬山陰並稱城內各坊每坊向設社廟從前舉辦各事如平糶冬防之類均以坊爲範圍各坊所轄另星地名

界限本非確定居民亦隨意稱謂其附郭地方之距城較遠者均分別劃入他區人口之數屬會稽者四萬八千另五屬山陰者六萬四千三百九十七

稽東鎮地處稽山之東故名境內以平水爲適中之地各村羣趨赴於是一切公益事宜亦均以平水爲標準各村距離平水遠近不一而利害關係均爲密切惟其中有三十九村僉願自行合併獨立爲鄉不無爭議今依地勢習慣人情風俗決議析出三十九村獨立爲稽山鄉東臯鎮以境內臯埠地方市面繁盛地亦居中故名此外惟樊江有市然趨之者惟就近少數村落而已稽山鄉係從稽東鎮析出獨立爲鄉以境內稽山命名湯浦鄉東至花磡嶺南至葡萄嶺西至湯浦嶺北至硬軟嶺以四嶺爲天然關鍵嶺外不能羼入猶之嶺內不能分割也鄉之中湯浦一村市肆繁盛遠近趨之安仁鄉民風渾樸德政鄉舊稱德政里故名柯一鄉東界陶晏嶺南界元鳳嶺西界綠嶺北界王顧嶺四嶺環抱形勢天然東升東恆兩鄉以其地舊名東士鄉故分立今名而東恆鄉民風勤樸頗有相友相助之風朱尉鄉以境內居民向來崇拜朱太守故名長水鄉以境內舊有長港南起永集村北迄馬山村長六里有奇其支流又連貫各村遂以固有之港道名之曰長水境內本有恂興形浦二村均係山會合治現以恂興一村劃入鳳林鄉與山陰合併辦理形浦向以村內茅水港分界港以東屬山陰港以西屬是鄉賀湖鄉以境內有賀湖故名孫端鄉以境內各村均赴市孫端故名該鄉初與瀝海鄉互爭六七兩都之南匯東隅西隅各村有爲該村地勢與瀝海毗連習慣以是鄉爲便等語嗣經南匯全體願附瀝海故該三村仍不屬是鄉吳融鄉以該鄉係唐吳舉士融故里因名道墟鄉以道墟市爲中心點四週各村莊皆與道墟市有密切關係地勢亦復連屬嘯唫鄉周圍約十五里又塘外沙地約六七里以嘯唫地居適中各村均赴嘯唫爲市故名六社鄉因境內有六社廟故名該鄉所包七村莊如楊港寺西前後楊楊家瀼後港口王家瀼均以寺東爲主村他如東岸頭西岸頭繆家横短瀼張銅杓瀼則以村豆爲主村地勢連屬尤以寺東爲中心點合浦鄉以傈浦居中且小有市集因該村有橋曰合浦故名陶堰鄉以陶堰爲重要地向有市集各村趨之其距離最遠之村不過十有五里長松鄉以長塘爲中心點而長塘之松門實居該鄉之中凡松門之內外各村皆出市長塘因撮長塘松門兩村之首字定名曰長松鄉長興鄉境內舟楫相通團成一氣適中之地有橋曰長興故名畫黛鄉亦以橋名境內各村傍水築居交通頗便雲鳳鄉以大下凰何家瀼石井頭沉鳳巖裏五村合併而成以何家瀼爲該鄉之中心自何家瀼之雲鳳橋至沉鳳岩裏山程既接水道又通地勢習慣均稱便利盛德鄉以境內富盛地方爲扼要地各村居民咸赴市富盛遠者不過三里水路西通府城東通嵊邑爲山水之衝衢通德鄉亦以橋名四面臨水交通便利化德鄉舊名袁化里以境內小嶺爲注重扼要地嶺內環山嶺外繞水於烏石靑塘調馬場各村頗相連屬廣德鄉以境內石屑爲重要地鄉無水道地勢使然習慣因之寶麓鄉地處會稽山之麓故名以境內攢宮爲中心點各村均赴攢宮爲市水陸交通頗稱便利東關鄉以東關爲重要地境內段落十有九地勢連屬各村均赴市東關曹娥鄉以三十四村莊併合而成境內曹娥地方最著稱故名山會鳳林鄉因有恂興一村係山會兼轄山會姚江鄉以境內姚江命名其包含村莊內有宋家瀼一村本係與山陰兼轄兩縣界線分劃頗難照章與山陰合併辦理其人口屬山陰者九百六十三屬會稽者一萬五千六百五十五山會嵩灣鄉以會稽山陰兼轄之宋家瀼及

山陰管轄之王家埭北里瀵九頭瀵高木等五村合併而成照章亦應與山陰合辦其人口屬會稽者一百四十一屬山陰者三千九百〇一（餘詳山陰表中）會上瀝海鄉係遵章以會稽上虞兩縣轄地合併而成兩邑管轄地向以瀝海所城爲交界處城內東南隅屬上虞西北隅屬會稽一城兩屬不便分析且城外各村環繞內形團結茲以會稽所轄八都二啚三十三都一二啚與上虞所轄七都八都沙都合併爲一鄉境內以瀝海所城爲中心點故名其人口屬上虞者五千三百五十五餘均屬會稽

浙江地方自治籌辦處編制科製

紹興縣自治區域說明摘要 附錄

按此與上列說明大同小異並存之以備參考

清宣統庚戌分劃自治區域由山會兩縣令會同士紳調查固有區域爲入手辦法查山會固有區域城內分坊城外分都圖山會同城遵章合辦計屬山陰者二十三坊屬會稽者十六坊附郭如山陰管轄之西郭門外偏門外昌安門外會稽管轄之五雲門外併入城區餘均分劃入鄉至各鄉固有區域山陰向分南北西各區區無東東屬會稽也會稽向分南北東各區區無西西屬山陰也民國紀元變更山會之名稱曰紹興縣已無縣界之可言而全縣分鎮四分鄉七十一尚仍其舊其後因士紳意見爭競如清風武勝兩鄉先後發見然一則手續完全惟未經縣議會之確認一則目的到達已表示多數人之同情故記載家循名核實勢難付諸不論不議之條茲特各按其分畫時之理由之名義銓次如下以備采擇且分鄉七十一改作七十二焉

甲　分鎮四

柯鎮領村五十八四遠會集交通便利市最繁盛以地勢言如開泰鄉桑瀆鄉皆其支部耳茲除該二鄉外聯合成鎮命名曰柯從其大者亦仍其舊也安昌鎮領村五十六地與蕭山毗連向以山蕭橋爲界今仍之境內西如遺風各村距離不過五六里北如塘外沙地自王公瀵灣迤東西塘下瀆直徑不過十里西北如大西莊沙田蘆社地勢尙頗連屬惟蜀阜一村接近華舍實以入禹會鄉爲便東北離安昌五里爲官湖沿其西岸四十六都二四圖以與西展合社併入鎮內南如上沙白馬山湖村潘家灣北如小西莊盛陵山西前莊白洋各村利害關係尙稱密着合成是鎮名曰安昌亦從其大者之義惟自治進行時白洋九墩湖鼎長瀵盛陵各士紳憤鎮董會之專橫屢具說帖要求分劃自立一鄉以免荼毒情實可傷業由鎮議會通過擬具分鄉草案行文縣議會公決縣議會因停止進行是以案懸未決稽東鎮領村二十四東西橫二十餘里南北縱六十餘里周之百有餘里境內平水一村地適居中足以駕馭羣村故無論遠近一切公益事宜均以平水爲標準而利害關係甚形密切惟初畫區時尙有連屬之三十九村決議自立爲稽山鄉當時爭辯甚劇自治事務所和解至筆禿唇焦仍聽其各自分析其曰稽東者以地居稽山之東也東皋鎮領村百十七以皋埠市最繁密且地點適中足以控制四周而名此外惟樊江小有市廛然趨之者僅環近少數村落而已

乙　分鄉七十二

城區之東爲五雲門外之朱尉鄉領村二十七以居民平昔崇拜朱太守而名南爲偏門外之龍南鄉領村九無市肆居民求供輙由水道以達

城治西爲西郭門外之東合鄉領村二十三以東浦爲主村由東浦而包孕各村故謂之東合北爲昌安門外之芝鳳鄉領村二十五去城密邇境內昌安門外一村商店櫛比地勢亦足以聯合全鄉其他如清水鄉領村二十在城之南決議時從其大者因以定名雙山鄉領村三十六以峽山徐山兩村居民佔多數餘如伏龍橋港口望湖三村皆曠無人居以地勢團結而畫入焉鏡西鄉領村二十七地位在鏡湖之西因而得名境內以龍尾山一村爲最富如和安惠家莊等處亦曠野而已集慶鄉領村五十七面積頗廣境內以漓渚市場爲盛而岡巒屹峙水道紆迴尤稱形勝朱華鄉領村百二十三爲各鄉中之最大者鄉有大村二曰南池破塘而棲鳧一村實介於兩大之間當畫區之初破塘士紳意在獨立虞江鄭家塔士紳願與歸併而棲鳧士紳則袒虞江鄭家塔而反對破塘雙方爭訟由浙江自治籌辦處一再飭縣調和始勉強而成今局桑瀆鄉以地勢習慣論本可附入柯鎮今既毅然決然一村自成一鄉亦可見其民心之堅忍開泰鄉領村五處桑瀆柯鎮之中初入柯鎮而後析出一鏡鄉領村十四逼近鑑湖形勢天然其間若湖塘之西自跨湖橋至七尺廟人烟最密夏履鄉領村五十六以境內夏履橋村名名之該村實爲交通之中心點焉延壽鄉領村六十二其中如禾木程韓家沿宜家匯胡家匯魚臨關馬社下王等七村地勢頗不聯屬交通習慣上之關係合併成鄉新安鄉領村三十八境之東南隅後梅下堡等村最稱富庶前梅鄉領村九四面皆山勢頗團聚雖人口不多而成鄉最宜南錢清鄉領村十四爲劉寵選錢故地惟錢清鄉向分南北南包馬埠頭三里塘墅後及前後東塘五村北包濠湖沿浦西湖西抱古西村南北地脈連貫夙無窒礙其以南名者從其大也九曲鄉領村十五柴立於前梅夏履南錢清之間境內以賓舍村居民爲最多天樂鄉領村九十二戶口甚繁向有上中下之分初議以上天樂隸治於蕭山擬與蕭山合併設置嗣因察其地勢實不相連乃以中下兩天樂成立是鄉然地處兩縣之交調查選民時手續較難於他處焉梅袁鄉領村八以境內袁家墺面積占全鄉之半且有梅墅中梅後梅三大村而定此名稱會龍鄉領村十三地位在之鳳鳳林兩鄉之中境內松林則水牌兩村實爲各村領袖且全鄉地勢習慣及交通上種種關係亦均便利賞枋鄉領村十六而賞枋地廣人衆去東浦最近與各村亦有密着關係禹會鄉領村二十七以地有禹會廟而得名嘉會鄉領村七惟陽嘉龍小有市集齊賢鄉領村二十在安昌鎮之東境內以下方橋市爲最盛黨山鄉領村十四地在安昌鎮東北鄉之南有官湖沿一村與安昌合界因官湖沿東岸向與倪家莊合併該鄉自倪家莊起西北有前中後三梅林村接連塘外迤東梅林灣黨山灣車路灣團前灣大埠頭灣丈午村灣包殿灣大林灣鎮龍殿灣西灣止各灣沙民皆趕市黨山故黨山最著稱感鳳鄉領村十一地最聯絡感鳳鄉爲固有鄉名故復其舊安墟鄉領村三合丁墟安城兩村而成內有二都四圖形浦村之茅水港以東地屬入其間袍瀆鄉領村二即洋港袍瀆也禹門鄉領村六山環水繞頗便交通內有陡亹一村爲全鄉貿易之目的地東九鄉領村九以東西堰等九村合成故名荷湖鄉領村六去禹門鄉較近以地勢言不應分割奈其鄉人言習慣不同必須獨立境內以荷湖村最著名而橫山村向分南北以橫山南隸禹門橫山北隸是鄉焉三江鄉領村十爲篤齋湯公建閘處紹人養命之源也流水迴環山峯發秀聯合成鄉僉稱便利楊望鄉領村三居禹門瀝富兩鄉之適中地因楊望較大而名惟鄉之隔河有茭里村當畫區時與瀝富士紳悉力紛爭嗣經派員調查知茭里併入楊望確無充分理由故至今屬於瀝富也瀝富鄉領村十一以前後瀝莊及富陵爲最大村落盛穀

鄉領村四其實內有梅山一村並無人居玉帶鄉領村十六本與禹門鄉毗連如境內西山頭等四村皆與禹門士紳一再討論而始行併入者也馬安鄉領村九十西北一帶直出沙地樹棉成衣煮海爲鹽民氣頗古陶里鄉領村十六以陶里村爲注重扼要地其鄉界線直接塘外沙地均係四十五都三圖子母相生頗覺聯屬鳳林鄉領村十一當宣統庚戌時以境內有恂興一村山會兼轄故冠以山會兩字今既劃除縣界應毋庸議嵩灣鄉領村五昔有境內王家埭村民呈遞意見書不願與北里瀆九頭瀆兩村合辦嗣查其地勢交通委難分裂而成立是鄉且以該處社廟之名名之姚江鄉領村八十一因鄉有姚江而命名紹蕭所前鄉東隣紹興西連蕭山兩縣界線苦難分畫自應合辦稽山鄉領村三十九以境內稽山而名湯浦鄉領村三十六四周各有峻嶺爲天設關鍵嶺外不能羼入猶之嶺內不能分割也境內以湯浦一村地居中的且四通六闢商場頗盛故即以湯浦名之安仁鄉領村二十二境內無市趕市均在湯浦而民風渾樸不尙詐虞故取仁者安仁之義以名鄉德政鄉領村三十三地勢聯合頗覺便利境內士紳以當漢建元中本號德政里故復其舊稱柯一鄉領村三十六東界陶晏嶺南界元鳳嶺西界綠嶺北界王顧嶺四嶺環抱頗得天然之勢東升鄉領村二十八以王壇村爲中心點東恆鄉領村二十七民氣樸勤多以耕讀世其家頗有相友相助之雅長水鄉領村十七鄉有長港南起永樂北迄馬山長六里強謂之長水其支流又聯合各村因以名之賀湖鄉領村四自後堡等七村析出後規模已狹境內以王府莊爲適中地王府莊迤東有湖曰賀名最著故以爲名武勝鄉領村九假定區域時本與賀湖合鄉迨民國元年後堡車家弄南池孟井頭上許柳家溇薛家瀆等七村堅稱與王府庄素有惡感甘願獨立而同時酈家埭韓家瀆兩村則又有屬於賀湖鄉之請願其後經縣議會查勘以酈家埭韓家瀆兩村均在正南賀湖在正東偏北中隔後堡等七村此七村既另分一鄉該兩村無越過七村仍隸賀湖之理於是該兩村乃併入武勝而成今局焉孫端鄉領村五十六北直至海以孫端村爲主要其境內七都三四五圖之南匯沙地初畫區時頗與瀝海鄉爭執後經南匯全體呈遞意見書願附孫端遂認爲確定蓋其地與三十一二都民田緊毗其間有屬上虞者名小南匯即恩字號地確係清初會稽謝錫佐認墾因就近陞課悞認虞糧訟端迭啓判歸蕺山書院充作公欵而糧則由會稽帶徵撥解洪楊難後始由上虞直接徵收民國紀元以來瀝海尙無異詞而虞人屢思因糧歸地爭論不已因之影響所及調查選民亦有上虞知事派員越境調查之舉嗣經該鄉士紳稟准朱督屈使批飭歸紹管轄始成鐵案吳融鄉領村四爲唐吳學士融故里道墟鄉領村四十以道墟市爲扼要地各村所夕需要暨一切天災地變咸賴道墟市救助故關係甚密嘯唫鄉領村七十三周圍約十五里又塘外沙地約六七里各村皆趕嘯唫市場故以名鄉六社鄉領村十六因鄉有六社廟而名合浦鄉領村十九以偁浦爲要點各村趕市東出嘯唫六里西至孫端八里而偁浦亦小有市集可朝夕得所求焉且有橋曰合浦因以名鄉陶堰鄉領村六十七境內惟陶堰有市各村趨之最遠者亦止十五里長松鄉領村三十三以長塘爲重要地而長塘之松門實地居適中因撮兩村首字名之長興鄉領村十二水路盤旋圍成一氣中有長興橋故名畫黛鄉領村十一亦以橋名境內各村傍水築居交通良便雲鳳鄉領村五山程水驛地勢甚佳盛德鄉領村十五以富盛爲主村水路西達紹城東達嵊邑實居山水之衝通德鄉領村二十四周臨水交通多以舟楫因鄉有通德橋虹腰雖瘦人盡便之遂移橋名以名鄉化德鄉領村十二全鄉士民什八皆出市富盛以舊名袁

化里處此文明進化厥德日新時代因有此稱廣德鄉領村十東通嵊邑北達紹城然皆陸路也寶麓鄉領村二十九是鄉處稽山之麓水陸交通各村日中爲市咸在攢宮東關鄉領村八十三區域頗廣地勢聯貫民情浹洽各村皆趨東關爲市曹娥鄉領村三十九境內曹娥地方最爲著稱士論以地有孝女廟因倣華盛頓名鄉之例名之紹上瀝海鄉領村五十四係合紹興上虞兩縣轄地而成以瀝海所城爲主腦蓋城內東南隅屬上虞西北隅屬紹興一城兩屬自昔已然而自治區域又不便變更行政區域也况城外各村圜拱甚殷故以紹屬之八都二圖三十三都一二圖與虞屬之七都八都沙都併辦亦稱便利焉

以上所列按照自治章程鎮鄉平等本不當以鎮爲前提而茲所以先鎮後鄉者爲易於查檢計也又成鎮成鄉全以人口數爲標準而自宣統庚戌迄今人口增減不知凡幾故亦概不之及云時民國五年八月　韓啓鴻編述

紹興縣各村里籌備區組成村里閭隣戶數報告總表 中華民國十七年

區別	村里總數		總閭數	總隣數	總戶數	備攷
第一區	十七里		三百七十三閭	一千八百五十八隣	二萬三千八百六十五戶	
第二區	二里	四十二村	三百九十二閭	一千八百八十三隣	二萬一千一百七十七戶	
第三區	二里	二十六村	二百七十二閭	一千三百一十二隣	一萬五千九百三十一戶	
第四區	一里	二十四村	一百八十三閭	九百一十六隣	九千六百九十五戶	
第五區	二里	二十二村	一百閭	四百四十五隣	四千五百一十九戶	
第六區	一里	二十四村	二百五十九閭	一千二百三十四隣	一萬三千二百六十七戶	
第七區	二里	五十九村	五百零七閭	二千四百二十二隣	二萬六千零五十七戶	
第八區	一里	三十八村	四百三十八閭	二千一百五十隣	二萬四千二百四十五戶	
第九區	一里	三十一村	二百二十七閭	一千零八十四隣	一萬二千三百二十六戶	
第十區	一里	四十村	一百八十八閭	九百三十六隣	一萬零三百五十九戶	
第十一區	二里	二十二村	二百二十二閭	一千零六十七隣	一萬一千七百四十八戶	
第十二區	五里	四十四村	五百七十一閭	二千七百七十六隣	三萬一千四百四十戶	
第十三區	二里	二十七村	三百六十四閭	一千七百八十隣	一萬九千五百零三戶	
第十四區	二里	二十五村	二百一十閭	一千零三十六隣	一萬一千二百零一戶	

第十五區	二里	二十一村	二百一十一閭	九百九十六隣	一萬零六百四十八戶
共計	四十三里	四百四十七村	四千五百一十七閭	二萬一千八百九十五隣	二十四萬五千八百八十一戶

紹興縣各村里籌備區組成村里閭隣戶數報告表

區別	村里名稱	固有村落	閭數	鄰數	戶數	備攷
第一區	南大里	西陶坊 上望坊 東仰坊 東陶坊 稽山坊	二十五	一百二十五	一千六百七十三	
	成歡里	東陶坊 朝東坊 稽山坊 中望坊	二十八	一百三十九	一千九百九十六	
	孝義里	下望坊 朝東坊 中望坊 西府坊	二十三	一百十五	一千六百八十三	
	湯公里	東府坊 西府坊 安甯坊 東大坊 西大坊	三十	一百五十	二千二百十二	
	昌福里	石童坊 永昌坊 都泗坊 石童坊 安甯坊 永福坊 永昌坊 西府坊 東府坊	二十七	一百三十五	一千四百二十五	
	長安里	安寧坊 西府坊 東府坊 永昌坊 都泗坊	三十三	一百六十五	二千零七十三	
	蕺望里	筆飛坊 西中坊 東中坊 戒珠坊 昌安坊	二十一	一百零五	一千二百三十四	
	越王里	東光坊 西光坊 戒珠坊 筆飛坊	十六	七十九	八百六十四	
	上大里	筆飛坊 朝京坊 萬安坊	十六	七十八	八百零六	
	水澄里	筆飛坊 萬安坊 迎恩坊 東如坊 西如坊	十六	八十	九百五十九	
	大善里	迎恩坊 東如坊	十五	七十二	九百三十七	
	秋瑾里	迎恩坊 下和坊 南和坊 東觀坊	十六	八十	一千一百二十二	
	大雲里	東觀坊 大雲坊	十二	六十	六百四十八	
	錫麟里	西如坊 承恩坊 下和坊 朝京坊	二十三	一百十五	一千五百零一	
	美政里	美政坊 紫金坊 常禧坊 下和坊	三十	一百五十	二千零九十三	
	辛植里	上植坊 下植坊 大辛坊	二十二	一百一十	一千五百十一	
	西郭里	西郭弔橋 橫街 菜蔬橋 建樓下直街	二十	一百	一千一百二十八	

		會龍堰 西郭下岸横河 米行街 四王廟前 六牌 三牌 五牌 二牌 塘南 諸家灣裏 諸家灣漊 隔塘 永樂橋西 大池頭 宮後 虹橋 小虹橋 新台 梅仙橋 凉亭下 筲神廟 梅樹牌坊 包殿 下霞川橋 上霞川橋 塘橋 荷花蕩 接官亭 鐘山寺 西郭汽車站 育嬰堂			
第二區	廣德聯合村	廣陵 塽裏黄 張家園 淡竹塢 后倪 石洩 旗收令 坂頭丁 方家塢 腰軟嶺 道士塽	十五	六十九	八百四十二
	寘盛聯合村	諸家 山登 瓜林 水昌 萬戶 金家嶺 橋下 富盛 後船坊 上洞 五房 三七房 大屋 上落埠 倪家漊	十六	七十二	七百六十五
	塢石聯合村	塢石 鳳塽 挑山 小橋頭	六	三十	三百二十五
	調馬場聯合村	上凰 上調馬場 中調馬場 下調馬場 上青塘 中青塘 下青塘	六	二十六	二百七十四
	通德聯合村	後港 嚴家葑 梁堡 夏家埭 大輅山 小輅山 金家坂 塢家漊 章家漊 干山 吳家漊 黄家漊 施家山	十二	六十	七百三十
	堡皋聯合村	西堡 東堡 下皋 任家灣 尉村	六	三十一	三百七十四
	舊凰聯合村	舊埠 三凰 下富張 南山 芝山 坂裏王	八	四十	三百五十七
	宮街聯合村	攢宮 街裏 牌口 季家街 唐家堡 黄家塽 下新埠 孝女潭 朱家橋 東横山 西横山	十一	五十五	五百五十四
	蔣調聯合村	上蔣 唐家 南匯頭 馬家漊 下蔣 陳港	四	二十	二百五十二

龍眉山聯合村	調泥山 上笄頭山 下笄頭山 薛家埭 阮家灣 楊梅山 腰古山	十一	五十	五百六十五
桐塢聯合村	史家墺 壩口 東陳 西陳 墺底 小西山 大西山 桐塢 趙村	一十	五十	六百八十七
皐埠里	埠皐市	四	二十	二百十五
鄰市聯合村	南湖漊 何家漊 屠家漊 竹蓬下 廟前後 下園 坊裏 前後灣 長潭橋	六	三十	四百零二
西南路聯合村	西魯 下路橋 水壩 南坂漊 王家埭 眞武殿頭	五	二十五	三百十六
漫東蕩聯合村	橫漫池 裏塘涇 南岸涇 駱家漊 東岸陳 林家蕩	四	二十	二百二十一
津山蕩聯合村	黃墩涇 西湖墺 壩頭山 吼山 堵墩 塘登 了板涇 橫江徐 水竹崁 小涇 大湖沿 浦前孟 藕蕩頭 夾塘	十四	六十六	七百二十
津尾山聯合村	三湖涇 魯家涇 朱家涇 茅墩頭 崔大尾 山前徐 陳家漊	六	三十	三百二十二
平跨聯合村	正平 跨橋	四	十九	二百一十
孟葑村	孟家葑村	十一	五十九	五百九十二
樊江聯合村	樊江街 鬘裏 後莊漊 荷花漊 沈江 諸家埭	一十	四十七	五百五十八
皐平聯合村	小皐埠 皐平村	十四	七十	八百八十九
皐瀆聯合村	大皐埠 張家漊 金家漊 石瀆	五	二十五	三百零四
仁亭聯合村	仁瀆 亭瀆	六	二十七	三百零二

倘墅聯合村	倘巷 儲墅	八	三十九	三百八十四
檀西聯合村	檀瀆 西墅	十二	五十七	六百三十
楊岑村	楊浜 岑墟	十一	五十五	五百六十九
寶曹聯合村	東寶疆 西寶疆 東曹匯 西曹匯	十二	五十九	六百六十一
賞余聯合村	賞家村 鮑家村 潘浜 余貴	七	三十一	三百二十一
馬山里	馬山市	一十	五十	五百九十三
甯桑村	甯桑	十四	六十九	七百七十三
永念聯合村	永樂 張念宅	一十	四十四	五百零八
五雲聯合村	五雲門 小陵橋	五	二十三	二百五十
東西金聯合村	東塘下金 西塘下金	五	二十一	二百五十六
上窰川聯合村	殷家墩 諸家社 唐家村 南湖社 西湖社	一十	五十一	五百四十三
下窰川聯合村	瓦窰頭一都 千家埭 七家莊 浪底坂 潘家漊 湖家漊 下木橋 俞家社 呂家莊 和川堂漊	一十	四十九	五百
羅施沈聯合村	羅家莊 沈家莊 西施山	五	二十五	二百六十三
則塘聯合村	則水牌 大塘灣 小塘灣	八	四十四	四百三十八
禹陵聯合村	望仙橋 林家灣 地盤 塗山 岸頭 魚池頭 山後陳 朝南埭 小山頭 大路沿 直路 丁斗衖 禹宮橋 陸家庄 檀樹下	十八	八十六	九百零九
浪港聯合村	董家墺 姚家墺 水家墺 坟菴 大二房 六房 葛山頭 四房	七	二十八	三百七十
鹿峙聯合村	孟家窰 上坂 西坂 外匯頭 姜梁 黃墩頭 坂裏金 張家漊 丁家漊 江口淩 江沿金 新港 前丁 後丁 堰頭馮 淩家山 龍舌嘴	十三	六十	六百八十九

	裏外東漊			
遶山聯合村	遶門山　大湖頭　白蓮墺　葉宕山　陶家　賢里　龍山亭　塘下趙　石堰頭	十三	六十二	七百四十
獨樹聯合村	秦家　滕家　般家　余家埭　渴家岸　三暘　孝仙亭　瀨裏　孟家大道地　參軍地	一十	四十五	四百五十八
五湖聯合村	鴨子漊　南漊　大廟前　錢家　張家橋　朝東屋　滙頭湖　大江寺　前趙	八	三十三	四百五十七

第三區

翠山灣村	翠山灣	二	一十	八十九
東關里	東關　彭堰	十八	八十九	一千一百三十一
道墟里	道墟	七	三十四	五百十一
鍊塘村	鍊塘	六	二十八	二百八十五
瀝泗村	瀝泗	八	三十六	四百八十六
墟東村	里江　強上　石宕頭	九	四十一	五百三十八
墟西村	仲二房　竺家　上山房	九	四十二	五百七十
墟南村	長漊　南莊　雙魁樓	十一	五十三	六百九十九
墟北村	杜浦　侍郎漊　後宅	十一	五十一	六百
雲巖村	何家漊　乘鳳	十一	五十五	七百零八
古湖村	湖村　南横港　高旺　鷄山	十四	七十	八百十一
曹娥上村	曹娥上沙	十四	七十	七百五十六
曹娥下村	曹娥下沙	十四	七十	八百五十二
塔路聯合村	油車滙　麗江岸　破塘下　董村	一十	四十八	五百六十五
豐基聯合村	新沙　屠家埠	六	三十	三百五十四
豐山聯合村	梁巷　中巷　塘角	十二	六十	六百七十九

梅喬聯合村	新建莊 賀盤	十三	六十二	七百零五
三界聯合村	前村 中村 後村	一十	四十五	四百九十三
惠明聯合村	王家涇 施家涇 橫港	六	二十九	三百二十二
福明聯合村	高貫山 淩村	七	三十五	四百四十八
海襄聯合村	上下廠 遺安堂 羅宋	八	四十	四百四十五
保定聯合村	包鴛山 擔山 西陵	十一	五十五	五百九十七
道和聯合村	道味山 北山 牛陵 萌蘆山	十一	四十八	四百七十七
全福聯合村	傅村 張港 樟樹下	五	二十五	二百九十七
曹南聯合村	嚴村 東山下 金村 蒿莊 官湖沿	九	四十三	四百三十七
曹北聯合村	新菴前 方村 後金 中墅 朱村 龍王塘	八	四十	四百零三
長塘村	倉塘	十一	五十五	八百二十
康會聯合村	湖田 謝憩	七	三十五	四百零一
會龍聯合村	蔣村 篁村 羅村	八	四十	五百四十一

第四區

湯浦里	湯浦 附珠湖 宋家灰 窯頭 寺壊	十二	五十八	七百零四
霞岸聯合村	霞齊 鄭岸 長山頭	五	二十七	三百四十六
江左聯合村	石浦 茅秧 廟其灣 小塢 小江	九	四十四	四百六十
江右聯合村	漁家渡 下登岸 徐灣 胡家埭 浦下 鄭家埭	十二	六十	六百八十九
官塢聯合村	官楊 下表 下穴 大塢	一十	五十	四百九十八
碧潭聯合村	駐蹕嶺下 托潭	六	三十一	三百十七
舜源聯合村	廟下 附蔣家 溪攤 塽嶺下 附宅陽 谷家 蘇家 水坑口 新市	一十	五十一	五百零八
達郭村	達郭 附馮家埭	八	四十二	四百八十五
湯湖村	湯湖	三	十三	一百三十三

五峯聯合村	董家搭 許家搭 山高 金墺 烏石溪 嶺下王	十一	五十五	五百八十三
文溪聯合村	文山里 附童大山 橫溪	八	三十九	三百九十四
獅溪聯合村	霞障 白牧 後岸	八	三十八	四百十八
祝溪聯合村	上祝 下祝 畈邦 溪上	五	二十七	三百十七
優儀聯合村	安基 陳家墺	四	二十一	二百二十二
宋駕聯合村	宋駕塾 裏街	九	四十三	四百九十四
隆慶聯合村	王化 塍頭 寺前 長塘頭 湯浦嶺下 清塾	一十	五十二	五百二十八
日鑄聯合村	寺山 徐婆岸 太平里 西墺口	九	四十四	三百九十二
接待聯合村	下堡 潘家山下 徐家水埠 下塾 上下閘	五	二十三	二百五十八
八鄭獨立村	八鄭村	六	三十一	三百十四
七一聯合村	范洋 舍灣 沈家湖頭 西蘇 後陳 寺後 寺下	六	二十八	二百八十五
六合聯合村	花裏頭 大山下 大田螺 上龔村 段家塘 天荒山	五	二十六	二百六十五
龔李聯合村	下龔村 李宅 楊城	六	二十九	二百八十九
樂和聯合村	金竹墺 離家莊 金鷄山 蔣岸橋 下章墺	六	三十	三百零三
界埂聯合村	黃岸 石塔 下市頭	四	二十二	二百二十三
孟家灣聯合村	舒家兜 黃歇灣 朱孟 孟家岡	五	二十七	二百七十
第五區				
陶趙聯合村	陶趙墺 陶隱嶺 半嶺裏 廟岩裏 對橋墺 王公墺 陶趙墺口	五	二十二	二百四十二
沈胡聯合村	沈家塔 新田裏 下橋墺 廿三埠 胡家墺 謝家 高后山 陸家山	三	十五	一百九十七
山城聯合村	東山村 石厂廟前 張墺 鄭墺 大墺	七	三十三	三百四十八

	小墺 下城			
清壇村	清壇村 下前山 七十二墺	六	二十六	二百五十四
陸翰村	陸翰村 羅坪墺 泰靜菴	四	二十	一百八十六
响童聯合村	响岩頭 童墺 王顧	三	十一	一百十四
嶺下村	王顧嶺下	四	二十	一百六十三
南岸村	南岸村 鄭家 南岸沙地 上下墺 元鳳嶺下	三	十三	一百四十三
王壇里	王壇街 菩提裏 砂地 大溪頭 大王塘	七	三十三	三百三十八
坎上村	坎上村 下園地	五	二十一	二百零四
肇湖村	肇湖村	六	二十五	二百六十八
盤谷村	大盤 細盤	三	十一	九十五
桀錢聯合村	桀塢 竺簝山 錢家山 俞家 谷塔墺 湖頭	三	十五	一百五十九
南樗村	南樗口 溪東	三	十四	一百三十八
王城里	王城街	五	二十四	二百五十
停青聯合村	停壕 青銅灣	四	十八	一百八十一
將村	將村 和尚院 萊嶺 塘外 王家塢 鐵路乂 仰倒山	六	二十七	二百七十四
相家村	相家村 滑石塔 金家墺 下坑 大嶴裏 大石門 嶺頭 桃腦灣	四	十六	一百五十六
謝村	謝村	四	十八	一百八十一
俞村	俞村	二	八	八十一
駱村	駱村 天聖菴 邊豆塢 長坑門口 水碓坑 附培甘嶺聯合村 培裏 吳家坑 上甘嶺 下甘嶺	五	二十一	二百十三

第六區

廟長聯合村	廟下坑 長坑 外高等	二	八	九十七
厂坑聯合村	大厂 畫坑礹	三	十四	一百三十五
下堡村	裏下堡 外下堡 裏大塢 石橋礹 刺草礹	二	十	一百零二
石帆里	山頭 廟前 横街 雙井 李家 馮家 孟家 橋下 細橋 殿前	十五	七十五	八百四十七
旗峯村	外王 石旗 蔡家墺 張家山 小閘 池頭金 唐家墺 裘家嶺	七	三十五	三百八十七
劍竈村	上竈 中竈 下竈 後埠 羊山 大溪沿 趙家埠頭	九	四十五	六百三十五
五松村	梅園 章家塔 鎖泗橋 上塘 下塘 楊灘 柵頭 裏寒溪 外寒溪 裏橋塢 外橋塢	九	四十五	四百九十五
保順村	裘村 下里溪 官培 止步坑 婁家 合莊石 畫塢山 楊樹坂 紅岩 竹田頭 畫塢 前塢墺 柳墺 趙公墺 南山 横路岡 瓦窰岡	十七	八十九	九百八十七
保安村	楊宅 胡家庄 黄家 應家 胡宅	一十	四十一	四百零四
安樂村	塘塢 尉家墺 相墺 上塔 苧麻廠 爐塢 嶒底	六	三十二	三百二十
寶石村	陳村 墺口 石橋頭 上路塢 官田頭 五義塘 占墺 桃嶺下 黄家 寒天佩 月下山	十六	七十九	七百五十七
嶺西村	沈村 横路 蔣塢 王居 竹灣 袁家 塘街	九	四十五	四百五十二
車頭村	車頭 剪灣	四	二十一	二百十五
塚斜村	塚斜 尙有許多零星山廠地名不勝載	四	十九	二百零三

化美村	堯郭 念佛篺 小梅樹灣 茅山 洋中	十四	六十九	八百三十
	外曹 裏陳家塢 外陳家塢 大樹下 傅家墺			
	裏化山 外化山 陶家廠 官堂			
金鎖村	西渡口 舟里墺 平原 斗坵 潭頭 何山	八	四十	四百八十七
鶴楊村	上岔路口 下岔路口 洪溪 鵝眉山 轉山頭	十三	五十七	六百零九
	曹衕 下尾墺 中尾墺 冷水坑 三溪口			
	上尾墺 楊衕 孟棻灣 火燒灣 蔣家			
橫溪村	橫溪 上鄭 大園 古莊 洋坑 老屋下	九	四十五	四百八十五
	五聖堂 庵山頭 高坂頭 冷水墈 陶墺壩頭			
	桑樹門 爛田頭			
五雲村	新楊樹下 老楊樹下 朱墺 紅牆廈 尙和山	十九	九十五	八百五十八
	達紅 沙灘 墺口 同康 裏兵康 外兵康			
	後嶺下 陶家山			
若耶村	寺前 上橫山 下橫山 西裘 長大房	十一	五十三	五百十四
	鳳林 源流墺 裘家 葉家 上裘家 下裘家			
東桃村	十八當頭 大園平地 桃園 薛家墺	三	十五	一百九十三
	裏東坂 外東坂 十二糧 發郎基			
玉安村	庵前 金墺 周家埭 莊前 唐家墺 毓秀橋	十三	六十二	七百零三
	孫家匯 王家墺 昌源 牛車盤頭 鑄鋪墺			
	閘橋			
金漁村	金漁墺口 裏張堡 外張堡 呂堡 陳家堡	五	二十五	一百四十三
太西村	尉村 黃壤塢 大田坂	九	四十三	四百二十一
寶樂村	陳後山 上鳳 前塢 後塢 葛溪 袁村	十一	五十八	六百二十二
	饅頭山 葉村 王村 下尉 石蘇 大胡墺			

	濟秀村	板溪 大灣里 大地里 寨嶺口 張山 湖里 駱家田 楊家門 大西嶺 上金家山	九	四十三	四百四十五
	龍潛村	下金家山 黃坑 歇雲山 落大石 子弟灣 何家基 屋基頭 大坑 茶培 高井 高崗 橫路頭 高住 高塢菴 大廠里 上王 芋艿灣 黿家嶺 大洋坑 沈家山 白岩下 銅錢坪 裏灣 安村 大坂里 鷹窠里 謝家灣 錢家	十二	五十九	六百七十五
	八和村	樓家坪 樓家塢 焦塢 下塘 胡高岡 蔡家山 田坂 孫溪嶺 下郭 范家山 雙塢 堧橋頭 中塘 石水灣 塘堧 橫坑	一十	五十	五百八十
第七區	漓渚里	漓渚	十四	七十二	七百二十八
	尙書聯合村	九板橋 曹家 謝尙書 大園地 廟塢 下茅秧 上茅秧 上母嶺頭 下母嶺頭 蔣家塔	六	二十七	三百二十五
	棠裏聯合村	東山下 豪嶺 竹節嶺 買山頭 棠裏 平園	六	二十七	二百九十
	大廟聯合村	下徐村 大廟前 大塢 吳家塢 長塘 楓塘塢	三	十四	一百六十九
	黃山聯合村	塔石 姚村 朱家塢 大園 梅園 弦腔 弦腔六分頭 隖底	十三	五十九	六百五十二
	黃巖聯合村	黃山嶺下 銅井山下 後村 大樹下 毛婆溪 石門	六	二十五	三百零六
	秀石村	六峯 峧口	二	一十	一百二十三
	螭渚聯合村	小步 後潭頭 灣裏 蔡家 下嶺	十二	六十	六百十三

阮港村	阮港	四	十八	一百八十
桃逍村	桃園	三	十五	一百五十四
古鑑聯合村	婁家塢 蔣家塢 蘭家山	三	十四	一百四十四
謝塢村	謝塢	二	一十	一百十二
古宋聯合村	宋坑 古築	二	一十	一百零八
容山聯合村	山南洲 容山 貓山頭	一十	四十三	四百七十八
洪家墩村	洪家墩	二	一十	一百十八
梅福聯合村	廸埠 李家灣 帽山 王七墩 花徑 七賢橋	一十	四十	四百四十一
麻皮灣村	麻皮灣	三	十四	一百五十七
九松聯合村	彈子山 方塢 青點頭 松湖 王家山頭 廟湖溇 徐家溇 勞家湖 證諦山	八	三十	三百三十一
趙家坂村	趙家坂	八	四十	五百三十三
龍尾山村	龍尾山	六	二十八	二百九十八
福全山村	福全山	三	十五	一百五十六
勞秀聯合村	秀才溇 勞坟坂	三	十四	一百七十八
龍南聯合村	樓下陳 程家橋 龍君莊 矮溇 小南山頭 大南山頭 念畝頭 龜山頭 外山	十二	五十八	六百四十七
峽山聯合村	峽山 坂里張 義道房 蔣家池 馮家囿	十八	九十	八百七十六
秀水聯合村	徐山 石堰 小任家坂 沈家坂 尹家坂	十六	七十九	七百八十五
福圓聯合村	山灣 戴旂山 坂里曹 曹家坂	十一	五十五	六百二十五
中莊村	中莊	二	一十	一百十一
壺坂聯合村	坂里杜 壺觴	十一	五十五	六百二十
清水閘村	清水閘	六	二十九	二百七十八
海山村	海山	七	三十二	三百二十二

王家村	王家村	七	三十二	三百二十七
東魯墟村	東魯墟	七	三十六	三百六十一
西魯墟村	西魯墟	四	十九	一百九十
路南村	南北路南	三	十五	一百五十九
澄灣村	澄灣	六	二十七	二百八十一
沈丁聯合村	仁釀堰 丁巷	十二	五十八	五百八十七
百子聯合村	黃院 大慶 張村 陳村 石船塢 轉山頭	一十	五十	五百零九
朝陽聯合村	殿墺 北塢 賈村 花塢 石門檻 謝家橋 霞園 翰塢	一十	五十	四百九十三
印山聯合村	色康 裏家塢 高村 花街	五	二十五	二百七十九
太尉聯合村	黃牛塘 雲溪 俞塘頭 上莊 孫家塢 雪家壜 灰竈頭	十二	五十七	五百八十一
蘭亭聯合村	蝴蝶灣 蘭亭 星橋 東塢 官莊 王家塢 馳馬地 分水橋	七	二十九	三百十八
永興聯合村	任家坂 泥婆漊 婁宮 黃泥磺 下婁	八	三十四	三百八十二
稽山聯合村	下一漊 裏木柵 山頭金 黃河漊	四	二十	二百零七
石泉聯合村	烏塢 蔡家港 鳳凰山 舒家墺	十二	六十	六百三十三
秦麓聯合村	棲鳬 琶山 芳泉 李家街 瓜山 張家溪	十七	八十二	八百二十五
篘溪村	篘溪	八	四十	四百一十
秦望聯合村	濮塢 馬園 趙婆墺 百家墺 胡家塔 茅秦 街口 坂裏鄭	十一	四十七	四百七十八
梅東聯合村	上謝墅 半路齊 官山墺 下謝墅 下張漊 篠灣 池頭黃 坂裏王 王家橋 馬家埠 九里 坂里地 上陶	十二	六十一	六百四十八

水天聯合村	江家溇 李家溇 姚婆溇 沙埂頭 東西俞家舍 瀾塘 烏石頭 雙牌溇 任家塔 風溇	十四	六十七	七百零六
玉山聯合村	駱家葑 勞家葑 鄒家葑 獨山下	八	四十	四百五十五
玉泉聯合村	虞江 王家溇 王家葑 鄭家塔 台閣塢 下伏山	一十	四十八	五百四十五
盛塘聯合村	盛塘 應家潭 陳家嶺下	十二	五十七	六百五十三
紫紅村	紫紅村	九	四十三	四百三十四
石苦聯合村	陳家葑 坂里金	六	二十九	二百九十五
五洋聯合村	金家店 西岸金 亭山沿 安潭溇 管家溇 朱家墺 賢家莊	八	三十八	三百八十
斑竹聯合村	應家塢 楊秀塢 湖家塔 木柵橋 華家溇	六	二十五	三百十二
稽東聯合村	張家葑 下潦陳	八	三十七	三百七十二
南沙聯合村	上下施家橋 霧露橋 南池 胡家門 下塢 後坂	十一	五十一	五百十五
湖後聯合村	嚴家潭 金雞塘 湖南岸 河山橋 季家溇 橫港 大路沿 唐凌家岸 錢家莊 王家莊 車溇 蔣家溇 南溇底 後四坟 鵝涇	二十	一百	一千二百二十
湖前聯合村	樹下王 葉家堡 塘埭 大匯頭 石堰頭 杏梅橋 麓湖莊 上塘溇 湯家溇 宜家橋 王家岸頭 吳家塔 周家溇 柴家溇 姜家溇 姚家溇 余家岸頭 金家岸頭 陳潭溇 李家溇 婁港	十八	九十	一千零零二
跨湖里	旱城沿 祝家岸 太平溇 米市街 後街	一十	五十二	六百四十二

第八區

柯橋里	八間頭 跨湖橋 直街 柯橋	二十八	一百四十	一千四百八十七
江基聯合村	江頭寺 基莊	十一	五十五	五百三十二
板橋村	板橋	七	三十六	三百六十九
蜀伊聯合村	蜀山 傅家塢 尹家埒	七	三十四	四百二十八
州山聯合村	州山 河塔	二十九	一百四十四	一千四百四十三
三葉墟聯合村	三佳村 葉家堰 上墟	六	三十	三百三十一
柯山村	柯山	十三	六十三	六百四十
荆溪聯合村	犁塘嶺下 錢蛟橋 西路山墩 道士門 大樹下 竹市陸山頭 石橋頭 鮑家塘	十九	九十五	一千零四十二
山溪聯合村	周傅家塢 穀家山 同溪	四	二十	一百六十一
鼎合聯合村	古城 陌塢 定山	十三	六十五	六百七十五
項里村	項里	十二	六十	六百二十一
阮社聯合村	阮社 詹家灣 浪橋頭 道士漊	二十八	一百三十九	一千七百九十六
蔡堰村	蔡堰	五	二十三	二百三十
秋湖村	秋湖	五	二十五	二百五十七
潘舫塢村	潘舫塢	六	三十	三百三十七
湖塘聯合村	湖塘 板里邊 桃花杉樹塢 饅頭山	二十三	一百十三	一千四百九十五
西山聯合村	西澤 彤山	九	四十五	四百四十二
勝山聯合村	壽勝蓬山 葑里 河菴乾溪	一十	五十	六百四十
梅墅村	梅墅	八	四十	四百八十一
後梅村	後梅	十二	六十	六百五十九
亭后村	亭后	八	三十九	四百六十二

中澤村	中澤	六	三十	三百四十五
華墟村	華墟	五	二十五	二百三十七
福年村	福年	十四	六十二	八百二十四
桑瀆村	桑瀆	十三	六十六	八百二十八
小豬村	小豬	一十	五十	五百三十八
石潭村	袁家坟	十三	六十四	八百二十三
梅仙聯合村	中梅 謝橋	十一	五十五	六百七十七
后馬聯合村	后馬 前馬 前西墟	十三	五十九	七百二十七
薛瀆聯合村	薛瀆 東村 西村 壩頭 徐家漊 蔡港	十三	六十二	六百六十
	後隆 前梁			
漁后聯合村	漁后 後趙	七	三十三	三百八十一
大慶聯合村	塔漊 風車灣 屠家沿 林江 東江 葉江	八	三十五	三百六十二
梅蕁聯合村	管墅 黃社漊	十三	六十五	七百二十七
南環聯合村	南墩 環村	三	十三	一百二十五
江墅村	江墅	九	四十三	四百四十三
賞紡村	賞紡	十五	七十四	九百零八
后社聯合村	后社 大葛 楊港 上秧田方 田塍頭	十二	六十一	六百零六
	單四分 楊十房 姚家			
九嶇聯合村	容山嶺下 戴家 馬湖 何家塔 余家埭	七	三十四	三百五十六
	金家山 方家塢 俞家山 夾山九嶺下			
第九區				
上午村	上午頭	三	十三	一百五十
夏履橋里	夏履橋市 附虞山村 楊家埭村	十一	五十四	五百二十三
迴龍聯合村	汪家埭村 附鄭家閘村 謝家湖村 靑塢村	八	三十三	三百五十九
	高田陳村 繆家漊村 界塘埠村 墅塢村			

忠村聯合村	忠村　附上莊村	四	二十	二百二十二
界塘塢聯合村	界塘塢村　附南塢村　嶺下村	四	二十一	二百二十二
進龍聯合村	麻園村　附梅園村　出水埠村　何家塢村	四	十八	一百七十三
東山聯合村	陶家衖村　附白石山村　清潭村　蒲棚衖村　王家莊村	三	十五	一百五十七
五部聯合村	施家塢村　附橫山路村　五部廟村	四	十九	一百七十九
巧溪聯合村	金家塔村　附方家塔村　西塢口村　裏西塢村　周家田頭村　門臺村	七	三十一	三百
雙橋聯合村	雙橋村　附周家塢村	四	二十	二百零二
里仁聯合村	葉家山村　附嶺下灣村　大橫坑村　石道地村	四	二十一	二百十八
夏澤聯合村	夏澤村　附木橋頭村	四	十八	一百八十
仙岸聯合村	仙家塢村　附鄭家埭村　下岸張村	四	十九	二百
江塘前中堡聯合村	江塘村　附胡家村　營里村　青窯里村　廟上村	十四	六十七	六百八十一
江塘後堡聯合村	橫山頭村　附外塢村　金家塢村　梅塢村　山下婁村　炭石下村	五	二十五	二百七十
芝湖聯合村	芝湖村　附山下王村　馮家塢村　湖裏陳村	八	四十	三百九十五
江橋聯合村	竹院童村　附江橋村　沈家村　唐家橋村	八	四十	四百一十
仁里聯合村	仁里王村　附陳家村　上塘橋村	七	三十四	三百四十七
張湖渡聯合村	張湖渡村　附陸家坂村　陳家埭村　園裏塢村	八	三十七	三百六十八
南錢清聯合村	南錢清村　附墅後村	六	二十七	三百四十九
江南聯合村	江南村　附抱古村　湖西村　上浦西村　下浦西村	七	三十二	三百七十四
選錢聯合村	錢清鎮南岸　附竹園陳村　前東塘村	八	四十	五百零三

後東塘村

龍山聯合村	龍山村 附塘灣村 潘家瀨村 大王廟村 道士漊村 馬家莊村	三	十四	一百九十四
賓舍村	賓舍村	十一	五十五	七百五十五
樞里村	樞里村	六	二十六	三百十八
鑑山聯合村	王鑑山村 附江竈漊村 鄭家漊村 丁家橋村 外大塢村 裏大塢村	四	十八	一百七十八
余支聯合村	余支村 附前漊村 後漊村 唐郎灣村 盛家渡村 何家渡村 昌興漊村	一十	五十	五百三十
九巖聯合村	九巖村 附東高村 俞家坂村 橋下村 陳家坂村 高家坂村 廣溪橋村 山田坂村	六	三十	二百九十八
梅湖聯合村	梅湖村 湖頭方村 東坂村 東江陳村 下堡村 臨江村 沙地鋪村 前施家村 後施家村 中央方村 十房道地村 廿七房村 廟前村 山下金村	十一	五十一	六百零一
楊汛橋聯合村	孫家橋村 附江南洵村 西江下村 唐家村 上孫村 王家埒村 江口村 姚家山下村 楊六房村 楊汛橋村 沙田傅村 袁家埒村	十四	六十七	七百九十六
蒲塘夏聯合村	蒲塘夏村 附保家橋村 邵家坂村 河西岸村 吳家坂村 王泥牆村 下坂村	九	四十二	五百二十七
漁臨聯合村	漁臨關村 上坂村 墺上村 下岸王村 宣家匯村 馬社村 和穆程村 韓家沿村 胡家匯村	八	三十五	六百四十七
前梅聯合村	前梅村 東江村 後坂村 大嶺下村	十三	六十五	七百五十

		磚窰裏村　陳家瀼村　竹嶺頭村　梯欞村			
第十區	横江村	横江俞　姚家　邵家塔　鍾家塢　泗卦	六	三十	三百二十八
	泥橋村	紀家匯　匯頭鍾　泥橋頭	三	十五	一百六十六
	歡潭村	小滿　傅家　歡潭	六	三十	三百三十二
	東塢村	白水　諸家　東塢	二	一十	一百三十三
	源長村	大小華家　壂汀徐　屠家橋	四	二十	二百五十四
	章塢村	顔家塔　大湯湖　席家　新店王　湯家山下	八	四十	四百七十
	墅上王	墅上王	五	二十五	二百三十五
	貓珊村	鄭唐孔　下顔	四	二十	二百四十三
	婁山村	下坂邸　杜家隴	八	三十八	三百八十七
	臨江村	茅潭　高田陳　新石橋	五	二十五	二百七十
	相墅村	華家埶　李家塢　三大溪　肇家橋　馬家埶	八	四十	五百零二
		盛家塢　姚家　姜家			
	化山村	石門王　石柱頭　横路頭　新橋頭	四	二十	二百
	翠山村	沈家埭　下章	三	十五	一百七十七
	傅家墩	傅家墩	四	二十	二百三十七
	馨里村	安山陳　魯家　倪家莊　嶺頭王	三	十五	一百六十三
	花溪村	慈姑裘　山頭埠　山下蔣　張家橋　王家間	六	三十	三百十一
	大同村	曹塢　大岩　嶺下沈　廟後王	五	二十五	二百六十二
	七峸岼村	七峸岼	四	二十	二百零三
	漢陽村	郤塢　大陽　平陽　胥漢里	四	二十	二百四十四
	泗洲村	裘家塢　城山王　蔣家塔	八	四十	四百十二
	鵲竿村	朱家塔　大園裏　觀音堂	七	三十五	三百五十一
	沈家渡	沈家渡	三	十五	一百七十四

邵陳岩	下邵　坂裏陳　墈頭岩	三	十五	一百六十
青溪村	諸塢　羅家山	四	二十	一百三十七
臨浦里	臨浦鎮	八	三十八	四百六十三
苧蘿村	娘娘廟前　上石橋　西山張　下塢	二	一十	九十三
永義村	窖裏孫　三泉王　柳家　孫夏鄭	四	二十	二百十七
王灣村	燕窠王　山裏王　橫山　李家閘	四	二十	一百九十一
金錢村	錢家灣　金雞山　四一房　舍裏周	三	十五	一百四十七
柳塘村	婁家灣　莊裏陳	三	十五	二百零二
張漁村	張家坂　漁家埭	三	十五	一百五十三
六安村	鉚塢　岱塢　下坟　麻園　南莊北　山頭王	四	二十	二百十四
集安村	橋裏　祥裏王　山下陳　丁家	三	十五	一百七十五
所前里	老河埠　上街　下街　衙門前	三	十五	一百六十三
永安村	金家街　導山王　上鹽地　胥江王　橫埠 灣頭　柯家	四	二十	二百五十七
杜賈村	杜家　賈家	四	二十	二百十七
東山下村	東山夏　嶺下金　店裏王	三	十五	一百三十八
鄭家村	鄭家　汪家　洪瓦池頭　山棲街	四	二十	二百三十
傅芳村	傅芳	五	二十五	三百零八
下山棲村	趙塢　池頭沈　山裏沈　嶺下塢　夏家埭 上安王　繆家	八	四十	五百零八
塗川村	孫家　祝家　虞家塔　泗洲山灣	六	三十	三百三十三
曹塢村	曹塢	三	十	
第十一區　昌安里	昌安街加入昌安附郭門頭及橫河兩處	二十五	一百二十三	一千三百六十四
山下村	王家山下	四	十八	一百七十七

廳後村	孟家溇 馮家溇 陳家溇 周家溇 段家匯 丁家村	六	二十八	三百十八
湖塘村	上中下三湖塘 祭境後	六	二十九	二百九十八
寨下村	上寨 下寨 祝家廟 永樂 永福橋 梅棲 官瀆 洋瀆 小官	七	三十一	三百二十
曲屯村	曲屯 界樹 張港 金港 郭婆溇	一十	五十	五百三十七
單港村	單港 咲港	十六	七十九	七百九十一
東浦里	東浦市	四	十九	二百九十六
浦東村	東浦東社	六	二十七	三百六十四
浦南村	東浦南社	六	二十七	三百四十九
浦西村	東浦西社	七	三十五	四百五十四
浦北村	東浦北社	八	四十	五百零一
永林村	東林頭 西林頭 六港 永泰	七	三十二	三百四十六
蔣善村	蔣家墺 小善	八	三十七	四百六十
樟墅村	張墅	六	三十	三百九十
沿港村	大樹港 裏迪 梁舫 南陽 西站 大善 鍾家灣	四	二十	二百六十五
魚家村	白魚潭 三家村 宮后	八	三十七	三百七十九
松林村	松林 謝家岸	二十三	一百十二	一千一百四十二
則水村	則水牌	二十	一百	一千零十一
趙墅村	趙墅 永仁	十一	五十二	五百五十五
柏舍村	柏舍 浪頭湖	一十	四十七	四百九十一
恂興村	恂興	七	三十一	三百二十
盛墨村	盛港 墨莊	七	三十五	三百四十五

第十二區

穀社村	裏穀社　外穀社	六	二十八	二百七十五
安東里	安昌東市　朱家坂　周家漊　何家墩　湖村　潘家灣　顧家埭	二十一	一百二十二	一千五百八十二
安西里	安昌西市　附白馬山　南浦　陳家漊　金家漊　西上沙	二十七	一百三十八	一千七百四十二
王合聯合村	漊底王　倪家　前漊　後宅漊　坂里王　西岸	四	二十一	二百三十五
西扆村	蕭家漊　底橋頭　後莊　水路港　馬迴橋　牛口閘　濮家　茶亭橋　蕩下湖　虹橋　園裏沈　寺前　官河沿	十五	七十七	八百六十五
璇西聯合村	前莊　大池坂　趙家漊　西化坂　墩上徐　小西莊	十三	五十六	六百五十五
瑞麥聯合村	白洋　西塘下內　濁家塘頭　道士漊　蔡家匯南北岸　夏家漊	十一	五十四	五百六十
西塘下聯合村	西塘下灣　梅龍殿灣　二埭橫灣　許仙橋　壽大潭　陰山地　閘湖　老鼠尾	十七	八十八	九百四十五
山右聯合村	閘湖　後渡　山西	十一	五十五	五百三十二
毓秀聯合村	黃公漊　倉頭　九墩　趙家埭　西洋坂　徐家坂　盧家　長漊　湖鼎　裏壩　外壩	十五	六十九	七百十四
黃公村	黃包村　鎮海村	七	二十九	三百六十二
衆興村	單木橋　衆興菴	七	三十七	三百九十
長沙聯合村	財神殿　長沙殿	一十	五十二	五百四十六
盛陵聯合村	錢家埭　後盛陵　中盛陵　前盛陵　龍潭漊　包家漊　三潭村　李家漊　蔣家村	十三	六十四	六百五十六
瑞南聯合村	寺前東西　大漊　廟漊　前後葛漊　銀定漊	一十	五十四	六百八十九

瑞北聯合村	橋頭王 堰頭徐 東岸徐 南包 後包 西池頭 金家池頭 劉家場 老金家 陳家 吳江塘 朱家 匯頭王 寺後 唐家溇 朝北台門 中溇 船舫下 湖東岸 後溇 渡船頭 下池頭 念魚灘 百家溇 陳十房	八	三十八	五百三十
蜀阜聯合村	東蜀阜 西蜀阜 西墟	十五	七十五	八百零四
塗山聯合村	大西莊 吳江塘 沙田	十一	五十一	五百七十四
華舍前里	前圓闕 諸侯江 姚衖 南池 啞婆溇	二十	九十六	一千二百三十二
華舍後里	後圓闕 蕭家溇 沙地壽 東溇 新溇 蕭社 東上沙	十五	七十	八百零三
永新聯合村	周家橋 西岸周 稱勾溇 睦橋頭 上溫瀆 下溫瀆	十四	六十一	六百七十
待駕橋村	待駕橋 前頭溇 姚家溇	七	三十三	三百八十四
湖門村	東湖門 西湖門	十五	七十二	七百九十九
朱咸村	嚴家溇 孫家匯頭 橫湖 雙廟前 迎駕橋 韓衖東岸	一十	四十二	四百九十八
沙川村	沙地王 上單 百廿二房	六	二十五	二百五十七
中塘聯合村	中潭 潭底	六	二十五	三百零五
張溇村	張溇 富連溇	十四	七十	八百三十二
黨山村	黨山 淡家 存里村 魯家	十五	七十五	七百八十三
梅林村	先梅林 後梅林 張家橋頭 羅漢堂	八	三十八	四百五十七
丈午聯合村	上丈午村 匯頭陸 高潘 前村岸 下丈午村 丈午村灣 包殿灣	十五	七十六	七百六十七

倪莊聯合村	倪家浦 七家浦 官湖沿 新橋頭 大漊底 魚池頭	七	三十四	三百四十一
團前聯合村	團前 西花園 團前灣 三官埠灣 車路灣	九	四十四	四百三十九
梅黨聯合村	梅林灣 黨山灣 二埭灣	十二	五十九	六百三十六
陶里村	陶里 附七家坂	十一	五十一	六百五十六
陶賢聯合村	東漊底 漊底孫 牆回頭	八	三十八	四百十七
六社聯合村	大林 李家坂 南孫	十一	五十八	六百八十
鎮東聯合村	鎮龍殿	十三	六十三	六百三十三
鎮西聯合村	包殿灣	八	三十九	四百
南塘聯合村	八字橋 石浦 扁陀 王家漊 錢家小漊 朱家埭 白路涇 楊家埭 池里洋 沙地王 魏家 金家漊	十六	七十八	七百九十八
齊賢里	大蕩沿 朱家漊 秧田頭 徐家漊 屠家漊 聚仙漊 竹場漊 八房 九房 廟漊 東官衖 潁川橋 埠船漊 柴船漊 道士漊 十八房 後市街 官衖 譚家漊 龍王橋 上方橋 鄭姓岸頭 沃家漊 羊石 李家埠頭 徐家竈 浦沿 西徐巷 禹降 鳳林山西 湖墺	四十五	二百二十一	二千六百六十三
峯玉聯合村	山頭 小大廳 華家	七	三十三	三百四十五
集賢聯合村	大山南 小山南 湖口 墰埭下鄭 墰埭單家 沙田	十	四十六	五百六十四
興南村	尚義當 金家漊 橫湖沿	六	二十八	三百十四
興東聯合村	陳家漊 沈家漊 陳港	六	二十八	三百二十四

興北聯合村	韓家溇 馬家岸頭 後井頭	四	十八	二百十九	
錦曲村	陽嘉龍 溜頭村 後江村	一十	四十四	四百四十八	
龍門聯合村	中溇村 前溇村 後溇村 堰頭村	九	四十二	四百三十八	
雙澤聯合村	高澤 上澤 雙橋 前梁	八	三十八	四百零八	
嘉勢村		八	三十六	四百	
光西村	光華溇 西河沿	三	十五	一百四十九	此村未成立與中塘村合併
第十三區 陡亹鎮	倉溇底 大江沿 馬埠頭 場前 大神廟前 濟衕口 月灣街 老閘下 土地堂前 洞橋頭 匯頭俞 高階沿 磨坊橋 李家岸頭 百丈溇 鵝市橋 黃木橋 財神堂前 巷牌下 寶積橋 前後馮村 萬安橋 趙家橋 油樹下 花浦橋	二十九	一百四十三	一千七百八十三	
璜佁聯合村	金溇底 古佁塘頭 璜山 沙裏洋	七	三十五	四百五十九	
山前村	山前裏	二	十一	一百十五	
東梧村	王相橋 相二房 前間 頭段宋 東堰頭 桔樹下 西堰頭 高港 肥溇	十一	四十八	五百零六	
上嵩灣村	肖家橋 里文周 朝東屋 宋公溇 裘家溇 東王 單家溇	五	二十五	二百九十六	
下嵩灣村	眞武殿 塘上王 茹家溇 王三房 廟橫 巴里 溇灣 虎伏溇	四	十八	二百十一	
高木村	高木 楊樹溇 北里溇 九頭溇	八	三十八	三百九十八	
丁桑墅村	丁港 桑港 戚墅	九	四十七	四百七十八	
長壽村	寺東 寺西 涇港	七	三十六	三百七十一	

鍾泗村	鍾家甲　石泗	一十	四十二	四百九十七
菖蒲村	菖蒲漊	一十	四十四	五百二十二
楊望村	袁家　駱家　黃家　沈家　架子頭　坂裏袁　湖潮港　西湖頭　何監房　上窰	一十	三十四	五百三十三
東安村	東安城　形浦	十三	六十三	六百五十九
西安村	西安城　丁墟	七	三十四	三百九十五
袍瀆村	壩裏金　小庵前　嘗漊　大道地　朝北台門　張家漊　南北徐李家　洋港　裏坂漊　葛家漊　壩頭丁　陳家漊　橫河　方家	十八	九十五	一千二百零二
富朱村	富陵　許監房　褚家　朱家潭	八	四十四	五百
楓港村	五楓　謝港	五	二十三	二百三十九
潞陽村	前王　後王峻裏　施家灣	十六	七十七	八百零二
儲西聯合村	朱儲后　高閘漊　葫蘆墩　童家　西山頭　西堡　七里港	十一	五十五	六百零二
柘江諸埭聯合村	後諸　莊頭　柘林　墂埭	二十一	一百零三	一千零十二
馬鞍閭鴐里村	閭鴐橋　高田　南周坂　韓家漊　小埠頭　章家埭　楊家埭	十七	八十五	八百五十
馬鞍東村	汎城　南塘頭　丁家堰　姚家埠　童家塔　陳莊	二十二	一百零七	一千零六十二
馬鞍南村	坂裏沈　山下陳　岙下傅　湖塘墩　橫塘頭　山灣裏　潘家埭　湯灣村	十六	七十六	七百八十
馬鞍山外村	祥凝漊　羊迂瀆　巷口　木枝塢　西閘街　井弄　上許　下許　大山下　莊裏傅	二十	一百	一千零七十五

	馬鞍西村	夾蓬閘 夾瀆 傅江下 落岡下 湖西岸 金家漊 橫河陸 寺橋頭	七	四十一	四百十九
	馬鞍北村	夾浜 夾竈 西塘下 直湖頭	一十	五十七	五百七十五
	馬鞍塘外西村	美爺灣西 夾浜灣 夾灶灣 趙家灣 斷沿橋東	十四	六十七	六百七十
	馬鞍塘外東村	美爺灣東 直湖頭楊老勝灣 小東頭灣 塘下	十八	九十	八百九十九
	荷湖村	荷湖 湖裏頭 祝家莊 璜山外 亭心亭	十二	五十八	六百三十二
	三江內城村	三江城	十一	五十五	六百二十四
	三江外城村	南門 姚李家 南漊底 柏舟灣 後閘漊 塘灣 童家 章家 新塘登	六	二十九	三百三十七
第十四區	孫端里	孫端市	一十	四十九	五百三十六
	廟東聯合村	廟漊底 東周 趙墓 西沈埭	四	二十一	二百七十二
	前桑盈村	前桑盈	六	三十	三百四十三
	後小庫村	後小庫	四	二十	二百零一
	楡林村	楡林	六	三十	三百三十三
	樂許聯合村	樂巷 壈頭 許家埭 許家圖 許家橋	六	二十八	三百三十五
	安裏聯合村	安橋頭 裏趙	六	三十	三百零九
	西塘聯合村	大吉菴 任家浦 東匯頭 鎮塘殿 西塘下	七	三十四	四百十二
	殖澧聯合村	殖餌周 前澧江 後澧江	七	三十五	四百零九
	王新聯合村	新埠頭 王公浦 王家漊 丈八漊 王老灣	五	二十五	三百零四
	東塘聯合村	東楊港 西楊港 堰墩下 前章 塘灣 新屋下 屠家 馬家塘下	七	三十五	四百六十四

南匯村	南匯	十三	六十五	六百八十一
姚家埭里	姚家埭	九	四十五	四百九十五
高王潭聯合村	高車頭 王家漊 港口瀆 後高車頭 大小潭 朝北漊 淡坂大屋	八	三十七	四百零九
陶傅田聯合村	陶家埭 傅家埭 俞家漊 外班 花徑 田港 破塘	十一	五十六	五百五十四
陸陳聯合村	陸家埭 陳家横	八	四十	四百四十四
長樂施村	長樂施	八	三十八	四百零二
宣徐蔣聯合村	宣港 韓家埭 徐家漊 廟前王 蔣家漊 酈沙埭	五	三十	三百二十
漁港村	漁港	八	三十六	三百三十九
送駕漊村	送駕漊	十一	五十二	五百三十五
后池聯合村	后堡 柳港 孟涇頭 南池	七	三十六	三百六十五
車上聯合村	車家弄 柳家塗 上許 薛家漊	十一	五十二	五百三十八
酈韓聯合村	酈家埭 宋大房 韓家漊	五	二十六	二百六十一
吳融村	吳融	十六	七十九	八百二十三
碧單聯合村	單家埭 碧波潭	四	二十	一百九十七
王甫莊村	王甫莊	十三	六十三	六百五十五
前小庫村	前小庫	五	二十四	二百六十五
第十五區				
嘯吟里	荷花漊北岸 東弄口 打鐵漊 馮家匯頭 關殿沿 鴛鴦街 鹽廠匯頭 後街 賣草匯頭 西壩頭 東匯陳 大湖東岸 大湖西岸 魏家 西匯陳 南岸頭 童家 荷花漊南岸 東桑 巷牌頭 高田頭 廟弄 四將殿 茂照當沿	二十四	一百零八	一千二百二十三

陶堰聯合村	石家漊 莫家漊 尙義橋 莫家後漊 後吳家 前吳家 東圖 西圖 西圖後江 西圖鋪前 西圖洋前 謝家埭 西上塘 市鎮 市後 大水港	十九	九十三	九百六十七
堰東聯合村	張家塊 堰上 涇口魚池前 涇口橋南 老屋 涇口官塘 涇口戴家村 茶亭	八	三十七	三百九十一
堰南第一聯合村	蛇山頭 東南湖 西南湖 泥刀漊 南苑 花莊 倒趾	七	三十五	三百六十三
堰南第二聯合村	蘭蘆 横夜北岸 横夜南岸 横涇	七	三十五	三百五十四
堰西聯合村	費墅 張家漊 後横 蘆徐 田家埭 茅洋 唐家漊 呂家漊 湖裏涇 南皋	九	四十五	四百七十三
堰北第一聯合村	虹橋 石橋衖 魚肚下 楊家漊 賴橋 邵家漊	八	三十六	三百八十一
堰北第二聯合村	周家灣 下家灣 蕩灣 瓜山 繆家漊 莫家漊 大溜 丁家埭 洋堰 白塔	九	三十八	三百九十二
古渚塘外西聯第二村	阮家地 趙家地 魏家地 柳家地 潘家地 嚴家地 張塘	八	三十	三百五十九
合浦村	偁浦 堰頭 夏家 張家 後楊下 莊裏 前楊下 湖池下 常頭王 御家漊 後市 塘下 蔣家 横湖 高李沈 許家 楝樹下 西昂 三條漊 後馮 前馮 王家塔 沈家塔	二十一	九十八	一千零零五

韓濱六處聯合村	洋港 小陳 謝家 陸家 坂里古	九	四十五	四百四十九
古渚塘外東聯第一村	新路亭 汪家地 閔家地 朱家地 謝家地	六	二十六	二百七十四
屯上錢聯合村	金家畈 前頭王 前漊 前中漊 後中漊 屠家岸頭 前中後漊 吳家莊 鄔家漊 錢家漊 後橫港 廟裏	一十	四十七	五百零四
車隆徐聯合村	車家浦塘上 車家浦後六房 後車 前車 長漊底 徐家堰上廠 新頭港	五	二十	二百三十五
寺東聯合村	前後楊 楊家漊 虎二三房 前七房 竹橋頭 外匯頭 范家 柴家 前漊底 淡畈 王家漊	五	二十四	三百二十七
古渚聯塘村	閔家漊 汪家漊 潘家 王家 謝家 官道基 茶亭頭 塘沿 上阮 下阮	七	三十五	三百九十一
阮邵聯合村	水滄 後阮 中阮 寺前 灣底	六	三十	三百
西岑里	西門 北門	一十	五十	五百零八
浦匯村	全村沙地住民散居	五	二十五	二百五十四
樂安村	東門邵 大平巷 木橋頭 中邵 前邵 西將 前台門 後道地 東蔣 後橫河 塘外 茅蓬 上舍 後邵 墩前邵	九	四十五	四百七十六
西衞聯合村	顧家 陳家 諸李邵 趙家 高田頭 前王 前倪 俞家 應家 後倪	八	四十	四百零一
張家瀝聯合村	寺西 新橋 大塘	六	二十九	三百十七
村繆聯合村	村頭 繆家漬 銅酌樓	五	二十五	三百零四

附第一區村里籌備報告調查及編制之經過

本區原有自治區域曰城區其範圍爲縣城及偏門西郭昌安三附郭蓋自清末辦理自治以來相沿迄今其稱爲第一區者係從前辦理國省議會之選舉分區而定故亦可稱爲選舉區本會籌備編制因幅員之廣戶口之衆着手實感困難時逾兩月計劃且四易勉強告竣中間經過不容不一爲陳述以告關心於地方自治事業者茲就城與三附郭分別言之

（一）城內　查城內戶數依最近調查計二萬三千餘戶其面積達二十五平方里蓋浙省之中除杭縣外無逾此者本會編制之始就原有之坊入手城中向分四十坊以一人任兩坊或三坊分頭規劃經一度之實地考察其原有坊界參差錯綜不得要領且有一坊分劃至三四處不相聯接者乃知坊之不能爲準第二次改用河流分段之法劃作十五段就各段總核戶數分編村里（當時以城爲封建傳統物此種觀念不可不破除且思引起到鄉村去之意擬於城中無商舖而有農田處所悉名爲村嗣見民政廳對於海甯縣之解釋謂市集固有區域係指該市集之整個區域而言該縣城區地方應照市集區域編制於是悉稱爲里）結果得里三十有九但零星破碎段落過多如原有大街自大江橋至南門竟分成十餘里殊嫌偪促於是又變更計劃專依據河流劃成二十六里卒之戶數多寡懸殊多或二千戶以上小或三四百戶將來辦事其能力必難相稱因之第三次之計劃又不能不從事改變乃參考山西閻錫山氏之整理村範論謂村之良組織須者察其經費之能力方能成一活體閻氏爲吾國實行村制之先進言自可師其所言在村然在里亦何獨不然於是就戶數少而經濟能力薄弱者爲之增益戶數其商舖繁盛經濟較優者酌量減其戶數更參酌地勢準以河流或山之分水編爲十有六里中間雖以地勢關係未能盡如所擬之標準但期界址之分明固不能強爲也

又里之分劃雖憑河流但住戶中有住宅在河之南屬甲里而於門前駕橋出入而在河之北屬乙里者編制閭鄰祇能屬於乙里又如弄亦有坐落在河之南屬甲里而弄口駕橋出入須在河之北屬乙里者此等處所應考察其弄與甲里是否相通如能與甲里通則編入甲里如不能通亦祇能編入乙里此種情形固無良法以處之也

（二）西郭附郭　西郭附郭地勢自西郭城西出至霞川橋其北首爲一直線長三里餘兩岸皆有商舖雜以民居戶數共一千一百餘戶與十一區之東合鄉相接者有小村落一地名宮後南首有小村落四則與偏門附郭相毗連最初計劃以宮後完全爲村與西郭門外應稱里之性質有別既與東合鄉連不如併入東合鄉爲便既與第十一區會商妥洽矣嗣經實地調查其地住戶夾岸而居不能以河流爲界劃祇能仍行收回將前與十一區之協議雙方取銷因該地地勢初擬編一村兩里以西郭上下兩岸各爲一里而以南首之數村落合爲一村迨綜核戶數均嫌其少猶豫莫決適得民政廳對於麗水縣之解釋謂凡認爲該市集區域內各地點均屬該區域範圍應共組成一里云云與該處之數村落情形適相合遂決定舉西郭附郭之固有區域共合爲一里

以上所述均爲本會籌備第一步編制村里中經過之實在情形本會所定之大體方針有二一曰求其組織爲一活體使能力相稱一曰求境界之分明不使他日辦事彼此牽混維同人等智識短淺雖經幾度之修改深恐不當之處正多然而智力竭矣茲將呈報之件刊爲一書計表二圖二（圖略）就正於邦人君子若蒙不吝指教其中謬誤之點予以糾正或逕呈縣政府重爲編制或賜函本會俾得再加考核以臻完善則地方幸甚同人幸甚

附錄　表之說明

（一）固有市村調查報告凡屬於村里制施行程序第一條第一第二第三三項屬之說明如左

（甲）施行程序所稱市集或村落固有云云在本區向祇渾言之曰城區別無其他固有之可舉然逕以一城三附郭概括之曰固有區域實嫌統籠於是設法分析并期後人可知沿革在城者以坊爲固有區共爲四十區在附郭者祇西郭附郭一區合爲四十一區

（乙）表分六欄第一欄爲坊與附郭之固有名稱第二欄爲固有境界（按施行程序第一條第二項所稱固有境界及四圍界址頗難分別今將各區內之地名列入固有境界欄）將所有舊隸於是區之地名悉行列入並將編制後劃入某里分別註明庶異日可知沿革第三欄曰四圍境界乃列舉本區內之四圍地址第四欄曰四至境界因前欄僅及四圍恐左右鄰區不能明瞭故加此欄（按從前記載皆稱四至或增爲八到曰至曰到皆指對於鄰境者言今本程序稱爲四圍則祇能就本境之四圍言非加列四至難期明瞭也）第五欄曰住戶總數此項戶數乃依據本年最近之調查列入第六欄曰備考

（丙）本表第三欄所列之四圍界址其坊之區域記述實難查坊之編制始於宋當時民居必不如今之稠密兩坊相連之處必有空曠之地故從而分析之嗣後隙地都成民居於是坊之中又自成一坊以至一坊之地有分爲兩處者如石童東府永昌等坊是有分爲三處者如安甯坊是有分爲四處者如西府坊是且坊之分析或以街之中心爲界於是街左爲甲坊街右爲乙坊望衡對宇而坊則異焉或以街面民居爲界一街之中有巷或弄者則將巷弄口之第一家入甲坊而以第二戶入乙坊宅宇一經變更界限便而參差今求閱者明瞭於此等處所用穿包沿經等字爲別穿街心爲界者或穿過街面民房而以屋後爲界者或穿一弄之中段爲界者則曰穿其全弄全巷屬甲弄者則曰包而對於乙坊則曰沿其經過河流及地段爲中間分界者則曰經此種字義記者不學無先例可循以意定之知不免貽笑大雅耳又此項界址或經籌備員實地考查或招坊警詳爲詢問然積年已久依據毫無有無錯誤未敢必也

（二）村里編制報告　按本區無村前制稱村里自應連舉說明如左

（甲）本表第一欄曰村里名列新編定之名稱第二欄曰境內地名將境內所有地名一概列入并註明舊爲某坊某附郭以誌沿革第三欄曰四圍境界第四欄曰四至境界（此二欄之用意與甲表同）第五欄曰住戶總數此戶數亦依最近之調查開列因未經編查戶數增減無可稽也第六欄曰備考將命名之意記入之是否有當亦望高明指正也

（乙）第三欄之四圍境界記載加詳其四週起訖不敢稍混庶將來委員會樹界可資依據

市集村落固有事項調查報告

市集或村落固有名稱	固有境界	四圍界址 東	四圍界址 南	四圍界址 西	四圍界址 北	四至境界 東	四至境界 南	四至境界 西	四至境界 北	住戶總數	備考
西陶坊	杏花寺前小橋　府學前後　陶家漊　通判橋　蓮河橋　小橋頭　雙池頭　柳橋下　羅門坂　曲池　桂園　揚鵰橋　文匯橋　南大港　學後營　以上入南大里	由太平橋。（卽官齊橋）經羅門橋河流。再達稽山門。	由稽山門。西至望花坂南面城垣。	由望花坂南面城垣。北穿舊府學宮之半。達杏花寺南面。河。	由杏花寺南面。經蓮河橋。新橋。柳橋。天門橋。達太平橋。河流。	稽山坊	城垣	上望坊	東仰坊	三百四十四戶	
上望坊	都亭橋直街　華陀廟前　捨子橋河沿　大善法弄　柔遯弄　白衙弄（俗作白鵝弄）　大慶橋後街　秋官第　柴場頭　祠堂弄　小善法弄　望花坊橋直街（俗作馬坊橋）　府學弄　大王廟前　小橋弄　鮑家橋下岸　望花坂　投醪河（俗作單條下）讓簷街　石柱頭　以上入南大里	由都亭橋民房屋後。包讓簷街。經舊紹興府學中間。南至望花坂南面城垣。	由望花坂南面城垣。至南門。	由南門。經南秀橋。建安橋。鮑家橋。太平橋。捨子橋。景甯橋。大慶橋。至荷葉橋東首。及藕梗橋西首。河流。	由藕梗橋。至都亭橋。河流。	東仰坊西陶坊	城垣	上植坊	東陶坊	七百六十九戶	
東	杏花寺前　仰盆橋　小包殿	官齊橋河。	由官齊橋南	由望花橋。	由橫柔遯弄	城垣	西陶	上望	東陶	三百	

仰坊	稽山坊
前　更樓下　新弄　柳橋頭　積水弄　孝女弄　孟家弄　楊衙弄　直柔遯弄　以上入南大里	覆盆橋下　禹蹟寺前　燕鈿弄　目蓮巷　駙馬池　王風弄　孟家橋　日新閣　掠斜溪　繆家橋河沿　金斗橋　雙池頭　後衙橋　春波弄北　大池弄　高田弄　安定橋　第四宮　安弄　延慶寺前　以上入咸歡里　大道地　惠日橋　稽山門頭　孟家橋下　洋河弄　新橋　目蓮橋河沿　羅漢橋南（即春波橋）　永福橋南　積水弄　以上入南大里
	東郭門
經天門橋○柳橋○新橋○蓮河橋○至望花坊橋○河流○	由東郭門南首城垣○西穿孝女弄○孟家弄○楊衙弄○新弄○積水弄之中半段○至望郎橋○又由太陽橋南面○東靠東郭門沿城垣○西經太平橋○羅門橋○河流○達
穿讓簷街東面民房屋後○至橫柔遯弄東口○	望郎橋北上○經覆盆橋○安定橋○河○又由安定橋西北○穿東咸歡河沿北岸民房屋後○至掠斜溪西首○
東口穿民房屋後○西經望郎橋○又穿積水弄○新弄○楊衙弄○孟家弄○孝女弄之中半段○至官齊橋東首○河○	由掠斜溪西首○穿繆家橋北首民房屋後○過大池弄北口○沿雙池頭○至東郭門北首城垣○
	東郭門城垣
坊上望坊	東仰坊
坊	東陶坊朝東坊
坊稽山坊	朝東坊中望坊
零三戶	六百三十四戶

坊名	街巷	四至				鄰坊				戶數
			稽山門。							
東陶坊	高田弄　覆盆橋　都昌坊　秋官第　糖汁滙頭　西咸歡河南岸　東咸歡河三板橋　東咸歡河四板橋　塔子橋直街　東咸歡河沿　以上入咸歡里　張馬弄　張馬橋南　以上入南大里	由安定橋，經覆盆橋。達望郎橋。河。	由望郎橋西挽。穿直柔遜弄。經都亭橋。至藕梗橋。河，	由藕梗橋西口。經大雲橋。至咸歡橋東口。河	由咸歡橋經塔子橋。四板橋。至安定橋。河。	稽山坊	東仰坊上望坊	大雲坊	朝東坊	四百四十五戶
朝東坊	暗橋　當弄　竹園橋　聖路橋河沿　聖路橋　貫珠樓河沿　吳三板橋　蔡家弄　學壙地　合璧樓　鬬雞場　籬子弄　鳩鴣山頭　忠義弄　豆腐弄　以上入孝義里　集賢橋　五福亭　西咸歡河直街　西咸歡河沿　馬梧橋　馬梧橋河沿　水神廟　靜林巷　高家弄　東咸歡河沿　觀音弄　唐家弄　狀元弄　吳三板橋　安定橋　塔子橋　以上入咸歡里	由局閣橋。沿換灰弄（一作玩花弄）西首，穿觀音弄。至大池弄北口西首。	由觀音弄南面之大池弄北口。穿民房至掠斜溪西瀵底。又由掠斜溪瀵底。東南穿民房。至安定橋。更由安定橋東口。經四板橋。塔子橋。咸歡橋。河流。	由咸歡橋西口，經五福橋、市門橋。集賢橋西口。隆興橋口。竹園橋西口。通市橋。暗橋西口。河流。	由暗橋。經湯公祠前小橋。聖路橋。至大坊口東首。河。又由魚化橋西首河，起至局園橋西口。河。	中望坊	東陶坊又稽山坊西北一角	大雲坊東觀坊又南和坊東南一小角	安寧坊下望坊	一千六百九十四戶

中望坊	觀音弄底　扳馬莊　會源橋　以上入咸歡里　換灰橋（一作玩花橋）　觀音橋　龍門橋南河沿　九曲弄　九節橋南河沿　小局園　草子田頭　半野堂　白果弄　東雙橋南河沿　寺池當弄　祠堂漊　馬弄　紡車橋河沿　以上入孝義里	由登雲橋南口。至東郭門北首。向會源橋河口。	由東郭門西北首河流。經雙池頭北岸。及趙園前面　至大池弄北口。	由大池弄北口。穿觀音弄北。包換灰弄。達局園橋東口，河，又北穿局園。達新嶽廟前之枯生橋。	由枯生橋。經九節橋。德福橋，望春橋。興安橋。平霞橋，達登雲橋南口。河流。	都泗坊	稽山坊	朝東坊下望坊	西大坊都泗坊	五百六十一戶
都泗坊	東雙橋直街及河沿　白菓樹下　五雲門頭　金鑑橋河沿　望春橋北　以上入湯公里　都泗門頭　龍華塘　以上入長安里	由都泗門東北轉灣城垣。南經都泗門。五雲門。一帶城垣。	由登雲橋南面。經平霞橋。興安橋。望春橋。達東雙橋。河流。又由登雲橋。東靠城垣。西依河流。至入會源橋極東河口。	由東雙橋。北上至金鑑橋河流。又由大池北，跨廣甯橋河。西折包龍華橋、又沿龍華橋河流。北沿東大池東岸。	東大池東北首城垣。曲折達都泗門東北轉灣之城垣。	城垣	中望坊	西大坊石童坊東府坊	城垣	二百九十二戶
下	七家橋河沿　潘家弄　睡仙橋河沿　枯生弄　朱家弄	由新嶽廟前之小橋南堍	由九曲弄西口。經局園	由貫珠樓東首河沿。北	由聖路橋東首河。經睡	中望坊	朝東坊	朝東坊	安寧坊西	三百五十

望坊	新廟弄　魚化橋河沿　孝義弄　局園　孝義橋 以上入孝義里	。沿小瀆。穿局園。至九曲弄西口河。	橋。魚化橋。至貫珠樓東首。河。	穿民房。至聖路橋東首。河。	仙橋。孝義橋。至新嶽廟前之小橋。河流。				大坊	九戶	
西大坊	新街口　大樹下　第一祠　新嶽廟前　大道地　東雙橋　在弄　鮑家弄　五多功　東街 以上入湯公里 荳芽場 以上入孝義里	由金鑑橋。至東雙橋。河。	由東雙橋。經德福橋。九節橋。孝義橋。又包荳芽場。經枯生橋。睡仙橋。河。	由睡仙橋南堍。穿民房。至台弄南口。河。	由台弄南口。經睡龍橋。老虎橋。至金鑑橋西口。河。	都泗坊	中望坊下望坊	東大坊	石童坊	四百六十八戶	
石童坊	廣寧橋河沿　廣寧橋直街　倉弄　金鑑瀍　八字橋　老濟橋下　東趙衙弄　巷牌口　睡龍橋北　三才殿前 以上入湯公里	由龍華橋東首河。穿民房。至大池。	由大池。經金鑑橋。八字橋南口。老虎橋。睡龍橋。至台弄南口。河。	由台弄中段。穿民房。經五珠弄北。包東趙衙弄。至北首。河。	由趙衙弄北口河。經韓衙前。廣寧橋。至龍華橋東首。河。	都泗坊	西大坊	東大坊	永昌坊西府坊東府坊	二百九十四戶	本坊原分二處故分別記之
其二	石童廟廟後河沿　長橋河沿　猫兒橋河沿　永福橋下　長橋西首街　石童廟前　寶祐橋河沿　瑞安橋河沿 以上入昌福里	由永福橋。經貓兒橋東口。至長橋東口。河。	由長橋東口。經寶祐橋。掇木橋。瑞安橋西首。河。	由瑞安橋西首河。包寶祐橋河沿民房。又由寶佑橋北堍。	永福橋。	永昌坊	東府坊西府坊	永福坊	安寧坊		

	東府坊	其二
	廣寧橋直街　新財神殿　東府廟　大井頭　大王廟　東大池　大營　灘井弄　蜻蜓池（一作雙林池）　白馬廟前　胡公殿直街　以上入長安里	隆教寺前　縣東門　火神廟前　小坊口　闕箕巷　斷河頭　縣署前　公街　縣西橋
	由東大池東北首城牆。起包東大池。經東大池南出河流。至龍華橋北首。河。	由縣宅東首。跨衕河。東經通泰橋
	由龍華橋北首河流。出龍華寺西首小橋、至廣甯橋。河流。	由大坊口路北民房屋後。經開元寺
包石童廟。北穿民房。至永福橋。	由廣寧橋北堍。包柿樹下。西北穿灘井弄路南民房。至龍舌嘴。又北上穿三角道地。大井沿西口。崔家弄西口經胡公廟前。又北穿西府廟東口。白馬廟前。至祥符弄南口。之各路街心。	由花巷。至縣西橋東堍北首。
	由祥符弄南首。穿民房。包彭山。穿蜻蜓池北角。折向東北達城垣。	由縣西橋東堍北首。穿民房。跨衕
	都泗坊	東大坊西府坊
	西府坊	安甯坊
	永昌坊西府坊	南和坊迎恩坊
	安寧坊	永昌坊
	一千一百十六戶	
	本坊原分二處故分別記之	

紹興縣志資料　第一輯　鄉鎮

	花巷　以上入湯公里　衖河北岸　以上入昌福里	。穿街東民房。至縣東門。又包團箕巷。穿腰弄街心。又穿斷河頭民房。至大坊口東首民房屋後。	後面。出花巷南口。	河，包縣宅。		永福坊					
東大坊	寶祐橋東南河沿　小寶祐橋　頭陀菴前　睡龍橋　斷河頭　狀元橋　團箕巷　三才殿前　柴場弄　西趙衙弄　以上入湯公里	由東趙衙弄路西民房屋後、穿五珠弄中段，又穿台弄街心。出台弄口。穿民房。至新街口。	由新街口。穿民房。至斷河頭南首民房。	穿斷河頭民房，經腰弄街心。又穿團箕巷。又西折包有富弄南半段，（按有富弄北半段屬西府坊）	由有富弄北口。經寶祐橋。長橋南口。河流。至東趙衙弄北口。	石童坊　西大坊	西大坊　安甯坊	東府坊　西府坊	石童坊	四百六十五戶	
西府坊	胡家池　西府廟前　謝家灣頭　童家弄堂　白馬廟前　祥符弄　昌安橋　大園　提扇橋河沿　咸甯橋　以上入長安里	由白馬廟前街心。經西府廟路東。至高井頭。	由高井頭。經謝家灣頭南首。至題扇橋南首。河。	由題扇橋。至咸甯橋。河。	由咸甯橋北首。至昌安橋南首。河。又沿祥符弄。至白馬	安甯坊　東大坊	永昌坊　東中坊	戒珠坊	昌安坊　安甯坊	七百四十一戶	本坊原分四處

					廟前。						
其二	韓衙前　三角道地　以上入長安里	穿柹樹下西首民房。達廣甯橋。	由廣甯橋。至韓衙前。河。	由韓衙前。北穿龍舌嘴街。	由龍舌嘴。穿民房。至柹樹下西首民房屋後。	東府坊	石童坊	永昌坊	東府坊		
其三	寶幢巷　掇木橋南　有富弄　以上入湯公里	包有富弄北段。南穿民房。達團基巷。	團基巷。	由團箕巷北。穿寶幢巷。至通泰橋東口。河。	由通泰橋北口。經瑞安橋。掇木橋。河流。至有富弄北口。	東大坊	東大坊東府坊	東府坊	永福坊石童坊		
其四	中正橋直街　諸善弄　後街弄口　以上入昌福里	包中正橋直街。永福街西口。及月池坊東口。	永福街西口。及月池坊東口。	由月池坊東口。北穿諸善弄中段。至斜橋。	斜橋。及中正橋。相連之河。	安甯坊永福坊	永福坊	永昌坊	西中坊		
安寧坊	昌安橋河沿　安甯橋河沿　祥符弄　史家台門　李洪新弄　唐家弄　順昌號弄　城河沿　狗項頸　以上入長安里	由昌安東首城垣。斜出蜻蜓池。東岸。	由蜻蜓池東北角。沿彭山。至白馬廟路東屋後。	白馬廟路北。包祥符弄北。經昌安橋北口。至昌安門河。	昌安門東首城垣。	東府坊	東府坊西府坊	昌安坊	城垣	五百三十六戶	本坊原分三處
其	斜橋河沿　探花橋河沿　豬爪灣　缸竈弄	豬爪灣河沿。	由豬爪灣。經永福橋。	包缸竈弄。西穿民房。	由中正橋。經探花橋。	永昌坊	石童坊永	西府坊	西中坊東		

二	以上入昌福里		包西首小瀫穿民房。至缸竈弄西首民房。	經硝皮弄。至中正橋南首。	至猪爪灣。河。		福坊		中坊		
其三	開元寺　大坊口直街　白雲菴前　清道橋直街　以上入湯公里	新街口。	由新街口南面。經睡仙橋。聖路橋。至暗橋。河。	由暗橋。穿花巷南口民房。	由花巷西口民房。穿開元寺後面。又穿大坊口南首。及白雲菴後。民房。至新街口。	西大坊	下望坊朝東坊	東府坊	東府坊		
永昌坊	大善橋後街　小江橋河沿　月池坊　小諸善弄　諸善弄　日暉橋北　利濟橋後街　以上入昌福里　縣西橋後街　日暉橋南　以上入湯公里	由斜橋。穿中正橋直街民房。至月池坊東口。	由月池坊東口。包月池。穿民房。經縣署屋後。又穿大善橋後街。及日暉橋東首民房。至縣西橋東堍北首。	由日暉橋。經大善橋。利濟橋。至小江橋西口河流。	由小江橋。至斜橋。河流。	西府坊永福坊	東府坊	迎恩坊東如坊萬安坊筆飛坊	筆飛坊西中坊	八百戶	本坊原分兩處

其二	長橋直街　韓衙前　龍舌嘴　三角道地　大井頭　胡公殿　銅店弄　謝家灣頭　蕫祠堂前　香橋灣底　小香橋直街　雙井頭橫街　黃蜂弄　永昌廟　三官弄　趙衙弄（俗作曹娥弄）　以上入長安里	由高井頭南面東首民房。穿胡公廟西首。崔家弄西口。大井頭西口。三角道地。（按此處與東府坊均以街心爲界）沿龍舌嘴。至韓衙前北首。之街心。	韓衙前。至長安橋。河	由長安橋。經猪爪灣。又西上經香橋。至謝家灣頭。河。	由謝家灣頭。穿高井頭南首民房。	東府坊西府坊	石蕫坊東大坊	石蕫坊安寧坊東中坊	西府坊	
永福坊	新橋河沿　新橋直街　永福街　中街　貓兒橋　五顯閣　學士街　永福庵　缸竈弄　大園　念佛寺　皮弄　細弄　街井頭　大天官　衙湖弄　三依樓　以上入昌福里	由永福橋南首。至石蕫廟北首。	由石蕫廟西首。穿寶祐橋西北。至瑞安橋西首。民房屋後。又經瑞安橋西首。至通泰橋。河。	由通泰橋北塊。包月池坊東口。又包硝皮弄。	由硝皮弄北口中段。穿缸竈弄南首民房。至永福橋。	安寧坊石蕫坊	石蕫坊西府坊	東府坊西府坊	安寧坊	七百二十五戶

戒珠坊	戒珠寺前　躲婆弄　蕺望橋 北天竺　西街　包殿弄 硯瓦池　槐花弄　題扇橋西 以上入蕺望里	由王家塔北首城垣。經蕺山巔，南下包戒珠寺。經戒配橋。又經咸甯橋。至題扇橋。河。	由題扇橋。穿中正弄北首。民房。	由中正弄北首民房。經筆架橋。硯瓦池河。北折經石家池，裏石家池。王金瀆。北上達城垣。	由黃金瀆北首。至王家塔北首城垣。	昌安坊西府坊	東中坊	筆飛坊東光坊	城垣	一百六十九戶
昌安坊	戒珠寺前　趙家匯頭　書馬橋　天王寺　安甯橋　昌安門頭　馬弄 以上入蕺望里	由昌安門，經安甯橋。至昌安橋，河。	由昌安橋。至戒配橋。河。	由戒配橋。沿戒珠寺。北上經蕺山巔。王家塔。北上至城垣。	由王家塔。北首。至昌安門城垣。	安甯坊	西府坊	戒珠坊	城垣	三百十七戶
東中坊	探花橋直街　廟弄　梅園弄　探 小梅園弄　香橋直街 花橋橫街　中正弄 以上入蕺望里	謝家灣頭。至香橋。河。	香橋南口。經探花橋。至中正弄南口東面。河。	穿中正弄東首民房。	穿中正弄北面民房。至題扇橋。又經題扇橋。至謝家灣頭。河。	永昌坊	安甯坊	西中坊	筆飛坊戒珠坊西府坊	四百七十戶
西	筆飛弄　蕭山街　中正弄 陽家弄	中正弄橫路西首。穿民	中正橋東首。至筆飛弄。	筆飛弄街心。	筆飛弄北段。穿民房。	東中坊	安甯坊西	筆飛坊	筆飛坊	七十戶

中坊	以上入戢望里	房。至中正橋東首。河。	南口。河。		至中正弄。		府坊 永昌坊			
筆飛坊	螺螄橋　局弄底　石家池　營基弄　局弄　筆飛弄　蕭山街　大江橋北　老嶽廟前　草藐橋東 以上入越王里 筆架橋　螺螄橋　石家池東岸　筆飛弄　蕭山街 以上入蕺望里 大江橋南　望江瀍北 以上入上大里 望江瀍南　水澄橋北 以上入水澄里	由裏石家池。經石家池東。穿民房。經硯瓦池。筆架橋。河。至中正弄北首。	由中正弄北首。西穿民房。經筆飛弄街心、至弄口。又由弄口經小江橋。大江橋。至草藐橋。河。又由大江橋大街。至水澄橋天福豐布號中間。	由草藐橋。至裏石家池。河。	裏石家池。	戒珠坊 西中坊 永昌坊	永昌坊 朝京坊	東如坊 萬安坊 朝京坊 東光坊	東光坊	五百五十七戶
東光坊	草藐橋　草藐弄　興文橋北　藥王廟前　至大寺前 以上入越王里	由草藐橋。北折經裏石家池。至黃金瀍。河。又由瀍。北上直達城垣。	由草藐橋。經興文橋。至楊家弄南首。河。	穿楊家弄東首民房。達城垣。	城垣。	筆飛坊 戒珠坊	朝京坊	西光坊	城垣	二百三十戶

西光坊	楊家弄　光相橋北岸　如意弄　下大路　鹽倉橋　以上入越王里	包楊家弄。至城垣。	由楊家弄南首。經光相橋。鹽倉橋南口。至西郭門。河。	由西郭門。北達城垣。	城垣。	東光坊	承恩坊	城垣	城垣	二百三十三戶
朝京坊	西小路　武勳橋　謝公橋西　廟弄　相家橋　相家弄　老鼠弄　北海橋西　以上入錫麟里　大路　日暉弄　中大路　王衙弄　船坊弄　北海橋東　以上入上大里	大江橋。	由大江橋南堍。穿日暉弄中段。大有倉北首。沿碧霞池。至相家橋南首。河。又由相家橋。經謝公橋。西折入武勳橋。至武勳坊。東首小橋。	由武勳坊東首小橋。北上。沿送嫁池。經北海坂。越北海池東口小橋。穿染棚弄東首民房。至北海橋西首。	由北海橋。經興文橋。達大江橋。河。	永昌坊	萬安坊西如坊	承恩坊	西光坊東光坊筆飛坊	七百六十五戶
萬安坊	丁家弄　右營堂　小校場　試弄　洗馬池　萬安橋南　小花園　營橋直街　營橋河沿　以上入水澄里	大江橋南首。經望江樓。至丁家弄口。	由丁家弄口南首。西穿民房。經小校場。穿試弄中段。包	由武勳橋東口。經謝公橋。至相家橋南首。河。	由相家橋南面河沿。東折包碧霞池。穿民房。經日暉弄中	筆飛坊	東如坊西如坊	朝京坊	朝京坊	七百另六戶

	西如坊	承恩坊	迎
新河弄 日暉弄 妙門寺前 大有倉 呂府 謝公橋東河沿 碧霞池 以上入上大里	大木橋橫街 包殿弄 鐵甲營 馬弄 洗馬池 香粉弄 以上入水澄里 錦鱗橋北 古貢院 鯉魚橋西 武勳橋南 桑園 以上入錫鱗里	北海橋直街 淨瓶菴前 西郭門頭 紅菴弄 五霞弄 桂屏弄 染棚弄 北海池 北海坂 送嫁池 武勳坊 以上入錫麟里	西營 香櫞弄 華仙弄 駢馬樓 木橋弄 司農第 火
	由當弄南口。穿當弄西首民房。沿洗馬池。至營橋東口。河底。	武勳坊東首小橋北堍。穿民房。包送嫁池。北上經北海池東口小橋。包染棚弄。斜穿民房至北海橋西首。	由軒亭口。經縣西橋。
洗馬池。北折經營橋。至武勳橋東口。河。	由當弄南口。經大木橋。鯉魚橋南口。古貢院前面河流。西達城垣。	由武勳坊東首小橋。經黃義思橋河流。西出達城垣。	由軒亭口。穿北首民房
	城垣。	城垣。	由駢馬樓中間。西北越
段。又穿民房。至大江橋南首民房屋後。	由城垣。東出經黃義思橋。武勳坊南面小橋。武勳橋。營橋東口。河底。	由西郭門。經鹽倉橋南口。光相橋口。至北海橋口。河流。	水澄巷。至水澄橋河。
	東如坊 萬安坊	朝京坊	永昌坊東
	下和坊	西如坊	下和坊
	城垣	城垣	東如坊
	承恩坊 朝京坊 萬安坊	西光坊	東如坊筆
	五百二十二戶	四百五十九戶	七百四十

恩坊	珠巷　清風里口　大善寺前 倉弄　板橋　弄堂館　花 牆內　油車弄　水澄橋　大 善橋西 以上入大善里 水澄橋北 以上入水澄里 縣西橋　軒亭口 以上入秋瑾里	西雙橋東口。大善橋。水澄橋東口。河。	屋後。包蛾眉山。又經華仙弄中段。穿民房。經駢馬樓中間。	火珠山。穿民房。出火珠巷西口。又穿民房。經油車弄中段。北達水澄橋巷。河。	又過水澄橋北堍。至天福豐布號中間街。	府坊			飛坊	三戶
東如坊	駢馬樓　鏡清寺北首　寶珠 橋東　倉橋街　油車弄 以上入大善里 水澄巷　右營堂　小校場 新司前　當弄　試弄　西廳 以上入水澄里	由鏡清寺後駢馬樓。越火珠山。出火珠巷西口。又穿民房。經油車弄中段。北出經水澄巷河。至水澄橋北首大街。與丁家弄北近之民房屋後。	鏡清寺半所。	由鏡清寺前面。經寶珠橋。至倉橋西口轉灣。河。又經試前河流。至當弄南口。包當弄。達洗馬池南岸。	由洗馬池東南。穿民房。經試弄。五中校。小校場。之中半段。又穿民房。至丁家弄東口民房屋後。	迎恩坊筆飛坊	迎恩坊	下和坊	萬安坊	五百十七戶
東	後觀巷　章家橋　小酒務橋 河沿　蕙蘭橋河沿　市門閣	由通市橋。竹園橋西口	由木瓜橋。經治平橋。	由章家橋西口。經酒務	跨鳳儀橋東口河。穿石	朝東坊	大雲坊	紫金坊美	南和坊	五百九十

坊	街巷									戶
觀坊	硝皮弄　火弄　小酒務橋直街　泗水橋南河沿　木瓜橋直街　以上入大雲里　大酒務橋　石門檻　道横頭　泗水樓下　缸竈匯頭　蕙蘭橋北　鵝行街　以上入秋瑾里	。隆興橋。集賢橋西口。市門橋。至木瓜橋東口。河流。	至章家橋。河流。	橋。至鳳儀橋東口。河。	門檻。道横頭。街心。又穿舊紹協署。包衞地。沿千金弄。至通市橋西塊。			政坊		五戶
南和坊	鵝行街　清道橋西　南和廟　富民坊　府横街　大帝廟前　圓通寺前　石門檻　道横頭　井巷　井巷口　華嚴弄　千金弄　篠香弄　茶店弄　鑰匙弄　井弄　以上入秋瑾里	由軒亭口。經清道橋。至通市橋。河。	由通市橋西塊。包千金弄。穿舊紹協署。又穿道横頭。石門檻。街心。	由石門檻前面。至府橋。河。	穿府橋。至軒亭口街心。	東府坊安甯坊朝東坊	東觀坊	美政坊	下和坊	五百六十五戶
下和坊	府横街　鏡清寺前　府橋東　駙馬樓　王公義台門　華仙弄　以上入秋瑾里　觀前　以上入美政里　寶珠橋西北　砂井頭　大道地　箭場營　龐公祠前　九	軒亭口。又由府橋北。經寶珠橋。至倉橋西口。河。	穿軒亭口。至府橋。街心。又過府橋。沿鎮東閣。登府山東麓。沿舊府署。穿越望亭。沿雷	城垣。	由城垣東出經古貢院前面。經鯉魚橋南口。大木橋。至倉橋東口。河。	東府坊東如坊	南和坊美政坊常禧坊	城垣	西如坊東如坊	七百三十六戶

	曲弄 三角池 錫麟橋 顧家弄 東河沿頭 韓家弄 大木橋河沿 黃花弄 以上入錫麟里		公殿。下府山西麓。包王公池。西達城垣。							
美政坊	鎮東閣 山弄 泰清里 府直街 司獄司前 宣化坊 鳳儀橋 馬弄 大園 大弄堂 府橋西 龍口廟弄 以上入美政里	由府橋。至酒務橋。河。	酒務橋西堍。包鳳儀弄。北經鳳儀橋。平章橋。至蓮花橋。河。	由蓮花橋北堍。包府直街。經脂溝匯頭東口。西穿民房。登府山南麓。至越望亭。	由越望亭。經府山巔。東下包鎮東閣北首。至府橋西堍。	南和坊	紫金坊 常禧坊	常禧坊	下和坊	四百七十二戶
紫金坊	蓮花橋直街 留新門 大營門口 半壁街 水偏門 山陰城隍廟前 拜王橋 畫壁廟前 鳳儀橋 作揖坊 酒務橋 五馬坊口 月牙池 平章弄 以上入美政里	由鳳儀橋西首。沿鳳儀弄。東出經酒務橋。章家橋西口。西觀橋西口。至鳳儀橋。河。	由鳳儀橋南口。經拜王橋。達水偏門河。	由水偏門。東經教場南首。包半壁街。大營門東口。留新門東口。五馬坊口。各處民房。達蓮花橋南堍。	由蓮花橋。至鳳儀橋河。	美政坊 東觀坊 大雲坊	大辛坊	常禧坊	美政坊	八百五十七戶
常	脂溝匯頭 山陰縣前 大郎	穿府直街西	由半壁街西	沿城垣東出	由越望亭南	美政	紫金	城垣	下和	六百

坊名	所含街巷	東至	南至	西至	北至	今屬				戶數
禧坊	橋　府城隍廟前　燕家弄口　馬家橋　清凉橋　旱偏門　教場沿　車水坊　二衙前　雷公殿　王衙池　小郎橋　以上入美政里	首民房。跨迺花橋。河。又穿民房。經車水坊東口。留新門東口。大營門東口。至半壁街路西民房屋後。（按本坊東界係由府直街南抵半壁街一路之西首民房屋後爲界其街面均屬紫金坊）	首民房屋後。經教場南首。至水偏門北首。河。達城垣。	沿王公池。登府山西麓。包雷公殿。達越望亭。	下。經府署前面。至府直街北段西首民房屋後。	坊紫金坊	坊及城垣	及下和坊	坊	六十六戶
大雲坊	獅子街　過街樓下　西觀橋前觀巷　木瓜橋（卽莫家橋）觀橋　開元弄　大乘弄　大雲橋　以上入大雲里	由木瓜橋東口。經五福橋。東觀橋東口。咸歡橋西口。至大雲橋。河。	由大雲橋南口。西折經荷葉橋。大觀橋。獅子橋。至鳳儀橋南口。河。	由鳳儀橋。經西觀橋西口。至章家橋西口。河。	由章家橋。經治平橋。至木瓜橋。河。	朝東坊東陶坊	大辛坊	紫金坊	東觀坊	四百十三戶

大辛坊	菩提弄 獅子街河沿 水溝營 能仁寺 和暢堂 文峯弄 伽藍殿 辛弄 葉家弄 老鷹弄（卽耀英弄）木勺漊 天后宮前 蔡家弄 水廊下 泥牆弄 水菓弄 丁家弄 薛家弄 章家弄 水偏門河沿 白菓樹下 以上入辛植里	由荷葉橋。穿菩提弄東口。老鷹弄東口。辛弄東口。各地民房屋後。登塔山。穿應天塔。達和暢堂。	由和暢堂。經承天橋南口。學士橋。河流。西達城垣。	沿城垣至水偏門。	由水偏門。經拜王橋。鳳儀橋南口。獅子橋。大觀橋。至荷葉橋東首。河。	下植坊	上植坊	城垣	紫金坊大雲坊	七百六十二戶
上植坊	晉公橋 北澗橋 鮑家橋西 望花橋西 南秀橋西 雷壇弄 柴場弄 大道地 東弄堂 更樓下 南門頭 南澗橋河沿 以上入辛植里	由北澗橋東口。經鮑家橋。建安橋。南秀橋。達南門。河。	南門。至鮑郎山城垣。	城垣。	由城垣東出。經學士橋。晉公橋河。又北穿菌菑匯頭。東出至北澗橋北堍。	上望坊	城垣	城垣	大辛坊下植坊	三百五十一戶
下植坊	雲棲灣 大慶橋西 新郎橋西 下植廟前 應天塔 荷葉橋 菌菑匯頭 捨子橋 以上入辛植里	由荷葉橋東口。藕梗橋西口。經大慶橋。景甯橋。捨子橋。至大王廟橋。（一名	由大王廟橋西堍。穿菌菑匯頭。至晉公橋北堍和暢堂。	由和暢堂。北登塔山。穿應天塔。下山穿辛弄東口。老鷹弄東口。菩提弄東口。	荷葉橋。河。	上望坊	上植坊	大辛坊	大雲坊	三百四十二戶

編制村里報告

村里名		西郭附郭
境內地名		西郭吊橋　橫街　菜蔬橋　建樓下直街　會龍堰　西郭口　下岸橫河　米行街　四王廟前　六牌　三牌　五牌　二牌　塘南　諸家灣裏　諸家灣漊　隔塘　永樂橋西　大池頭　宮後　虹橋　小虹橋　新台　梅仙橋　涼亭下　筲神廟　梅樹牌坊　包殿　下霞川橋　上霞川橋　塘橋　荷花蕩　接官亭　鍾山寺　西郭汽車站　育嬰堂
四圍境界 東	太平橋）南首。河。	由永樂橋南口。河流。沿城。經西郭門。雲門橋。至大葉池東口。河。
四圍境界 南		由大葉池東口。河。包灣漊南首田坂。至大葉池西口。河。
四圍境界 西	至荷葉橋南堍。（按本坊僅佔大雲橋南首至大王廟橋一帶街面。	由大葉池西口。包灣漊西首田坂。經後港。安龍橋。（即井大橋）青田橋。上霞川橋。下霞川橋。達狗爬橋西口。河。
四圍境界 北		由狗爬橋。經橫搗杵河。包宮後田坂。經棒槌江。包四王廟後田坂。達永樂橋。河。
四至境界 東		城垣及舊芝鳳鄉
四至境界 南		偏門附郭
四至境界 西		舊清水鄉
四至境界 北		舊東合鄉
住戶總數		一千一百另二戶
備考		

南大里
杏花寺對面小橋 府學後 府學前 陶家漊 小橋頭 蓮河橋 通判橋 雙池頭 柳橋下 羅門坂 曲池 桂園 楊鵬橋 文匯橋 南大江 學後宮 以上舊西陶坊 都亭橋直街 華陀廟前 捨子橋河沿 大禪法弄 柔遯弄 白衙弄 大慶橋後街 秋官第小橋頭 柴場弄 小禪法弄 馬坊橋直街 大王廟前 小橋弄 鮑家橋下岸 臯花坂 投醪河 謝鹽街 石柱頭 以上舊上望坊 杏花寺前 仰盆橋 小包殿前 更樓下 新弄 柳橋 積水弄 孝女弄 孟家弄 楊衙弄 直柔遯弄 以上舊東仰坊 張馬弄 張馬橋南 以上舊東陶坊 木蓮橋下 楊河弄 孟家橋
由東郭門。南達稽山門。城。
由稽山門。西達南門。城。
由南門。北經南秀橋。建安橋。鮑家橋。大王廟橋。捨子橋。景甯橋。大慶橋。至咸歡橋。河。
由咸歡橋南首。向西。經藕梗橋。都亭橋。張馬橋。永福橋。羅漢橋。目蓮橋。孟家橋。惠日橋。至東郭門。河。
城垣
城垣
辛植里
咸歡里
一六 三一
按本里中包固有南街東南又有南大港故擬名南大里

東　稽山門頭　孟家橋西
大道地　慧日橋南　新弄
以上舊稽山坊

咸歡里

高田弄西岸　覆盆橋　都昌坊口　秋官第　糖汁匯頭　西咸歡河南岸　塔子橋直街
東咸歡河沿
以上舊東陶坊
集賢橋　五福亭　咸歡橋直街　西咸歡河沿　馬梧橋河沿　馬梧橋直街　水神廟　靜林巷　高家弄　東咸歡河沿　觀音弄　唐家弄　狀元弄　吳三板橋　安定橋　塔子橋
以上舊朝東坊
掠斜溪　大池弄　繆家橋河沿　覆盆橋下　禹蹟寺前　燕甸弄　木蓮巷口直街　駙馬池　王風弄口　孟家橋　日新閣　春波橋　金斗橋　雙池頭　後池弄底　高甸弄
延慶寺前

由雙池前面河流。東向直對之城垣。南至東郭門。

由東郭門。西經惠日橋。孟家橋。目蓮橋。羅漢橋。永福橋。張馬橋。都亭橋。至藕梗橋。河。

由藕梗橋西口。南折經大雲橋。五福橋。市門橋。至集賢橋西口。河。

由集賢橋。東經馬梧橋。唐家橋。興福橋。會源橋。河。東達雙池頭前面。東出河流相對之城垣。

城垣

南大里

大雲里

孝義里

一八
二八

按本里因東西咸歡河佔地較廣故擬名咸歡里

	以上舊稽山坊 扳馬莊 觀音弄底 以上舊中望坊									
孝義里	七家橋河沿 潘家弄 睡仙橋河沿 枯牛弄 朱家弄 新廟弄 魚化橋河沿 孝義弄 局園 孝義橋 以上舊下望坊 暗橋 當弄 集賢橋北 聖路橋河沿 聖路橋 貫珠樓 馬梧橋河沿 吳三板橋 蔡家弄 學壇地 合璧樓 鬭雞場 簾子弄 鳩鵠山頭 忠義弄 竹園橋直街 豆腐弄 以上舊朝東坊 玩花橋 觀音橋 龍門橋 九曲弄 九節橋 小局園 龍門橋河沿 九節橋河沿 馬弄 紡車橋河沿 祠堂漊 草子田頭 半野堂 白果弄 東雙橋南河沿 寺池 以上舊中望坊	由五雲門南首城垣。起至雙池頭河流東向至城垣。	由城垣向西。經會源橋。興福橋。吳三板橋。唐家橋。馬梧橋。至集賢橋。河。	由集賢橋。北折經隆興橋。竹園橋。通市橋。至清道橋。河。	由清道橋南首河流。西折經暗橋。聖路橋。睡仙橋。孝義橋。九節橋。德福橋。望春橋。興安橋。平霞橋。達五雲門南首城垣。	城垣	咸歡里	秋瑾里	湯公里	一六 三〇	按本里境內重要處所爲學宮不便命名而孝義弄孝義橋乃據境之中心故以孝義名里

荳芽場
以上舊西府坊

湯公里

隆教寺前　縣東門　縣署前　縣前公街　縣西橋直街　花巷　火神廟前　小坊口　團箕巷　斷河頭
以上舊東府坊
寶幢巷　掇木橋　有富弄
以上舊西府坊
清道橋直街　開元寺　大坊口直街　白雲菴前
以上舊安甯坊
小保佑橋下　斷河頭直街腰弄　團箕巷　三財殿前　柴場弄　西曹娥弄　保佑橋河沿　大保佑橋上　頭陀菴前　睡仙橋　斷河頭　狀元弄
以上舊東大坊
新街口　大樹下　新嶽廟前　大道地　東雙橋西北河沿　鮑家弄內　五多功　鮑家弄口　東雙橋　東街　第一祠　在弄

由都泗門。至五雲門。

由五雲門南首城垣。經登雲橋。平霞橋。興文橋。東雙橋南口。德福橋。九節橋。孝義橋。睡仙橋。聖路橋。至暗橋。河流。

由暗橋。東口。北折經清道橋。縣西橋。至日暉橋西口。河。

由日暉橋。經衙河。通泰橋。瑞安橋。寶祐橋。廣甯橋。龍華橋南口。達都泗門。河。

城垣

孝義里

秋瑾里　大善里

昌福里　長安里

二一九〇

按本里因中有湯公祠爲紹人應紀念者故以湯公名里

	以上舊西大坊 八十橋 老濟橋 東趙衙弄巷牌口 瑞龍橋 三才殿前 廣甯橋直街 倉弄 廣甯橋河沿 金鑑漊 以上舊石童坊 縣西橋後街 日暉橋南 以上舊永昌坊 東雙橋直街 白果樹下 五雲門頭 東雙橋河沿 金鑑漊底 望春橋北 以上舊都泗坊											
昌福里	廟後河沿 長橋河沿 貓兒橋河沿 永福橋下 長橋街 石童廟前 寶祐橋河沿 瑞安橋河沿 寶祐橋 長橋上 以上舊石童坊 斜橋河沿 採花橋河沿 猪爪瀆 缸灶弄 以上舊安甯坊 新橋河沿 新橋直街 永福街 中街 貓兒橋 五仙閣直街 學士街 永福菴前	由香橋南口。經猪爪瀆。永福橋東口。貓兒橋東口。至長安橋。河。	由長安橋南口。西折經寶祐橋。掇木橋。瑞安橋。通泰橋。街河。至日暉橋。河。	由日暉橋西口。北折經大善橋。水澄橋東口。至利濟橋。小江橋。河。	由小江橋。經中正橋。採花橋。至香橋南口。河。	長安里	湯公里	大善里 水澄里 上大里	蕺望里 越王里	一八	一三	本里以佔原有之永昌坊永福坊地面爲多故以昌福名里

里名	街巷	東界	南界	西界	北界	東鄰	南鄰	西鄰	北鄰	戶數	備考
	缸灶弄 大園 念佛弄 硝皮弄 細弄 五仙閣橫街 街井頭 大天官 三依濠衙湖弄 以上舊永福坊 大善橋後街 小江橋河沿 月池坊 小諸善弄 諸善弄 利濟橋後街 利濟橋鶴陽弄 以上舊永昌坊 中正橋直街 後街弄口 以上舊西府坊 衙河北岸 以上舊東府坊										
長安里	昌安橋河沿 安甯橋河沿 祥符弄 史家台門 李洪新弄 唐家弄 順昌號弄 城沿狗項頸 以上舊安甯坊 西府廟前 謝家灣頭 董家弄堂 白馬廟前 祥符弄 昌安橋下 董家台門 咸甯橋 大園 韓衙弄 三角道	由東大池東首城垣起。至都泗門。城垣。	由都泗門。經龍華橋南口。廣甯橋口。韓衙前。至長安橋南口。河。	由長安橋。經猫兒橋東口。永福橋東口。豬爪灣。香橋。河。又西折經題扇橋。北折經蕺望橋東口。咸	由昌安門。至東大池東首城垣。	城垣	湯公里	昌福里 蕺望里	城垣	一八八四	本里因有長安橋安甯坊等較著名之地名故以長安名里

地

以上舊西府坊

東大池頭　蜻蜓池　胡家池頭　胡公殿直街　廣甯橋直街　新財神殿　東府廟直街　財神殿直街　大井頭直街　崔家弄　大王廟後玄壇弄　大王廟弄　姜家台門　大王廟范家弄　大營上馬石　大營大井頭　大王廟前　攤井弄　蜻蜓池頭　裘家台門　白馬廟前

以上舊東府坊

大營胡公殿　大營謝家灣頭　童家祠堂前　韓衙前龍舌嘴　大營三角道地　大營大井頭　大營銅店弄　香橋湊底　小香橋直街　雙井頭横街　雙井頭黄蜂弄　永昌廟前　永昌廟後　長橋直街　三官弄

以上舊永昌坊

都泗門頭　龍華堂

以上舊都泗坊

甯橋。河。又東出經昌安橋。畫馬橋東口。安甯橋。至昌安門。河。

蕺望里	越王里
筆架橋　螺螄橋　蕭山街　筆飛弄　以上舊筆飛坊　筆飛弄　蕭山街　以上舊西中坊　探花橋直街　廟弄　梅園弄　小梅園弄　香橋直街　探花橋橫街　中正弄　以上舊東中坊　蕺望橋　題扇橋西　西街　戒珠寺前　躲婆弄　包殿弄　石家池東　以上舊戒珠坊　戒珠寺前　趙家匯頭　畫馬橋　天王寺　安甯橋　昌安門頭　馬弄　以上舊昌安坊	草藐橋　草藐弄　興文橋北　藥王廟前　至大寺前　以上舊東光坊　楊家弄　光相橋北　如意弄
由昌安門。經安寧橋。畫馬橋東口。昌安橋。河。又由昌安橋西折。至戒配橋河。又由戒配橋東口。南上經咸甯橋東蕺望橋東口。至題扇橋。河。又由題扇橋南口。東出經謝家灣頭。河。又南上至香橋。河。	穿筆飛弄。至螺螄橋南塊。又由螺螄橋。河流。
由香橋南口。經探花橋。中正橋。筆飛弄南口。河。	由筆飛弄南口。經小江橋。大江橋。草藐橋南
穿筆飛弄。至螺螄橋南塊。又由螺螄橋。至石家池。包石家池東岸北上。包蕺山西麓之包殿。達城垣。	西郭北首城垣。
城垣。	由西郭北首。至蕺山西麓包殿北首城垣。
長安里	蕺望里
昌福里	永福里上大里錫麟
越王里	城垣
城垣	城垣
一二九一	七八九
本里北連蕺山爲越王棨蕺證人講學古蹟故中有蕺望橋因以蕺望名里	本里內明郡守洪珠就光相寺舊址建越

	下大路 小鹽倉橋 以上舊西光坊 石家池 以上舊戒珠坊 螺螄橋南 局弄 石家池 龍機弄 筆飛弄 蕭山街 小江橋北 大江橋北 老嶽廟前 草藐橋北 以上舊筆飛坊	，東出北上。沿石家池東岸。又北上沿蕺山西麓之包殿。達城垣。	口。能仁橋南門。興文橋。光相橋。鹽倉橋南口。達西郭水門。河。				里				王祠有石坊曰畏天保國爲紹人應紀念者今歲因公路局造路祠基及石坊均由奴姓拆去古蹟湮滅故留此里名以資紀念
上大里	大江橋南首 大街 以上舊筆飛坊 大路 日暉弄 王衙弄 船舫弄 北海橋頭 以上舊朝京坊 新河弄 日暉弄 妙明寺 大有倉 大有倉花園 呂府 馬弄 謝公橋河沿 萬安橋下 以上舊萬安坊	由大江橋東口。小江橋西口。至望江樓東口。河。	由望江樓。經福祿橋。至萬安橋。謝公橋南口。河。	由謝公橋。經相家橋東口。至北海橋。河。	由北海橋。東折經興文橋。草藐橋南口。至大江橋。河。	昌福里	水澄里	錫麟里	越王里	八一五	本里以原有之上大路佔地爲多故以上大名里是地商舖最多故戶數略少

水澄里	利濟橋 望江樓 以上舊筆飛坊 萬安橋 呂府 小花園 營橋 河沿 洗馬池頭 試弄 後試弄 小校場 丁家弄 右營堂 以上舊萬安坊 大街（水澄橋北首） 以上舊迎恩坊 水澄巷 小校場 新試前 試弄 當弄 試弄內 倉橋 以上舊東如坊 包殿弄 大木橋 鐵甲營 香粉弄 洗馬池 鐵甲營馬弄 以上舊西如坊	由望江樓東口。經利濟橋。至水澄橋東口。河。	由水澄橋。經水澄巷。倉橋。大木橋。至鯉魚橋南口。河。	由鯉魚橋。經武勳橋東口。至謝公橋。河。	由謝公橋。經萬安橋。福祿橋。至望江樓。河。	昌福里	大善里	錫麟里	上大里	九三七	本里以境內之水澄巷佔地較多故以水澄名里是處商舖最盛故戶數略少
大善里	西營 香櫞弄 華仙弄 駙馬樓 木橋弄 司農第 火珠巷口 水澄橋大街 大善橋 倉弄 清風里 板橋頭 弄堂館 油車弄 以上舊迎恩坊 寶珠橋 倉橋街 油車弄	由水澄橋東口。經大善橋。日暉橋西口。至縣西橋。河。	由縣西橋東塊。穿大街。包香櫞弄。沿蛾眉山。穿民房經華仙弄中段。穿民房經	由鏡清寺前面河。經寶珠橋。至倉橋西口。河。	由倉橋。經水澄巷。至水澄橋。河。	昌福里 湯公里	秋瑾里	美政里 錫麟里	水澄里	九三〇	本里中有大善塔爲蕭梁時代古蹟故以大善名里又本里商舖繁盛戶

鏡清寺前　駙馬樓
以上舊東如坊

駙馬樓中間。西出包鏡清寺右首弄。至鏡清寺前面。河。

數不宜過多而南面無河流可據祇能就街之中段分界並參酌地勢縣西橋與香櫞弄相向其居屋相差僅一間遂以是爲界而將香櫞弄整個包入在內又華仙弄向分迎恩下和兩坊而以弄之中間一石階爲界故仍之又駙馬樓中間係空地其

民房劃分南北遂亦以爲界將來如樹界石華仙弄之中段及駙馬樓之中間均應樹界方定以資界劃

秋瑾里	
縣西橋　軒亭口 以上舊迎恩坊 府橫街　鏡清寺前　府橋　駙馬樓　華仙弄　王公義台門 以上舊下和坊 茶店弄　富民坊　鑰匙弄　井弄　鵝行街　清道橋　南和廟　富民坊口　府橫街　大帝廟前　圓通寺前　石門檻　道橫頭　井巷口　井巷內直街　富民坊底　華嚴弄　千金弄　篠香弄	
由縣西橋。經暗橋。通市橋。竹園橋西口。隆興橋。至蕙蘭橋東口。河。	
由蕙蘭橋。經泗水橋。至小酒務橋西口。河。	
由小酒務橋西口。北折經酒務橋。鳳儀橋東口。府橋。至鏡清寺前面。河。	
由鏡清寺後。東穿駙馬樓。華仙弄。包蛾眉山。出香櫞弄。達縣西橋。西塊。	
湯公孝義里	
大雲里	
美政里	
大善里	
一〇八三	
本里之軒亭口爲秋先烈就義之所近邑人並擬建風雨亭故以秋瑾名里以彰先烈　又本里北面因無河流可據其分界說明已見	

	以上舊南和坊 大酒務橋 石門檻 道橫頭 泗水橋下 缸灶𣿅頭 蕙蘭橋 鵝行街 以上舊東觀坊										大善里備考欄
大雲里	後觀巷 章家橋 小酒務橋 蕙蘭橋河沿 市門閣 硝皮弄 火弄 小酒務橋河沿 泗水樓下 泗水橋河沿 蕙蘭橋 以上舊東觀坊 獅子街 過街樓下 西觀橋 前觀巷 莫家橋 觀巷 開元弄 大乘弄 大雲橋 以上舊大雲坊	由蕙蘭橋。經市門橋。木瓜橋東口。五福橋。東觀橋東口。咸歡橋西口。至大雲橋。河。	由大雲橋。西折經荷葉橋。大觀橋。獅子橋。至鳳儀橋南口。河。	由鳳儀橋。經西觀橋西口。章家橋西口。至酒務橋西口。河。	由酒務橋。東折經小酒務橋。泗水橋。至蕙蘭橋。河。	咸歡里	辛植里	美政里	秋瑾里	七三 六	本里包原有大雲坊而大雲橋又爲商舖中心故以大雲名里
錫麟里	鯉魚橋 武勳橋 桑園 錦鱗橋 古貢院 以上舊西如坊 武勳坊 北海橋直街 靜瓶菴前 西郭門頭 錦昌弄 洪菴弄 五霞弄 北海坂 北海坂後坂 以上舊承恩坊	由北海橋。經相家橋東口。謝公橋。武勳橋東口。至鯉魚橋河。又由鯉魚橋河。東出經大木	由寶珠橋西堍孫姓祠北首。登府山麓。經山巔分水。穿越望亭西南。沿雷殿。下山麓。至清	城垣。	由西郭門。經驥倉橋南口。光相橋。至北海橋北口。河。	上大里 水澄里 大善里	美政里	城垣	越王里	一五 三二	本里內有大通學堂舊址今邑人復興辦錫麟小學爲徐先烈倡義之所故以錫麟

	寶珠橋 沙井巷 大道地 箭場營 龐公寺前 九曲弄 三角池 錦鱗橋 顧家弄 東河沿頭 韓家弄 大木橋河沿 黄花弄 以上舊下和坊 北海橋脚 謝公橋西首 西小路武勳橋 廟弄 相家橋 相家弄 以上舊朝京坊	橋。倉橋西口。南上至寶珠橋。河。	涼橋西首之小橋西首河流。西達城垣。								名里以詔後人
美政里	鎮東閣 山弄 泰清里 府直街 司獄司前 宣化坊 鳳儀橋 馬弄 大園 大弄堂 府橋 龍口廟前 以上舊美政坊 連花橋直街 留新門 大營門口 半鐘街 水偏門 山陰城隍廟前 拜王橋 畫壁廟前 鳳儀橋 作楫坊 酒務橋 五馬坊口 月牙池 平章弄 以上舊紫金坊 脂溝匯頭 山陰縣前 大郎橋 府城隍廟 燕家弄口	由寶珠橋。經府橋。鳳儀橋東口。酒務橋。章家橋西口。西觀橋西口。至鳳儀橋。河。	由鳳儀橋南口。西經拜王橋。至偏門。河。	由水偏門。經旱偏門。至西首城垣。	由旱偏門西首城垣。經清涼橋西首小橋。登府山西南麓。沿雷殿。穿越望亭。經山嶺分水。至寶珠橋西堍。	秋瑾里 大雲里	辛植里及城垣	城垣	錫麐里	二〇五五	本里爲原有之美政常禧紫金等坊擇其雅馴者故以美政名里

	馬家橋 清涼橋 旱偏門 教場沿 車水坊 二衕前 雷公殿 王衙池 小郎橋 以上舊常禧坊 府橋 觀前 以上舊下和坊										
辛植里	晉公橋 北澗橋 鮑家橋 望花橋 南秀橋 雷壇弄 柴場弄 東弄堂 大道地 更樓下 南門頭 南澗橋河 沿 以上舊上植坊 雲棲灣 大慶橋 新郎橋 下植廟前 應天塔 荷葉橋 菡萏匯頭 捨子橋 以上舊下植坊 小菩提弄 大菩提弄 獅子 街河沿 水溝營 能仁寺 和暢堂 文峯弄 伽藍殿 辛弄 葉家弄 老鷹弄（ 卽耀英弄） 大墨灌漊 天 后宮前 蔡家弄 水廊下 泥牆弄 水果弄 丁家弄	由咸歡橋南口。經荷葉橋東口。藕梗橋西口。大慶橋。景甯橋。捨子橋。太平橋。鮑家橋。建安橋。南秀橋。至南門。河。	南門西首鮑郎山城垣。	由鮑郎山。至水偏門。城垣。	由水偏門。經拜王橋。鳳儀橋南口。獅子橋。大觀橋。至荷葉橋東口。河。	南大里	城垣	城垣	美政里大雲里	一四五五	本里包原有大辛上植下植三坊故以辛植名里

	薛家弄 章家弄 小墨瀯漊 水偏門河沿 小文峯弄 白果樹下 以上舊大辛坊										
西郭里	西郭吊橋 横街 菜蔬橋 建樓下直街 會龍堰 西郭下岸横河 米行街 四王廟前 六牌 三牌 五牌 二牌 塘南 諸家灣裏 諸家灣漊 隔塘 永樂橋西 大池頭 宮後 虹橋 小虹橋 新台 梅仙橋 涼亭下 箭神廟 梅樹牌坊 包殿 下霞川橋 上霞川橋 塘橋 荷花蕩 接官亭 鍾山寺 西郭汽車站 育嬰堂	由永樂橋南口。河流。沿城。經西郭門。雲門橋。至大葉池東口。河。	由大葉池東口。河。包灣漊南首田坂。至大葉池西口。河	由大葉池西口。包灣漊西首田坂。經後港。安龍橋。（即井大橋）青田坂。上霞川橋。下霞川橋。達狗爬橋西口。河。	由狗爬橋。經横搗杵河。包宮後田坂。經棒槌江。包四王廟後田坂。達永樂橋。河。	城垣及第十一區沿江村	第七區湖北村	第七區某村（係舊清水鄉新編村名未詳）	第十一區沿江村	一一〇二	本里係依西郭附郭固有區域編制即名西郭里

紹興縣各區鄉鎮編制對照表

中華民國二十一年

余於民國十七年五月來長紹邑值本省開始籌辦村里制當依本縣舊選舉區劃全縣爲十五區設會籌備至翌年六月始蕆事將舊制一城四鎮七十四鄉編成四十三里四百四十七村各成立委員會嗣奉令籌辦劃區事宜復將十五籌備區酌併改劃十區於是年十一月間召開本縣第一屆縣行政會議提付修正通過十九年二月呈奉省廳核准同時奉令籌備區鄉鎮復經斟酌情形將村里編爲鄉鎮呈經核定本可列表付刊繼念鄉鎮自治以編制爲經組織爲緯自治樹基探討不厭求詳因將編成鄉鎮列表發交各區長徵詢地方意見擬俟復核確定再付剞劂嗣於八月奉准辭職未克竟事引以爲憾焉本年一月重來紹興乃賡續初旨將少數編制未定之鄉加以釐定並進行籌辦鄉鎮各項

工作賴諸同事暨各區鄉鎮籌備人員之協助得於五月間辦竣選舉編成閭鄰計全縣編爲四十四鎮三百另一鄉爰照本縣自治沿革及新編鄉鎮所轄區域編印斯表以備稽考云民國二十一年十二月湯日新（此叙可參考編制原因特存之）

紹興縣鄉鎮編制對照表

中華民國二十一年

區別	新編鄉鎮名	舊村里名	原屬城鎮鄉	所轄村落	戶數	備攷
第一區	南大鎮	南大里	城區	舊西陶坊 舊上望坊 舊東陶坊 舊稽山坊	一六五二	
	咸歡鎮	咸歡里	同上	舊東陶坊 舊朝東坊 舊稽山坊 舊中望坊	一九九八	
	孝義鎮	孝義里	同上	舊下望坊 舊朝東坊 舊中望坊 舊西望坊	一六五一	
	湯公鎮	湯公里	同上	舊東府坊 舊安甯坊 舊東大坊 舊西大坊 舊永昌坊 舊都泗坊	二二〇六	
	昌福鎮	昌福里	同上	舊石童坊 舊安寧坊 舊永福坊 舊永昌坊 舊西府坊 舊東府坊	一三九〇	
	長安鎮	長安里	同上	舊安甯坊 舊西府坊 舊東府坊 舊永昌坊 舊都泗坊	二〇七四	
	蕺望鎮	蕺望里	同上	舊筆飛坊 舊西中坊 舊東中坊 舊戒珠坊 舊昌安坊	二二一二	
	越王鎮	越王里	同上	舊東光坊 舊西光坊 舊戒珠坊 舊筆飛坊	八八一	
	上大鎮	上大里	同上	舊筆飛坊 舊朝京坊 舊萬安坊	七二七	
	水澄鎮	水澄里	同上	舊筆飛坊 舊萬安坊 舊迎恩坊 舊東如坊	九五八	

大善鎮	大善里	城區	舊西如坊 舊迎恩坊 舊東如坊	八二〇	
秋瑾鎮	秋瑾里	同上	舊迎恩坊 舊下和坊 舊南和坊 舊東觀坊	八五四	
大雲鎮	大雲里	同上	舊東觀坊 舊大雲坊	五七五	
錫麟鎮	錫麟里	同上	舊西如坊 舊承恩坊 舊下和坊 舊朝京坊	一一四三	
美政鎮	美政里	同上	舊美政坊 舊紫金坊 舊常禧坊 舊下和坊	二一一二	
辛植鎮	辛植里	同上	舊上植坊 舊下植坊 舊大辛坊	一五〇九	
西郭鎮	西郭里 魚家村	同上	西郭吊橋 橫街 菜蔬橋 會龍堰 建樓下 直街 西郭下岸橫河 米行街 四王廟前 六牌 三牌 五牌 二牌 塘南 諸家灣裏 諸家灣漊 隔塘 永樂橋西 大池頭 宮後 虹橋 小虹橋 新台 梅仙橋 涼亭下 胥神廟 梅樹牌坊 包殿 下霞川橋 上霞川橋 塘橋 荷花蕩 接官亭 鍾山寺 西郭汽車站 育嬰堂 三家村	一一二一	由西郭里與舊隸屬於魚家村之三家村合併
山下鄉	山下村	附郭	王家山下	一六三	以上屬城區
昌安鎮	昌安里 廳後村 湖塘村	芝鳳鄉	昌安街 滕家匯。孟家漊 馮家漊 陳家漊 周家漊 段家匯 丁家村。上湖塘 中湖塘 下湖塘 祭壇後	一九〇三	
繩初鄉	曲屯村	同上	曲屯 界樹 張港 金港 郭婆漊。上寨	八四三	

	寨下村		下寨 祝家廟 永樂 永福橋 梅棲 官瀆 洋瀆 小官		
單港鄉	單港村	同上	單港 吳港	七八六	
化龍鄉	蔣善村 永林村 魚家村	東合鄉	蔣家坟 大善小善。永泰。白魚潭宮后。	八七九	由蔣善村與舊隸屬永林村之永泰及舊隸屬魚家村之白魚潭合編
樟墅鄉	樟墅村	同上	張墅	三八六	
林頭鄉	永林村	同上	東林頭 西林頭 六港	三四六	
東浦鄉	東浦里 浦東村 浦南村 浦北村 浦西村	同上	東浦市。東浦東社。東浦南社。東浦北社 東浦西社。	二〇二四	
沿港鄉	沿港村	同上	大樹港 裏迪 梁舫 南陽 西站 大善 鍾家灣	二七一	
則水鄉	則水村	會龍鄉	則水牌	九四一	
松林鄉	松林村	同上	松林 謝家岸	一〇六八	
趙墅鄉	趙墅村	同上	趙墅 永仁	五三五	
柏舍鄉	柏舍村	鳳林鄉	柏舍 浪頭湖	五一二	
恂興鄉	恂興村	同上	恂興	三二一	

區	鄉鎮	村	所在	地名	戶數	備注
	盛穀鄉	盛墨村 穀社村	盛穀鄉	盛港 墨莊。裏谷社 外谷社。	六四五	以上屬舊第十一區
第二區	皋埠鎮	皋埠里 鄰市聯合村 西南路聯合村	東皋鎮	皋埠市。西湖漊 何家漊 屠家漊 竹篷下 廟前後 下園 坊裏 前後灣 長潭橋。西魯 下路橋 水壩 南坂漊 王家埭 眞武殿頭	八三一	
	皋平鄉	皋平聯合村 五湖聯合村 楊岑聯合村	同上	小皋埠 皋平村。大廟前 錢家 張家橋 朝東屋 匯頭吳 大江寺 前趙。楊浜 岑墟	一九一八	
	桐翠鄉	桐塢聯合村 翠山灣聯合村	同上	史家塽 壩口 翠山灣 東陳 西陳 塽底 小西山 大西山 桐塢 趙村	八一〇	
	透山鄉	透山聯合村	同上	透門山 大湖頭 白蓮塽 葉宕山 陶家 賢里 龍山亭 塘下趙 石堰頭	七二六	
	樊江鄉	樊江聯合村 平跨聯合村	同上	樊江街 鬱裏 後莊漊 荷花漊 沈江 諸家埭。正平 跨橋	七九五	
	皋瀆鄉	皋瀆聯合村	同上	大皋埠 張家漊 金家漊 石瀆	二九三	
	獨樹鄉	獨樹村	同上	秦家 滕家 殷家 余家埭 馮家岸 三陽孝仙亭 灣裏 孟家大道地 參軍地 鴨子漊 南漊	四四二	

鄉名	聯合村	鄉鎮	村落	數
鎮南鄉	漫東蕩聯合村 津尾山聯合村	同上	橫漫池 裏塘涇 南岸涇 駱家漊 東岸陳 林家蕩。三湖涇 魯家涇 朱家涇 茅墩頭 崔大尾 山前徐 陳家漊	五五八
吼山鄉	津山蕩聯合村	同上	黃墩涇 西湖墺 壩頭山 吼山 塔墩 塘墩 了板涇 小涇 橫江徐 水竹峧 大湖沿 浦前孟 藕蕩頭 夾塘	七〇〇
雙溪鄉	浪港聯合村 鹿崎聯合村	同上	董家墺 姚家墺 水家墺 大二房六房 坟菴 葛山頭 四房 上坂 西坂 孟家窰 外匯頭 姜梁 黃墩頭 坂裏金 張家漊 丁家漊 江口凌 江沿金 新港 前丁 後丁 堰頭衖 凌家山 龍舌嘴 裏外東漊	一〇六六
孟葑鄉	孟葑聯合村	同上	孟家葑村	五八七
龍眉山鄉	龍眉山聯合村	同上	上笄頭山 下笄頭山 薛家埭 阮家灣 楊梅山 腰古山	五八八
仁亭鄉	仁亭聯合村	同上	仁瀆 亭瀆	三二〇
禹陵鄉	禹陵聯合村	東皋鎮	望仙橋 林家灣 地盤 塗山 魚池頭 岸頭 山後陳 朝南埭 小山頭 大路沿 直路 丁斗衖 禹宮橋 陸家莊 檀樹下	八五〇
蔣堡鄉	蔣調聯合村 堡皋聯合村	東皋鎮 寶麓鄉	上蔣 唐家 南匯頭 馬家漊 下蔣 陳港 調泥山。西堡 東堡 下皋 任家灣 尉村	六五〇
寶疆鄉	尙墅聯合村	東皋鎮	尙巷 儲墅。東寶疆 西寶疆 東曹匯 西	一〇三八

永樂鄉	賨曹聯合村	長水鄉	曹匯	
	櫝西聯合村	東皋鎮	櫝瀆 西墅。永樂 張念宅	一一〇五
	永念聯合村	長水鄉		
馬山鎮	馬山里	長水鄉	馬山市。寧桑。賞家村 鮑家村 潘浜 余貴	一五七〇
	寧桑村			
	賞余聯合村			
東山鄉	宮街聯合村	寶麓鄉	攢宮 街裏 牌口季家衖 唐家堡 黃家壎	八七八
	舊鳳聯合村		下新埠 孝女潭 朱家橋 東橫山 西橫山	
			三鳳 舊埠 下富張 南山 芝山 坂裏王	
朱尉鄉	上窰川聯合村 下窰川聯合村	朱尉鄉	殷家墩 諸家社 唐家村 南湖社 西湖社	一四一五
			瓦窰頭一都 千家埭 七家莊。浪底坂 潘家漊 湖家漊 下木橋 俞家社 呂家莊	
	則塘聯合村		和川堂漊。測水牌 大塘灣 小塘灣	
五雲鄉	五雲聯合村	朱尉鄉	五雲門 小陵橋。東塘下金 西塘下金。羅家莊 沈家莊 西施山	七五八
	東西金聯合村 羅施沈聯合村			
化德鄉	塢石聯合村	化德鄉	塢石 凰壎 挑山 小橋頭。上凰 上調馬場 中調馬場 下調馬場 上青塘 中青塘 下青塘	五八五
	調馬場聯合村			
通德鄉	通德聯合村	通德鄉	後港 嚴家葑 梁堡 夏家埭 大輅山 小	七三〇

	廣德鄉	廣德聯合村	廣德鄉	軺山 金家坂 塢家漊 章家漊 干山 吳家漊 黃家漊 施家山 廣陵 墺裏黃 張家園 淡竹塢 后倪 石洩 旗收令 坂頭丁 方家塢 腰輭嶺 道士墺	八三七
	富盛鄉	富盛聯合村	盛德鄉	諸家 山登 瓜林 水昌 萬戶 金家嶺 橋下 富盛 後船坊 上洞 五房 三七房 大屋 上落埠 倪家漊	七四五
第三區	東關鎮	東關里	東關鄉	東關 彭堰	一一〇五
	三界鄉	三界聯合村	同上	前村 中村 後村	五五九
	梅喬鄉	梅喬聯合村	同上	新建莊 賀盤	六三八
	豐山鄉	豐山聯合村	同上	梁巷 中巷 徐家塘 塘角 外沙 大廠	七一三
	豐基鄉	豐基聯合村	同上	新沙 屠家埠	四〇四
	塔路鄉	塔路聯合村	同上	油車匯 麗江岸 破塘下 董村	四〇六
	全福鄉	全福聯合村	同上	傅村 張港 樟樹下	二九三
	惠明鄉	惠明聯合村	同上	王家溼 施家溼 橫港	三三〇
	福明鄉	福明聯合村	同上	高貫山 凌村	三八八
	錬塘鄉	錬塘村	同上	錬塘	二七五
	瀝泗鄉	瀝泗村	同上	瀝泗	四七五

道墟鎮	道墟里	道墟鄉	道墟	三六五
墟東鄉	墟東村	同上	里江 強上 石宕頭	六九九
墟北鄉	墟北村	同上	杜浦 侍郎溇 後宅溇	六七五
墟西鄉	墟西村	同上	仲二房 上山房 竺家	五八六
墟南鄉	墟南村	同上	長溇 南莊 雙魁樓	七二一
北海鄉	海裏聯合村	同上	上下廠 遺安堂 羅宋	四九八
曹娥鄉	曹娥上村 曹娥下村	曹娥鄉	曹娥上沙。曹娥下沙	一四九九
曹北鄉	曹北聯合村	同上	新菴前 方村 後金 中墅 朱村 龍王塘	三八九
曹南鄉	曹南聯合村	同上	嚴村 東山下 金村 蒿莊 官湖沿	四四八
古湖鄉	古湖村	畫黛鄉	湖村 南横港 高旺 雞山	七五〇
康會鄉	康會聯合村	長松鄉	湖田 謝憩	四一三
長塘鄉	長塘村	同上	傖塘	八一七
會龍鄉	會龍聯合村	同上	蔣村 篁村 羅村 含胡村 廣陵村 墺裏 黄 淡竹塢 石倪 石洩	五三四
雲岩鄉	雲岩村	雲鳳鄉	何家溇 乘鳳	七二六
道和鄉	道和聯合村	長興鄉	道味山 北山 牛陵 葫蘆山	四七一
保定鄉	保定聯合村	同上	保駕山 擔山 西陵	五七五

第四區

湯浦鎮	湯浦里	湯浦鄉	湯浦珠湖 宋家灰 窯頭 寺墺	六五三
霞岸鄉	霞岸聯合村	同上	霞齊 鄭岸 長山頭	三三九
江右鄉	江右聯合村	同上	漁家渡 下登岸 徐灣 湖家埭 浦下 鄭家埭	六五九
江左鄉	江左聯合村	同上	石浦 茅秧 廟基灣 小塢 小江	四四〇
官塢鄉	官塢聯合村	同上	官楊 下表 下穴 大塢	四六三
蹕潭鄉	蹕潭聯合村	同上	駐蹕嶺下 托潭	二九六
舜源鄉	舜源聯合村	同上	廟下蔣家 溪灘 墺嶺下 宅陽 谷家 蘇家 水坑口 新市	五〇六
達郭鄉	達郭村	同上	達郭 馮家埭	五一五
湯湖鄉	湯湖村	同上	湯湖	一四一
獅溪鄉	獅溪聯合村	同上	霞障 白牧 後岸	四〇七
文溪鄉	文溪聯合村	同上	文山里 童大山 橫溪	三八五
五峯鄉	五峯聯合村	同上	董家搭 許家搭 山高 金墺 烏石溪 嶺下王	六〇二
祝溪鄉	祝溪聯合村	安仁鄉	上祝 下祝 畈邦 溪上	三二六
優義鄉	優義聯合村	同上	安基 陳家墺	二一五
宋駕鄉	宋駕聯合村	同上	宋駕墊 裏街	四七四
隆慶鄉	隆慶聯合村	同上	裏王化 外王化 寺前 長塘頭 寺弄裏	二八九

區	鄉鎮	聯合村	併入鄉鎮	村落	數
	湯清鄉	隆慶聯合村	安仁鄉	清墊 湯浦嶺下 墜頭	二一七
	日鑄鄉	日鑄聯合村	同上	寺山 徐婆岸 太平里 西墺口	三六二
	接待鄉	接待聯合村	同上	下堡 潘家山下 徐家水埠 下墊 上下關	二三九
	八鄭鄉	八鄭村	德政鄉	八鄭村 小羊山	三二二
	七一鄉	七一聯合村	同上	范羊 舍灣 沈家湖頭 西蘇 後陳 寺後 寺下	二七二
	六合鄉	六合聯合村	同上	花裏頭 大山下 大田螺 上龔村 段家塘 天荒山	二六二
	下龔鄉	龔李聯合村	同上	下龔村	九四
	李宅鄉	龔李聯合村	同上	李宅 楊城	一九一
	樂和鄉	樂和聯合村	同上	金竹墺 離家莊 金雞山 蔣岸橋 下章墺	二七九
	界埂鄉	界埂聯合村	同上	黄岸 石塔 下市頭 孟家山	一九〇
	孟家灣鄉	孟家灣聯合村	同上	舒家兜 黄歇灣 朱孟 孟家嵩	一四六
第五區	平水鎮	石帆里 東桃村	稽東鎮	山頭 廟前 横街 雙井 李家 馮家 孟家 橋下 細橋 殿前。十八當頭 大園平地 桃園 薛家墺 裏東坂 外東坂 十二糧 發郎基	一〇二七
	五松鄉	五松村	同上	梅園 章家塔 鎮四橋 上塘 下塘 楊灘	四九〇

紹興縣志資料 第一輯 鄉鎮 四十九

上灶鎮	劍灶村	稽東鎮	柵頭 裏寒溪 外寒溪 裏樵塢 外樵塢 上灶 中灶 下灶 後埠 羊山 大溪沿 趙家埠頭	六二七
旗峯鄉	旗峯村	同上	外王 石旗 蔡家墺 張家山 小閘 池頭 金 唐家墺 裘家嶺	三八〇
玉安鄉	玉安村	同上	庵前 金墺 周家埭 莊前 唐家墺 毓秀 橋 孫家匯 王家墺 昌源 牛車盤頭 鑄 鋪墺 閘橋	七一〇
金魚鄉	金魚村	同上	金漁墺口 裏張堡 外張堡 呂堡 陳家堡	二四二
若耶鄉	若耶村 金鎖村	同上	寺前 上橫山 下橫山 西裘 長大房 鳳 林 源流墺 婁家 葉家 上裘家 下裘家 。西渡口 舟里墺 平原 斗坵 潭頭 何 山	一〇一二
化美鄉	化美村	同上	堯郭 念佛牌 小梅樹灣 茅山 洋中 外 曹 裏陳家塢 外陳家塢 大樹下 傅家墺 裏化山 外化山 陶家廠 宦堂	七九五
塚斜鄉	塚斜村	同上	塚斜	二〇三
橫溪鎮	橫溪村 鶴楊村	同上	橫溪 上鄭 大園 古莊 洋坑 老屋下 五聖堂 庵山頭 高坂頭 陶墺擺頭 冷水 壩 桑樹門 爛田頭。上岔路口 下岔路口 洪溪 鵝眉山 轉山頭 曹衖 下尾墺	一〇六一

五雲鄉	五雲村	稽東鎮	中尾塽　上尾塽　冷水坑　三溪口　楊衖 孟栞灣　火燒灣　蔣家 新楊樹下　老楊樹下　朱塽　紅牆廈　倘和 山　達紅　沙灘　塽口　同康　裏兵康　外 兵康　後嶺下　陶家山	八二八
清秀鄉	清秀村	同上	板溪　大灣里　大地里　寨嶺口　張山　湖 里　駱家田　楊家門　大西嶺　上金家山 下金家山　黃坑　歇雲山	四二六
龍潛鄉	龍潛村	同上	落大石　子弟灣　何家基　屋基頭　大坑 茶培　高井　高崗　橫路頭　高住　上王 高塢庵　大廠里　芋艿灣　童家嶺　大洋坑 沈家山　白岩下　銅錢坪　裏灣　安村　大 坂里　鷹窠里　謝家灣　錢家	六二八
寶車鄉	車頭村 寶樂村	稽東鎮 稽山鄉	車頭剪灣○陳後山　上鳳　前塢　後塢　葛 溪　袁村　饅頭石　葉村　王村　下尉　石 蘇　大胡塽	八〇三
太西鄉	太西村	稽山鄉	尉村　黃壤塢　大田塽	四〇〇
嶺西鄉	嶺西村	同上	沈村　橫路　蔣塢　袁家　王居竹灣　唐衖	四一一
安樂鄉	安樂村	同上	塘塢　尉家塽　相塽　上塔　苧蔴廠　爐塢 灩底	三二二
保安鄉	保安村	同上	楊宅　胡家莊　黃家　應家　胡宅	三八九

寶石鄉	寶石村	稽山鄉	陳村 塿口 石橋頭 止路塢 官田頭 五義塘 占塿 桃嶺下 黃家 寒天佩 月下仙	七八六	以上舊第六區
保順鄉	保順村	同上	裘村 下里溪 官培 止步坑 合莊石 董塢山 婁家 楊樹坂 紅岩 竹田頭 童塢 前塢塿 柳塿 趙公塿 南山 橫路岡 瓦窰岡	九六八	
人和鄉	人和村	同上	樓家坪 樓家塢 焦塢 下塘 胡高岡 蔡家山 田塿 孫溪嶺 下郭 范家山 雙塢 塿橋頭 中塘 石水灣 塘塿 橫坑	五七八	
黃壇鎮	黃壇里	東升鄉	黃壇街 菩提裏 砂地 大溪頭 大王塘	三四九	
坎上鄉	坎上村	同上	坎上村 下園地	二一五	
肇谷鄉	肇湖村 盤谷村	同上	肇湖。大盤 細盤	三八〇	
染錢鄉	染錢村	同上	娑塢 竺萊山 錢家山 俞家 谷塔塿 湖頭	一六〇	
南樗鄉	南樗村	同上	南樗口 溪東	一三七	
王城鎮	王城里	同上	王城街	三〇三	
停壕鄉	停壕村	同上	停壕 青銅灣	一七二	
陶晏嶺鄉	陶趙村 沈湖村	柯一鄉	陶趙塿 陶隮嶺 半嶺裏 廟岩頭 對橋塿 王公塿 陶趙塿口。沈家塔 新田裏 下橋塿 廿三埠 胡家塿 謝家 高后山 陸家山	四二〇	
山城鄉	山城村	同上	東山村 石厂廟前 張塿 鄭塿 大塿 小	三四九	

				塽 下城		
	嶺下鄉	嶺下村	柯一鄉	王顧嶺下	一六三	
	青壇鄉	青壇村	同上	青壇村 下前山 七十二塽	二六〇	
	响童鄉	响童村	同上	响岩頭 童塽 王顧	一一四	
	南岸鄉	南岸村	同上	南岸村 鄭家 南岸沙地 上下塽 元鳳嶺下	一四七	
	陸翰鄉	陸翰村	同上	陸翰村 羅坪塽 泰靜菴	一八〇	
	天慶鄉	蔣村 下葆村 相家村	東恆鄉	蔣村 和尚院 萊灣 塘外 王家塢 鐵路 乂 仰倒山。裏下堡 外下堡 裏大塢 石 橋灣 刺草灣。相家村 滑石塔 金家塽 下坑 大疇裏 大石門 嶺頭 桃腦灣	五〇一	
	俞謝鄉	俞村 謝村	同上	俞村 謝村	二〇四	
	駱長鄉	駱村 廟長村	同上	駱村 天聖菴 邊豆塢 長坑門口 水碓坑 培裏 吳家坑 上甘嶺 下甘嶺。廟下坑 長坑 外高等處	二九一	
	厂坑鄉	厂坑村	同上	大厂 童坑灣	九五	以上屬舊第五區
第六區	漓渚鎮	漓渚里	集慶鄉	漓渚	六五三	
	尚大鄉	尚書聯合村 大廟聯合村	同上	九板橋 曹家 謝尚書 大園地 廟塢 下 茅秧 上茅秧 上下母嶺頭 蔣家塔。下徐	四七九	

			村 大廟前 大塢 吳家塢 長塘 楓塘塢	
棠秀鄉	棠裏聯合村	集慶鄉	棠裏 東山下 豪嶺 竹節嶺 賈山頭 平	四二九
	秀石村		園。頭座 二座 三座 六峯 峧口	
山巖鄉	黃山聯合村	同上	塔石 姚村 朱家塢 大園 梅園 弦腔	九〇二
	黃巖聯合村		弦腔六分頭 塢底 黃山嶺下 銅井山下	
			後村 大樹下 毛婆溪 石門	
螭陽鄉	螭陽聯合村	同上	小步 後潭頭 灣裏 蔡家 下嶺 高車頭	四七五
桃莊鄉	桃逍村	同上	桃逍。中莊 義橋 下莊	二二八
	中莊村			
越南鄉	阮港村	同上	阮港。謝塢。婁家塢 蔣家塢 蘭家山 白	五五〇
	謝塢村		船塢 大嶺頭。宋坑 古築。	
	古窰聯合村			
	古宋聯合村			
鑑西鄉	洪家墩村	鏡西鄉	洪家墩。山南洲 容山 貓山頭。彌子山	九〇七
	容山聯合村		方塢 青點頭 松湖 王家山頭 廟湖漊	
	九松聯合村		徐家漊 勞家湖 證諦山	
梅福鄉	梅福聯合村	同上	油埠 李家灣 王七墩 花徑 帽山 七賢	四四〇
			橋	
馬灣鄉	麻皮灣村	同上	麻皮灣	一五八
鑑濱鄉	福全山村	同上	福全山 上下山頭 俞家灣 外山頭。勞家	三八一
	勞秀聯合村		坂 秀才漊 大勞坟頭	

龍尾山鄉	龍尾山村	鏡西鄉	龍尾山	二八九
趙家坂鄉	趙家坂村	同上	趙家坂	五三二
鑑清鄉	海山村清水 閘村澄灣村 壺坂聯合村 沉丁聯合村	清水鄉	海山。清水閘　北岸　梅里　尖山　季家山 牛奶山。澄灣。板里杜　壺觴。仁讓堰 丁巷	一九九七
鑑北鄉	路南村 王家村 附湖村 東魯墟村 西魯墟村	同上	南路南　北路南。王家村。裏水港　外水港 前邵家岸　後邵家埠　姚家埭　石堰　韓 家山　丁家漊　東魯墟　西魯墟	一二三二
秀水鄉	秀水聯合村	雙山鄉	徐山　石堰　小任家坂　洗家坂　尹家坂 塘灣　裏塘　港口　坂里姚　祝家岸	六八二
福圓鄉	福圓聯合村	同上	秋家岸　楊家漊　戴徐山　山灣　戴旂山 坂里曹　施家　潭頭　韓家橋　曹家坂　上 下漊　坂里曹	五四九
峽山鄉	峽山聯合村	同上	峽山　坂里張　義道房　蔣家池　馮家園	八三三
龍南鄉	龍南聯合村	龍南鄉	樓下陳　程家橋　龍君莊　矮漊　小南山頭 大南山頭　念畝頭　龜山頭　外山	六三八
蘭亭鄉	蘭亭聯合村	朱華鄉	蝴蝶灣　蘭亭　星橋　董塢　官莊　王家塢 馳馬地　分水橋　萬松菴	三一六

蘭渚鄉	班竹聯合村 永興聯合村 稽山聯合村 稽東聯合村	朱華鄉	殷家塢　楊秀塢　湖家塔　木柵橋　華家漊　稚蠡漊。任家坂　泥婆漊　婁宮　黃泥磁　下婁。下一漊　裏木柵　山頭金　黃沙漊。黃婆漊　張家葑　下窰陳	一三五一
五苔鄉	五洋聯合村 五苔聯合村	同上	金家店　西岸金　亭山沿　安潭漊　管家漊　朱家墺　賢家莊。陳家葑　坂里金	二六四
石泉鄉	石泉聯合村	同上	嵐塢　蔡家港　鳳凰山　舒家墺	六四五
玉泉鄉	玉泉聯合村	同上	虞港　王家漊　王家葑　鄭家塔　台閣塢　下伏山	五一九
玉山鄉	玉山聯合村	同上	駱家葑　勞家葑　鄒家葑　玉山下	四八四
天水鄉	天水聯合村	同上	江家漊　李家漊　姚婆漊　沙埂頭　東俞家舍　西俞家舍　瀾塘　烏石頭　雙牌漊　任家塔　半風漊　老莊	六六五
盛塘鄉	盛塘聯合村	同上	盛塘　王墅漊　應家潭頭　廟平弄　陳家嶺　下雲松	六七八
秦麓鄉	秦麓聯合村	同上	棲鳧　琶山　芳泉　李家衖　瓜山　張家溪頭	八五〇
南沙鄉	南沙聯合村	同上	上施家橋　下施家橋　霧露橋　南池　胡家門　下埠　後坂	四六五
梅東鄉	梅東聯合村	同上	上謝墅　下謝墅　半路徐　官山墺　下張漊　籐灣　池頭黃　坂里王　王家橋　馬家埠	六八三

秦望鄉	秦望聯合村	朱華鄉	九里 坂里地 上陶 濮塢 馬院 趙婆墺 百家墺 胡家塔 天衣寺 裘園 茅秦 衖口 坂裏鄭	四五九	
篛溪鄉	篛溪村	同上	篛溪 法華嶺 大焦嶺 西莊山 拜經橋 蛟蛾山 天衣寺弄坂 馬園 太平嶺 天柱山	三九一	
紫紅鄉	紫紅村	同上	紫紅村 草塢口 夏家塢 裏鄭 朱墺	四三七	
印山鄉	印山聯合村	同上	色康 裏家塢 高村 花街	二七六	
百子鄉	百子聯合村	同上	黄院 大慶 張村 陳村 石船塢 轉山頭	五三八	
朝陽鄉	朝陽聯合村	同上	殿墺 北塢 賈村 花塢 石門檻 謝家橋 霞園 韓塢	四五六	
太尉鄉	太尉聯合村	同上	黄牛塘 柵溪 漁塘頭 上莊 孫家塢 薛家壩 灰灶頭 大地	三三四	
跨湖鎮	跨湖里 湖前聯合村 湖後聯合村	偏門附郭	跨湖橋 跨湖橋直街 旱城沿 祝家岸 太平漊 米市街 後街 八間頭。塘埭 大匯頭 石堰頭 杏梅橋 麓湖莊 上塘漊 湯家漊 宜家橋 王家岸頭 吳家漊 周家漊 紫家漊 姜家漊 姚家漊 余家岸頭 金家岸頭 陳家漊 李家漊 婁港。嚴家潭 金雞塘 湖南岸 河山橋 季家漊 横港 大路沿 唐浚家岸 錢家莊 王家莊 車漊	二七九四	以上屬舊第七區

第七區			蔣家漊 南漊底 後四坟 鵝逕 樹下王 葉家堡	
橫江鄉	橫江村	天樂上鄉	橫江俞 姚家 邵家塔 鍾家塢 泗卦	三五〇
塗川鄉	塗川村	同上	孫家 祝家 虞家堵 泗洲山灣	三一五
泥橋鄉	泥橋村	同上	紀家匯 滙頭鍾 泥橋頭	一六五
歡潭鄉	歡潭村	同上	小滿 傅家 歡潭。白水 諸家 東塢	四八六
	東塢村			
臨浦鎮	臨浦里	天樂中鄉	臨浦鎮	四九一
臨江鄉	臨江村	同上	茅潭 高田陳 新石橋	二八三
邵陳顏鄉	邵陳顏村	同上	下邵 坂裏陳 塘頭顏	一八二
沈墅鄉	沈家渡村	同上	沈家渡	一七六
鵠竿鄉	鵠竿村	同上	朱家塔 大園裏 觀音堂	三八一
猫珊鄉	猫珊村	同上	鄭唐孔 下顏	二五四
婁山鄉	婁山村	同上	下坂邸 杜家龔	三六八
墅上王鄉	墅上王村	同上	墅上王	二六四
源長鄉	源長村	同上	大小華家 墨汀徐 屠家橋。娘娘廟前	三四〇
	苧蘿村		上石橋 西山張 下塢	
馨里鄉	馨里村	同上	安山陳 魯家 倪家莊 嶺頭王	一六七

紹興縣志資料 第一輯 鄉鎮

青溪鄉	青溪村	天樂中鄉	諸塢 羅家山	二三七
傅家墩鄉	傅家墩村	同上	傅家墩	二三一
琴山鄉	琴山村	同上	沈家埭 下章	一八一
化山鄉	化山村	同上	石門王 石柱頭 橫路頭 新橋頭	二九〇
漢陽鄉	漢陽村	同上	鄒塢 大陽 平陽 霄漢里	二六四
花溪鄉	花溪村	同上	慈姑裘 山頭埠 山下蔣 張家橋 王家閘	三二一
泗洲鄉	泗洲村	同上	裘家塢 城山王 蔣家搭	四三〇
章塢鄉	章塢村	同上	顧家搭 大湯湖 席家 新店王 湯家山下	四五三
相墅鄉	相墅村	同上	華家埶 李家塢 三大溪 肇家溚 馬家埶 盛家塢 姚家 姜家	五一五
大同鄉	大同村	同上	廟後王 大岩 嶺下沈	一三七
吉山鄉	吉山村	同上	七峴岈	二一七
曹塢鄉	曹塢村	同上	曹塢	一二七
所前鎮	所前里	天樂下鄉 亦名所前鄉	老河埠 上街 下街 衙門前	一三八
永安鄉	永安村	同上	金家街 導山王 上鹽地 胥江王 橫埠 灣頭 柯家	二三八
集安鄉	集安村	同上	橋裏 蔣裏王 山下陳 丁家	一六七

區	鄉鎮	村里	舊屬	所轄	數	備考
	王灣鄉	王灣村	天樂下鄉	燕窠王 山裏王 橫山 李家閘。窰裏孫	四四四	
		永義村		王泉王 柳家 孫夏鄭		
	六安鄉	六安村	同上	卸塢 岱塢 下汶 麻園 南莊北 山頭王	二一九	
	金錢鄉	金錢村	同上	錢家灣 金鷄山 四一房 舍裏周	一六七	
	柳塘鄉	柳塘村	同上	婁家灣 莊裏陳	一九五	
	張漁鄉	張漁村	同上	張家坂 漁家埭	一四五	
	下山棲鄉	下山棲村	同上	趙塢 池頭沈 山裏沈 嶺下塢 夏家埭 上安王 繆家	五〇八	
	崇越鄉	傅芳村	同上	傅芳。杜家 賈家	五一八	
		杜賈村				
	儀越鄉	鄭家村	同上	鄭家 汪家 洪瓦池頭 山棲街	二三二	
	崇麓鄉	東山下村	同上	東山夏 嶺下金 店裏王	一四五	以上舊第十區
第八區	柯橋鎮	柯橋里	柯橋鎮	柯橋	一四七〇	
	福年鄉	福年村	同上	福年	八二一	
	梅蕚鄉	梅蕚聯合村	同上	管墅 黃社漊	七二三	
	中南鄉	中澤村	同上	中澤。南墩 環村	四五〇	
		南環聯合村				
	華墟鄉	華墟村	同上	華墟	二五三	

亭午鄉	亭后村 上午村	柯橋鎮	亭后。上午頭	五七五
旌善鄉	后馬小赭聯合村	同上	后馬 前馬 前西墟。小赭	一二三五
板橋鄉	板橋村	同上	板橋	三五二
漁后鄉	漁后聯合村	同上	漁后 後趙	三八二
江墅鄉	江墅村	同上	江墅	四五三
蜀伊鄉	蜀伊聯合村	同上	蜀山 傅家塢 尹家塔	四三六
潘舫塢鄉	潘舫塢村	同上	潘舫塢	三二三
湖中鄉	西山聯合村 柯山村	同上	西澤 彤山。柯山	一〇六四
項湖鄉	項里村 秋湖村	同上	項里。秋湖	八五〇
蔡堰鄉	蔡堰村	同上	蔡堰	二三七
三葉墟鄉	三葉墟聯合村	同上	三佳村 葉家堰 上墟	三二二
梅墅鄉	梅墅村	梅袁鄉	梅墅	四七〇
梅仙鄉	梅仙聯合村	同上	中梅 謝橋	六七二
後梅鄉	後梅村	同上	後梅	六三五

鄉	聯合村	併入	村	戶數	備考
石潭鄉	石潭村	梅袁鄉	袁家墺	八三四	
賞舫鄉	賞舫村	賞舫鄉	賞舫	八九八	
大慶鄉	大慶薛瀆後社聯合村	同上	塔瀆 風車灣 屠家沿 林江 東江 葉江 。薛瀆 東村 西村 堰頭 徐家漊 蔡港 後隆 前梁。後社 大葛 楊港 上秧田 方田 匯頭 單四分 楊十房 姚家	一五七四	
桑瀆鄉	桑瀆村	桑瀆鄉	桑瀆	八〇三	
江基鄉	江基聯合村	開泰鄉	江頭寺 基莊	五二六	
阮社鄉	阮社聯合村	同上	阮社 詹家灣 浪橋頭 道士漊	一七四三	
湖塘鄉	湖塘聯合村	一鏡鄉	西湖塘 板裏邊 桃花 杉樹塢 饅頭山	一三二一	
鼎合鄉	鼎合聯合村	同上	古城 陌塢 定山	六五四	
山型鄉	山溪型溪聯合村	六合鄉	穀家山 同溪。型塘 嶺下 錢蛟橋 西路 山敦 道士門 大樹下 竹市 陸山頭 石橋頭 鮑家塘 周傅家塢 光相	一一二九	
勝九鄉	勝山九嶇聯合村	六合鄉	壽勝 蓬山 葑里 河庵 乾溪。容山嶺下 戴家 馬湖 何家塔 余家埭 金家山 方家塢 俞家山 夾山 九嶺下	九六一	
州山鄉	州山聯合村	同上	州山 河塔	一四〇七	以上屬舊第八區
賓舍鎮	賓舍村	九曲鄉	賓舍村	七〇三	
余支鄉	余支聯合村	同上	余支村 前漊村 後漊村 唐郎灣村 盛家	五二六	

廣陵鄉	龍山聯合村 樞里村 鑑山聯合村	九曲鄉	渡村 何家渡村 昌村漊村 龍山村 塘灣村 潘家漊村 大王廟村 道士瀆村 馬家莊村。樞里村 王鑑山村 江灶漊村 鄭家漊村 丁家橋村 外大塢村 裏大塢村	七〇八
九巖鄉	九巖聯合村	同上	九巖村 東高村 俞家坂村 橋下村 陳家坂村 高家坂村 廣溪橋村 山田坂村	二九一
南錢清鄉	選錢聯合村 南錢清聯合村 江南聯合村	南錢清鄉	錢清鎮南岸 竹園陳村 前東塘村 後東塘村。南錢清村 墅後村。江南村 抱古村 湖西村 上浦西村 下浦西村	一二〇三
前梅鄉	前梅聯合村	前梅鄉	前梅村 東江村 後坂村 大嶺下村 磚窰裏村 陳家漊村 宋家塢 竹嶺頭村 梯檔村	六八五
梅湖鄉	梅湖聯合村	新安鄉	梅湖村 湖頭方村 東江陳村 東坂村 下堡村 沙地舖村 臨江村 前施家村 後施家村 中央方村 十房道地村 廿七房村 廟前村 山下金村	六一五
楊汎橋鄉	楊汎橋聯合村	同上	孫家橋村 江南周村 西江下村 唐家村 王家塔村 上孫村 江口村 姚家山下村 楊六房村 楊汎橋村 沙田傅村 袁家塔村	七九四

蒲蕩夏鄉	蒲蕩夏聯合村	新安鄉	蒲蕩夏村　保家橋村　邵家坂村　河西岸村　吳家坂村　黄泥牆村　下坂村	五〇一	
江橋鎮	江橋仁里聯合村	延壽鄉	竹院童村　江橋村　沈家村　唐家橋村。仁里王村　陳家村　上塘橋村	七二五	
張吳渡鄉	張吳渡聯合村	同上	張湖渡村　陸家坂村　陳家埭村　園裏塢村	三七〇	
江塘鄉	江塘前中堡聯合村　江塘後堡聯合村	同上	江塘村　胡家村　營里村　靑窯里村　廟上村。橫山頭村　外塢村　金家塢村　梅塢村　山下裏村　炭石下村	九三一	
芝湖鄉	芝湖聯合村	同上	芝湖村　山下王村　馮家塢村　湖裏陳村	四〇〇	
漁臨鄉	漁臨聯合村	漁臨鄉	漁臨關村　上坂村　壙上村　下岸王村　宣家雁村　馬社村　和穆程村　韓家沿村　胡家匯村	六三七	
夏履橋鎮	夏履橋里　迴龍聯合村　忠村聯合村　界塘塢聯合村　進龍聯合村　東山聯合村　五部聯合村　巧溪聯合村	夏履橋鄉	夏履橋市　虞山村　楊家埭。汪家埭村　鄭家鬧村　謝家湖村　淸塢村　高田陳村　繆家漊村　界塘埠村　墅塢村。忠村　上莊村　梅。界塘塢村　南塢村　嶺下村。麻園村　白園村　出水埠村　何家塢村。陶家弄村　施石山村　淸潭村　蒲棚街村　王家莊村。施家塢村　橫山路村　五部廟村。金家塔村　周方家塔村　西塢口村　裏西塢村　周家田頭村　門台村　雙橋村　周家塢村。棄塢山村	二三八三	以上舊屬第九區

		雙橋聯合村 里仁聯合村 仙岸聯合村 夏澤聯合村		嶺下灣村　大橫坑村　石道地村。仙家塢村　鄭家埭村　下岸張村。夏澤村　木橋頭村	
第九區	安昌鎮	安東里 安西里	安昌鎮	安昌東市　朱家坂　周家漊　何家墩　湖村　潘家灣　顧家埭。安昌西市　白馬山　南浦　陳家漊　金家漊　西上沙	三二一八
	蜀山鄉	蜀阜聯合村 塗山聯合村	同上	東蜀阜　西蜀阜　西墟。大西莊　吳江塘　沙田	一三八四
	瑞瓜鄉	瑞南聯合村 瑞北聯合村	同上	寺前東西　大漊　廟漊前後葛漊　銀錠漊　橋頭王　堰頭徐　東岸徐　南包　後包　西池頭　金家池頭　劉家場　老金家　陳家吳江塘　朱家匯頭王。寺後　唐家漊　朝北台門　中漊　船舫下　湖東岸　後漊渡船頭　下池頭　念魚灘　百家漊　陳十房	一二〇六
	沙北鄉	毓秀聯合村 盛陵聯合村 衆興村 黃公村 長沙聯合村	同上	黃公漊　倉頭　九墩　趙家埭　西洋坂　徐家坂　盧家　長漊　湖鼎　裏墑　外墑。錢家埭　前盛陵　後盛陵　中盛陵　龍潭漊　包家漊　三潭村　李家漊　蔣家村。單木橋　衆興庵。黃包村　鎮海村。財神殿　長沙殿	二五九三

大和西鄉	山石聯合村 璇西聯合村	安昌鎮	閘湖 後渡 山西。前莊 大池坂 趙家漊 西化坂 玟上徐 小西莊	一一三八
大和東鄉	瑞麥聯合村 西塘下聯合村	同上	白洋 西塘 下內 馮家塘頭 道士漊 蔡家匯南北岸 夏家漊。西塘下灣漊 梅龍殿灣 二埭橫灣 許仙橋 壽大潭 陰山地 閘湖 老鼠尾	一四五〇
西扆鄉	西扆村 王合聯合村	同上	蕭家漊 底橋頭 後莊 水路港 馬迴橋 牛口閘 濮家 茶亭橋 蕩下湖 虹橋 園裏沈 寺前 官河沿。漊底王 倪家前漊 後宅漊 坂里王 西岸	一一二六
華舍鎮	華舍前里 華舍後里	禹會鄉	前圓圖 諸侯江 姚衖 南池 啞婆漊。後圓圖 蕭家漊 沙地壽 東漊 新漊 盧社 東上沙	二〇二〇
中川鄉	中塘聯合村 沙山村	同上	中潭 潭底 光華漊 西河沿 沙地王 上單 百廿二房	六五一
禹會西鄉	張漊村 湖門村 永新聯合村 待駕橋村	同上	張漊 富連漊。東湖門 西湖門。周家橋 西岸周 稱勾漊 睦橋頭 上溫瀆 下溫瀆。待駕橋 前頭漊 姚家漊 待川村	二六〇四
禹會東鄉	朱咸村 嘉塾村	同上	嚴家漊 孫家匯頭 橫湖 雙廟前 迎家橋 韓衖東岸。潘家漊 毛家埭 西漊 馬家 前後許墅 港口 韓衖西岸 東漊 後廟漊	八四九

興浦鄉	興南村 興東聯合村 興北聯合村	嘉會鄉	尚義當　金家漊　橫湖沿。陳家漊　沈家漊 陳港。韓家漊　員家岸頭　後井頭	六五五
陽川鄉	龍門聯合村 錦曲村 雙澤聯合村	同上	中漊村　前漊村　後漊村　堰頭村。陽嘉龍 溜頭村　後江村。上澤　睿澤　雙橋　前梁	一二一〇
齊賢鎮	齊賢里	齊賢鄉	大蕩沿　朱家漊　秧田頭　徐家漊　屠家漊 聚仙漊　竹場漊　八房　九房　廟漊　東 官衙　潁川橋　埠船漊　柴船漊　道士漊 十八房　後市街　官衙　潭家漊　龍王橋 上方橋　鄭姓岸頭　沃家漊　羊石　李家埠 頭　徐家灶　浦沿　西徐巷　禹降　鳳林山 西湖墺	二五〇四
集賢鄉	集賢聯合村	同上	大山南　小山南　湖口　壈埭下鄭　壈埭單 家　沙田	四七七
羣玉鄉	羣玉聯合村	同上	山頭　小大廳　華家	三六八
黨山西鄉	梅林村 黨山村	黨山鄉	先梅林　後梅林　張家橋頭　羅漢堂。黨山 淡家　存里村　魯家。梅林灣　黨山灣 二埭灣	二〇二九
黨山東鄉	梅黨聯合村 倪莊聯合村 團前聯合村 丈午聯合村	同上	倪家浦　七家浦　官湖沿　新橋頭　大漊底 魚池頭。團前　西花園　團前灣　三官埠 灣　車路灣。上丈午村　匯頭陸高潘　前村	一二二〇

			岸 下丈午村 丈午村灣 包殿灣		
陶里南鄉	陶里村 陶賢聯合村	陶里鄉	陶里 七家坂。東漊底 漊底孫 鴣回頭	一〇四九	
陶里北鄉	六社聯合村 鎮西聯合村	同上	大林 李家坂 南孫。包殿灣	一〇五六	
鎮東鄉	鎮東聯合村	同上	鎮龍殿	六二九	
山海會宗鄉	南塘聯合村 馬鞍山外村	陶里鄉 馬鞍鄉	八字橋 石浦 扁陀 玉家漊 錢家小漊 朱家埭 白路涇 楊家埭 池里洋 沙地王 魏家 金家漊。祥凝漊 羊迂漊 巷口 木枝塢 西閘街 井街 上許 下許 大山 下 莊裏傅 夾蓬閘 夾瀆	一五四八	以上屬舊第十二區 但山外村屬舊第十三區
馬鞍西北鎮	馬鞍西村 馬鞍北村 馬鞍塘外西村	馬鞍鄉	傅江下 落岡卜 湖西岸 金家漊 横河陸 寺橋頭。夾浜 夾灶 西塘下 直湖頭。美 爺灣西 夾浜灣 夾灶灣 趙家灣 斷沿橋 東	一八三〇	
馬鞍東南鎮	馬鞍圓鴐里 馬鞍東村 馬鞍塘外東村 馬鞍南村	同上	圓鴐橋 高田 南周坂 東湖 西陳 西周 韓家漊 章家埭 楊家埭。汎城 南塘頭 丁家堰 姚家埠 童家搭 陳莊。美爺灣 東 直湖頭 楊老勝灣 小埠頭灣 塘下。 山下鄭 蛟下傅 湖塘墩 横塘頭 山灣裏 湯灣 潘家埭 坂裏沈 駝峯山	三一二二	

荷湖鄉	荷湖村	荷湖鄉	荷湖　湖裏頭　祝家莊　璜山　北亭　心亭	五八四
陡亹鎮	陡亹里	禹門鄉	倉瀵底　大江沿　馬埠頭　場前　大神廟　前溎弄口　月灣街　老閘下　土地堂前　洞橋頭　碓頭俞　高階沿　磨坊橋　李家岸頭　百丈瀵　鵝市橋　黄木橋　財神堂前　巷牌下　寶積橋　前後馮村　萬安橋　趙家橋　油樹下　花浦橋	一六一七
璜梧鄉	璜岱山前村 東梧村	禹門鄉 東九鄉	金瀵底　古岱塘頭　璜山　沙裏洋　山前裏　。王相橋　相二房　前間頭段宋　東堰頭　桔樹下　西堰頭　高港　肥瀵	一〇八六
玉帶鄉	儲西聯合村 拓江諸埭聯合村	玉帶鄉	朱儲　后高閘瀵　葫蘆墩　童家　西山頭　西堡　七里港。後諸　莊頭　拓林　壋埭	一五五七
三江鄉	三江內城村 三江外城村	三江鄉	三江城。南門姚　李家　南瀵底　柏舟灣　後閘瀵　塘灣　董家　章家　新塘登	八九三
楊望鄉	楊望村	楊望鄉	袁家　騶家　黄家　沈家　架子頭　坂裏袁　湖潮港　西湖頭　何監房　上窖	六四九
潞陽鄉	潞陽村	潞富鄉	前王　後王　竣裏　施家灣　趙港　長蕩　横港　裏港	七五八
富峯鄉	富朱村 楓港村	同上	富陵　許監房　褚家　李家潭。五楓　謝港	七〇〇

區	鄉鎮	村	原屬	村落	戶數	備考
	咸鳳鄉	長壽村	咸鳳鄉	寺東　寺西　涇港。鍾家甲　石泗。菖蒲漊	一三一六	
		鍾泗村				
		菖蒲村				
	丁桑墅鄉	丁桑墅村	同上	丁港　桑港　戚墅	四五八	
	嵩灣鄉	高木村	嵩灣鄉	高木　楊樹漊　北里漊　九頭漊。肖家橋	八八五	
		上嵩灣村		里文周　朝東屋　宋公漊　裘家漊　東王		
		下嵩灣村		單家漊。眞武殿　塘上王　茹家漊　王三䝼		
				廟横　巴里　濮灣　虎伏漊		
	東安鄉	東安村	安墟鄉	東安城　形浦	六三六	
	西安鄉	西安村	同上	西安城　丁墟	四〇三	
	袍瀆鄉	袍瀆村	袍瀆鄉	壩裏金　小菴前　當灙　大道地　朝北臺門	一一一七	以上屬舊第十三區
				張家漊　南北徐　李家　洋港　裏坂漊　葛		
				家漊　壩頭丁　陳家漊　横河　方家		
第十區	孫端鎮	孫端里	孫端鄉	孫端市	五二七	
	廟東鄉	廟東聯合村	同上	廟漊底　東周　趙墓　西沈埭	二六三	
	後小庫鄉	後小庫村	同上	後小庫	一九五	
	楡林鄉	楡林村	同上	楡林	三一七	
	前桑盆鄉	前桑盆村	同上	前桑盆	三二八	
	東塘鄉	東塘聯合村	同上	東楊港　西楊港　㙮墩下　前章　塘灣　新	四三六	

桑盆南鄉	殉澧聯合村 王新聯合村	孫端鄉	屋下 屠家 馬家 塘下 前澧江 後澧江。新埠頭 王公浦 王家漊 大人漊 王老灣	四七〇	由殉澧村內之前後澧江與王新村合編一鄉
桑盆西鄉	殉澧聯合村 安裏聯合村	同上	殉鯉周。安橋頭 裏趙	五五〇	由殉澧村內之殉澧周與安裏村合編一鄉
樂許鄉	樂許聯合村	同上	樂港 壞頭 許家埭 許家閣 許家橋	三五六	
西塘鄉	西塘聯合村	同上	大吉菴 任家浦 東匯頭 鎮塘殿 西塘下	四二六	
南匯西鄉	南匯村	同上	南匯	六八二	
姚家埭鎮	姚家埭里	姚江鄉	姚家埭	四九七	
長樂施鄉	長樂施村	同上	長樂施	四〇二	
陸陳鄉	陸陳聯合村	同上	陸家埭 陳家橫	四八〇	
宣徐蔣鄉	宣徐蔣聯合村	同上	宣港 韓家埭 徐家漊 閘前王 蔣家漊 酈沙埭	三二二	
高王港潭鄉	高王港潭聯合村	同上	高車頭 王家漊 港口漘 後高車頭 大小潭 湖北漊 淡坂大屋	四〇八	
漁港鄉	漁港村	同上	漁港	三六八	
陶傅田鄉	陶傅田聯合村	同上	陶家埭 傅家埭 俞家漊 外班 花經田港 破塘	五五三	

送駕溇鄉	送駕溇村	同上	送駕溇	五三五	
吳融鄉	吳融村 碧單聯合村	吳融鄉	吳融。單家埭　碧波潭	九六七	
前小庫鄉	前小庫村	賀湖鄉	前小庫	三四二	
王府莊鄉	王甫莊村	同上	王甫莊	六二四	
車上鄉	車上聯合村	武勝鄉	車家衖　柳家塗　上許　薛家溇	四六五	
后池鄉	后池聯合村	武勝鄉	后堡　柳港　孟涇頭　南池	三四八	
酈韓鄉	酈韓聯合村	同上	酈家埭　宋大房　韓家溇	二七〇	以上屬舊第十區
嘯唫鄉	嘯唫里 車隆徐聯合村	嘯唫鄉	荷花溇北岸　東衖口　打鐵溇　關殿沿　鴛鴦衖　鹽廠匯頭　賣草匯頭　見龍橋下　後街　大湖東岸　大湖西岸　東匯陳　魏家西匯陳　南岸頭　坂里畫　荷花溇南岸　一塔王　上廟　東桑　巷牌頭　前後高田頭　廟衖　四將殿前　茂照當沿　石家溇　莫家溇　尙義橋。車家浦塘下　車家浦後六房　後車　前車　長溇底　徐家堰　上廠　新頭港	一四五六	
韓浜六處鄉	韓浜六處聯合村	同上	謝家　陸家　機坊　前中小陳　後小陳　洋港　坂里顧　荷婆溇　義門橋　丁家灣頭	四五一	
屯上錢鄉	屯上錢聯合村	同上	屯頭　上陳　廟裏　吳家莊　後橫江　鄔家港　錢家溇	四七四	

古渚聯塘村	古渚聯塘村	同上	閔家漊 王家漊 潘家 謝家 王家 山莊 上阮 下阮 沿塘	三九二
嘯唫扇地鄉	古渚塘外東聯第一村 古渚塘外西聯第二村	同上	新路亭 汪家地 閔家地 朱家地 謝家地。阮家地 趙柳 魏潘家地 嚴家地 林家地 張家地	三〇五
瀝海鄉	阮邵聯合村 西衢聯合村 西岑里 安樂村	瀝海鄉	水滄 後阮 中阮 寺前 灣底。顧家 陳家 諸李邵 高田頭 前王 前倪 趙家 俞家 應家 後倪。西門 北門。東門邵 太平巷 木橋頭 中邵 前邵 西蔣 前台門 後道地 東蔣 後橫河 塘外 茅蓬上 舍後邵 前邵	一六九一
南匯東鄉	南匯聯合村	同上	南匯	二五五
合浦鄉	合浦村	合浦鄉	稱浦東 堰頭 夏家 張家 後楊下 莊裏 前楊下 湖池下 常頭王 御家漊 稱浦西 後市 塘下 蔣家 橫湖 高李沈許家 楝樹下 西昂 三條漊 後馮 前馮	一〇〇三
六社鄉	村繆聯合村 寺東聯合村 張家瀝聯合村	六社鄉	村頭 繆家瀆 銅杓漊 前後馮 趙橫 短漊張 東岸 西岸。楊家漊 外匯 前後楊 范家 前漊 後港口 淡坂 王家漊。王家漊 寺西 袁港 楊家漊 橋頭漊口 南岸 北岸	九三三

陶堰第一鄉	陶堰聯合村 堰南第一聯合村 堰南第二聯合村 堰西聯合村 堰北第一聯合村	陶堰鄉	前吳家 後吳家 市鎮 市後 大水港 金家漊 橫港 大莊 世科第 水廊下 東圖 西圖 西圖後江 西圖鋪前 西圖洋前 洋口 橫街 謝家埭 西上塘。東南湖 西南湖 泥刀漊 南菀 花莊 倒址。蘭蘆 橫夜北岸 橫夜南岸 橫涇。費墅 張家漊 後橫蘆徐 田家埭 茅洋 唐家漊 湖裏沿 南皋。虹橋 石橋街 魚肚下 楊家漊 賴橋 邵家漋 西岸陳	二四二〇	
陶堰第二鄉	堰東聯合村 堰北第二聯合村	同上	張家墺 涇口 墺裏東西岸 魚池前 涇口橋南 老屋 涇口戴家村 涇口官塘 茶亭 蛇山頭 直江漊。周家灣 下家灣 蕩灣 瓜山 繆家漊 莫家漊 大溜 丁家埭 洋堰 白塔	七六五	以上屬舊第十五區

紹興縣整理各區鄉鎮對照表 中華民國二十四年

第一區七鎮五鄉

新編鄉鎮名稱	內含村落名稱	舊有鄉鎮名稱	戶口數	方里數	四至	備註
	石童坊 西府坊 永昌坊 永福坊 安甯坊 東府坊	昌福鎮 水澄鎮	四〇二二戶		東至城東 南至城南	

城中鎮	筆飛坊 東如坊 萬安坊 西如坊 迎恩坊 東觀坊 下和坊 南和坊	大善鎮 秋瑾鎮	二八六八一口	一·二	西至城西 北至城北
城東鎮	安甯坊 永昌坊 西府坊 都泗坊 東府坊 東大坊 西大坊 石童坊 永昌坊 下望坊 朝東坊 中望坊	長安鎮 湯公鎮 孝義鎮	五九三一戶 三七五五五口	三·〇	東至二區 南至城南 西至城北城中 北至昌安
城南鎮	西陶坊 東陶坊 上望坊 稽山坊 東仰坊 上植坊 下植坊 大辛坊 中望坊 朝東坊 稽山坊 東觀坊 大雲坊	咸歡鎮 南大鎮 大雲鎮 辛植鎮	五七三四戶 三六六七七口	五·〇	東至二區 南至二區 西至二區 北至城東城西城中
城西鎮	美政坊 下和坊 紫金坊 常禧坊 西如坊 朝京坊 承恩坊	美政鎮 錫麟鎮	三三五四戶 二四一一〇口	二·一	東至城北城中 南至城南 西至六區 北至城北
城北鎮	東光坊 筆飛坊 西光坊 戒珠坊 西中坊 昌安坊 東中坊 朝京坊 萬安坊	蕺望鎮 越王鎮 上大鎮	三八二〇戶 一八七四〇口	一·二	東至昌安城東 南至城中 西至城西 北至昌安西郭
昌安鎮	昌安街 滕家匯 孟家漊 馮家漊 丁家村 上湖塘 中湖塘 下湖塘 山下	昌安鎮 山下鄉	二〇六六戶 一七六七七口	一九·九	東至會龍 南至城東城北 西至繩港 北至繩港
					東至城北繩港

西郭鎮	西郭 附郭	西郭鎮	一一二一戶 八六九七口	一四・〇	南至六區 西至六區 北至東合南鄉	
繩港鄉	王家漊 肖港 單港 曲屯 寨下 界樹 小官 楊瀆 盛港 墨莊	單港鄉 繩初鄉 盛穀鄉之東	一八二六戶 一三七四八口	二〇・二	東至昌安 南至城北 西至東合北鄉 北至六區九區	盛穀鄉之東爲裏谷社外谷社兩村
東合南鄉	東浦 梁枋 大樹口 鍾口灣	東浦鄉 沿港鄉	二二九五戶 一五三〇三口	二七・五	東至東合北鄉 南至西郭 西至八區 北至八區	
會龍鄉	則水牌 松林 謝家岸頭 樊家埭 趙墅 永仁 穀社	則水鄉 松林鄉 趙墅鄉 盛穀鄉之西	三〇六六戶 二〇一二四口	一九・九	東至鳳林鄉 南至昌安 西至昌安 北至九區	盛穀鄉之西爲盛港墨莊兩村
東合北鄉	塽裏 大善 小善 白魚潭 三家村 東林頭 西林頭 永泰 樂港 樟墅	化龍鄉 樟墅鄉 林頭鄉	一六一一戶 一〇三九六口	一八・三	東至繩港 南至東合南鄉 西至東合南鄉 北至九區	
鳳林鄉	恂興 油車漊 頭湖 周家漊 柏舍	恂興鄉 柏舍鄉	八三二戶 四八五五口	一六・七	東至二區 南至二區 西至會龍 北至九區	

第二區 十二鄉二鎮

	皋埠市 南湖漊 何家漊 屠家漊 竹篷下 廟前後 下園 坊裏 前後灣 長潭橋 西魯 下路橋	皋埠鎮	一〇四四戶		東至樊江鄉 南至桐眉鄉	鎮南鄉舊漫

皋埠鎮	水𡑞 南坂漊 王家埭 眞武殿頭 橫漫池 裏塘溼 南岸溼 駱家漊 東岸陳 林家蕩	鎮南鄉	五三四四口	二八	西至東湖鄉 北至皋平鄉	東蕩村劃入
皋平鄉	小皋埠 皋平村 大廟前 錢家 張家橋 朝東屋 匯頭吳 大江寺 前趙 楊瀆 岑墟 大皋埠 張家漊 金家漊 石瀆 仁瀆 亭瀆	皋平鄉 皋瀆鄉 仁亭鄉	二五五八戶 一二四六〇口	六八	東至第十區界 南至皋埠鎮 西至五雲鄉 北至永豐鄉	
桐眉鄉	史家墺 𡑞口 翠山灣 東陳 西陳 墺底 小西山 大西山 桐塢 趙村 上弅頭山 下弅頭山 薛家埭 阮家灣 楊眉山 腰古山	桐翠鄉 龍眉山鄉	一四一六戶 六三一六口	四〇	東至寶麓鄉 南至第五區界 西至禹陵鄉 北至皋埠鎮	
樊江鄉	樊江街 鬔裏 後莊漊 荷花漊 沈江 諸家埭 正平 跨橋	樊江鄉	七八二戶 三八〇七口	一九	東至第十區界 南至吼山鄉 西至皋埠 北至第十區界	
禹陵鄉	望仙橋 林家灣 地盤 塗山 魚池頭 岸頭 山後陳 朝南埭 小山頭	禹陵鄉	九二五戶	三一	東至雙溪鄉 南至第六區 西至第六區	

	大路沿 直路 丁斗街 禹宮橋 陸家莊 檀樹下		四二三四口		北至雙溪鄉
馬山鎮	馬山市 寧桑 賞家村 鮑家村 潘瀆 余貴	馬山鎮	一六四一戶 七七〇五口	二八	東至第十區 南至永寶鄉 西至第九區 北至第十區
永寶鎮	檀瀆 西墅 永樂 張念宅 尚巷 儲墅 東寶疆 西寶疆 東曹匯 西曹匯	永樂鄉 寶疆鄉	二六〇二戶 九八三八口	三七	東至第十區 南至皋平 西至第一區 北至馬山鎮
寶麓鄉	攢宮 街裏 牌口季 家街 唐家堡 黃家墺 下新埠 孝女潭 朱家橋 東橫山 西橫山 三鳳 舊埠 下宮山 南山 芝山 坂裏王 上蔣 唐家 南匯頭 馬家漊 下蔣 陳港 調泥山 西堡 東堡 下皋 任家灣 尉村	東山鄉 蔣堡鄉	一四七六戶 六〇八七口	五九	東至袁孝鄉 南至第五區界 西至桐眉鄉 北至樊江鄉
吼山鄉	黃墩涇 西湖墺 墺頭山 吼山 塔墩 塘墩 了板涇 小涇 橫江徐 水竹坟 大湖沿 浦前孟	吼山鄉	一〇一七戶	二七	東至袁孝鄉 南至寶麓鄉

鄉	村	新鄉	戶口	數	四至	備注
	藕塘頭　夾塘　三湖溼　魯家溼　朱家溼　茅墩頭　崔大尾　山前徐　陳家漊	鎮南鄉	四七八六口		西至桐眉鄉　北至樊江鄉	鎮南鄉舊津尾山村劃入
東湖鄉	遶門山　大湖頭　白蓮墺　集宕山　陶家　賢里　龍山亭　塘下趙　石堰頭　秦家　滕家　殷家　余家埭　馮家岸　三陽　孝仙亭　灣裏　孟家大道地　參軍地　鴨子漊　南漊	遶山鄉　獨樹鄉	一一一五戶　五五二二口	二七	東至皋埠鎮　南至桐眉鄉　西至五雲鄉　北至皋平鄉	
朱尉鄉	五雲門　小陵橋　東塘下金　西塘下金　羅家　沈家莊　西施山　殷家墩　諸家社　唐家村　南湖社　西湖社　瓦窰頭一都　千家埭　七家莊　浪底坂　潘家漊　胡家漊　下木橋　俞家莊　吳家莊　和川堂漊　測水牌　大塘灣　小塘灣	五雲鄉　朱尉鄉	二三二四戶　一〇五九六口	三九	東至皋平鄉　南至禹陵鄉　西至第一區　北至第一區	
	廣陵　墺裏黃　張家園					

廣化鄉	淡竹塢 后倪 石洩 旗收嶺 坂頭丁 方家塢 腰輭嶺 道士墺 塢石 凰墺 挑山 小橋頭 上凰 上調馬場 中調 馬場 下調馬場 上靑塘 中靑塘 下靑塘	廣德鄉 化德鄉	一三九五戶 六〇五〇口	七七	東至第三區界 南至第四區界 西至袁孝鄉 北至第三區界
袁孝鄉	孟家葑村 諸家山登 瓜林 水昌 萬戶 金家嶺 橋下 富盛 後船坊 上洞 五房 三七房 大屋 上落埠 倪家漊 後港 嚴家葑 梁堡 夏家埭 大輅山 小輅山 金家坂 鄔家瀵 章家漊 干山 吳家瀵 黃家漊 施家山	孟葑鄉 富盛鄉 通德鄉	二〇八五戶 九六九一口	七五	東至廣化鄉 南至第四區 西至寶麓鄉 北至第十區
雙溪鄉	董家墺 姚家墺 水家墺 大二房 六房 坟菴 葛山頭 四房 上坂 西坂 孟家窰 外匯頭 姜梁 黃墩頭 坂裏金 張家漊 丁家漊 江口淩	雙溪鄉	一〇六三戶 四六三八口	三三	東至東湖鄉 南至第五區 西至禹陵鄉

	江沿金　新港　前丁　後丁　堰頭馮　凌家山　龍舌嘴　裏外東漊				北至朱尉鄉
第三區六鄉二鎮					
東關鎮	東關　彭堰　新建　賀盤　梁巷　中巷　徐家塘　塘角外　外沙　大廠　新沙　屠家油車　麗江　破塘　下董村　傅村張江　王家涇張江　樟樹下　施家涇　橫港　高貢山凌村	東關鎮　梅喬鄉　豐山鄉　豐碁鄉　塔路鄉　全福鄉　福明鄉　惠明鄉	四四三七戶　二一〇五三口	七五	東至曹娥　南至古湖　西至長興瀝三　北至娥江
道墟鎮	道墟　里江　強上石宕頭　長漊　南莊　雙奎漊　仲二房　上山房　竺家　杜浦　侍郎漊　後宅　上下廠　遺安堂　羅宋	道墟鎮　墟東鄉　墟南鄉　墟西鄉　墟北鄉　北海鄉	三六八二戶　一六六二七口	六五	東至曹娥　南至瀝三　西至十區　北至娥江
曹娥鄉	上沙　下沙　新菴　前後金　中墅　朱村　嚴村　金村　東山下　龍王塘　蒿莊　官湖沿	曹娥鄉　曹南鄉　曹北鄉	二三三五戶　一一五四六口	四八	東至娥江　南至上虞　古湖　西至東關　北至東關曹娥

長松鄉	倉塘 蔣村 篁村 羅村 胡村 廣陵村 墺裏黃 淡竹塢 后倪 石洩 湖田 謝憩	長塘鄉 康會鄉 會龍鄉	一七三二戶 七七三一口	六九	東至曹娥 南至四區 西至四區 北至古湖雲巖	
長興鄉	道味山 北山 牛陵 葫蘆山 保駕山 担山 西陵	道和鄉 保定鄉	一〇八六戶 四八一八口	三四	東至東關 南至雲巖 西至二區 北至瀝三	
古湖鄉	湖村 南橫港 高旺 鷄山	古湖鄉	七五六戶 三四五三口	二五	東至曹娥 南至長松 西至長興 北至東關	
雲巖鄉	何家漊 乘鳳	雲巖鄉	七一四戶 三三九七口	二二	東至長松長興 南至長松 西至四區二區 北至長興	
瀝三鄉	瀝泗 練塘 前村 中村 後村	瀝泗鄉 三界鄉 練塘鄉	一二六三戶 六〇〇〇口	三六	東至娥江東關 南至東關長興 西至道墟十區 北至道墟娥江	
第四區五鄉一鎮						
湯浦鎮	湯浦 珠湖 宋家 寺墺 官楊 下表 下穴 大塢 託潭 駐蹕嶺下 廟下 蔣家 溪灘 墺嶺下 宅陽	湯浦鎮 舜源鄉 官塢鄉	一九一八戶 八二二六口	一四〇	東至德政鄉及上虞縣 南至德政鄉及嵊縣 西至拱球鄉及安仁鄉	據該四鄉書請合併維持行政會議原提案

原鄉名	所轄村莊	新鄉名	戶口		四至	備考
	谷家 蘇家 水坑口 新市	碧潭鄉			北至拱球及小江鄉	
小江鄉	下徐 鄭岸 長山頭 石浦 茅秧 廟基灣 小塢 小江 漁渡 下登岸 徐灣 胡家埭 浦下 鄭家埭	江左鄉 江右鄉 霞岸鄉	一四三八戶 五八一三口	一二〇	東至上虞縣 南至湯浦鎮 西至拱球鄉及第三區 北至上虞及第三區	照行政會議無變更
湯郭鄉	湯湖 達郭 馮家埭	湯湖鄉 達郭鄉	六二九戶 二六四八口	一八	東至湯浦鎮 南至湯浦鎮 西至安仁鄉 北至三溪鄉	
三溪鄉	董家搭 許家搭 山高 金塽 烏石溪 嶺下王 文山里 童大山 橫溪 后岸 白牧 下障	五峯鄉 文溪鄉 獅溪鄉	一四一一戶 六五〇五口	一〇七	東至第三區及小江鄉湯浦鎮 南至二區及安仁鄉 西至湯達及安仁 北至第二區	
德政鄉	八鄭 小羊山 范洋 舍灣 沈家湖頭 西蘇 後陳 寺下 寺後 花裏頭 大山下 大田螺 上壟 段家塘 天荒 山下壟 李宅 楊城 金竹塽 高家庄 金雞山 蔣岸橋 下章塽 黃岸	八鄭鄉 七一鄉 六合鄉 界塽鄉 李宅鄉 樂和鄉	一七五六戶 七三五七口	一九〇	東至上虞縣 南至嵊縣 西至湯浦 北至湯浦	參考樂和鄉意見恢復舊德政鄉

	石塔 下市頭 孟家山 舒家兜 黃歇灣 朱孟 孟家崗	孟家灣鄉				
安仁鄉	上祝 下祝 坂邦 上川 溪上 安基 下川 陳家墺 朱家店 王化 踺頭 寺前 長塘頭 清墊 湯浦嶺下 寺山 徐婆岸 太平里 西墺口 下堡 下墊 潘家山下 徐家水埠	優義鄉 祝溪鄉 朱駕鄉 隆慶鄉 湯清鄉 日鑄鄉 接待鄉	二一二二戶 一〇二七〇口	一八〇	東至湯浦 南至嵊縣及第五區 西至五區 北至五區	舊安仁鄉界脈甚清現仍恢復原名
第五區十二鄉三鎮						
平水鎮	石帆里 東桃村 金魚村 玉安村 若耶村	玉安鄉 金漁鄉 平水鄉 若耶鄉之北	二四八四戶 一一一七八口	七五	東至上灶鎮 南至美耶鄉 西至第六區 北至第二區	若耶鄉之北卽若耶村
上灶鎮	劍灶村 五松村 旂峯村	五松鄉 旂峯鎮 上灶鎮	一四九七戶 六七三六口	六五	東至二區 南至平水 西至平水 北至二區	
王城鎮	王城里 停壕村 青銅灣村	王城鎮 停壕鄉	四七五戶 二一三七口	三五	東至嵊縣 南至嵊縣 西至升南 北至升南	
美耶鄉	化美村 金鎖村	化美鄉 若耶鄉之南	一三〇二戶 五八五九口	六〇	東至柯北 南至舜水 西至嶺溪 北至平水	若耶鄉之南卽金鎖村

五雲鄉	五雲村	五雲鄉	八二八戶 三七二六口	四〇	東至美耶 南至嶺溪 西至嶺溪 北至六區	
嶺溪鄉	嶺西村 橫溪村 鶴揚村 黃壤塢村	嶺西鄉 橫溪鎮 太西鄉之西	一六七二戶 七五二四口	六〇	東至美耶 南至稽山 北 西至諸暨 北至六區	太西鄉之西即黃壤塢村
舜水鄉	冢斜村 東頭村 寶樂村 尉村	冢斜鄉 寶車鄉 太西鄉東	一二〇六戶 五四二七口	六〇	東至柯南 南至龍潛 西至稽北 北至美耶	太西鄉之東即尉村
稽北鄉	保順村 保安村 安樂村	保順鄉 保安鄉 安樂鄉	一六七九戶 七五五五口	六〇	東至龍潛 南至稽南 西至諸暨 北至嶺溪	
稽南鄉	人和村 寶石村	人和鄉 寶石鄉	一三六四戶 六一三八口	四〇	東至龍潛 南至嵊縣 西至諸暨 北至稽北	
龍潛鄉	龍潛村	龍潛鄉	六二八戶 三一四〇口	三〇	東至東仁 南至嵊縣 西至稽南 北至舜水	
東仁鄉	俞村 謝村 廟長村 駱村 清秀村	俞謝鄉 駱長鄉 清秀鄉	九二一戶 四四三六口	四五	東至升南 南至嵊縣 西至龍潛 北至柯南	
升南鄉	蔣村 相家村 厂坑村 南樗口村	天慶鄉 厂坑鄉 黃壇鎮 南樗鄉	七三三戶 三四七四口	四五	東至王城 南至嵊縣 西至俞駱 北至柯南	
升北鄉	肇湖村 盤谷村 坎上村 婆錢村 黃壇里	肇谷鄉 坎上鄉 婆錢鄉 黃壇鎮	一〇四戶 四六九六口	六〇	東至嵊縣 南至嵊縣 西至升南 北至四區	

柯南鄉	靑壇村 嶺下村 响童村 六翰村 南岸村	靑壇鄉 六翰鄉 响童鄉 嶺下鄉 南岸鄉	八六四戶 三八九〇口	五〇	東至升南 南至升南 西至舜水 北至柯北
柯北鄉	陶嶒村 沈胡村 東山村 下城鄉	陶晏嶺鄉 山城鄉	七六九戶 三四六〇口	四〇	東至四區 南至柯南 西至美耶 北至平水

第六區十三鄉一鎮

跨湖鎮	跨湖里 湖前里 湖後里	跨湖鎮	二八一二戶 一一二三四口	七〇	東至龍南 南至五福 西至雙山北 北至一區
鑑清鄉	清水閘村 沉丁村 壺坂村 澄灣村 海山村	鑑清鄉	二〇四七戶 八一五八口	六〇	東至鑑北 南至鏡西北 西至八區 北至八區
鑑北鄉	路南村 東魯墟村 王家村 西魯墟村 附湖村	鑑北鄉	一二六四戶 五〇三七口	六〇	東至一區 南至跨湖鎮 西至鑑清 北至一區
龍南鄉	龍南村 天水村	龍南鄉 天水鄉	一三七六戶 五四一八口	六〇	東至二區 南至朱華東鄉 西至跨湖鎮 北至一區
五福鄉	五洋村 福園村 五苔村	五苔鄉 福圓鄉	一二七〇戶 五〇五七口	五〇	東至龍南 南至朱華北鄉 西至雙山南鄉 北至雙山北鄉

集慶鄉	漓渚里 秀古村 阮港村 尙書村 大廟村 棠里村 黃山村 黃岩村 螭陽村 謝塢村 古窰村 古宋村	漓渚鎭 尙大鄉 螭陽鄉 棠秀鄉 山岩鄉 越南鄉	三七〇八戶 一四七八五口	八五	東至雙山南鄉 南至朱華西鄉 西至諸暨縣界 北至八區
朱華東鄉	玉山村 石泉村 梅東村	玉山鄉 石泉鄉 梅東村	一八一七戶 七二五一口	五五	東至五區 南至朱華南鄉 西至五福鄉 北至龍南鄉
朱華南鄉	南沙村 秦望村 筠溪村	南沙鄉 秦望鄉 筠溪鄉	一四〇四戶 五五七八口	五五	東至五區 南至五區 西至朱華北鄉 北至朱華東鄉
朱華西鄉	蘭亭村 太尉村 印山村 紫紅村 朝陽村 百子村	蘭亭鄉 太尉鄉 印山鄉 紫紅鄉 朝陽鄉 百子鄉	二五三九戶 一〇一一二口	八五	東至五區 南至諸暨縣 西至集慶 北至朱華北鄉
鏡西南鄉	容山村 洪家墩村 九松村 龍尾山村 鑑濱村 趙家坂村	鑑西鄉 龍尾山村 鑑濱鄉 趙家坂村	二〇六四戶 八二一五口	七〇	東至雙山南 南至集慶 西至八區 北至西北
朱華北鄉	秦麓村 盛塘村 玉泉村 班竹村 永興村 稽山村	秦麓鄉 盛塘鄉 玉泉鄉 蘭渚鄉	三三七一戶 一三四三口	七五	東至朱華南鄉 南至朱華西鄉 西至雙山南 北至五福
鏡西北鄉	梅福村 馬灣村	梅福鄉 馬灣鄉	五九一戶 二三五七口	三五	東至雙山北 南至鏡西南 西至八區 北至鑑清鄉

雙山南鄉	峽山村 桃逍村 中庄村	峽山鄉 桃庄鄉	一一一三戶 四四三四口	六五	東至五福鄉 南至朱華北 西至集慶 北至雙山北
雙山北鄉	秀山村	秀水鄉	七八八戶 三一四二口	四〇	東至跨湖鎮 南至雙山南 西至鏡西北 北至鑑北鄉
第七區 七鄉一鎮					
歡潭鄉	小滿 傅家 歡潭 白水 諸家 東塢	歡潭鄉	四八六戶 二五七一口	一五	東至八區 南至諸暨 西至蕭山 北至天樂上鄉
天樂上鄉	橫江俞 姚家 邵家塔 鍾家塢 泗 卦 孫家 祝家 虞家塔 泗洲山灣 紀家匯 匯頭鍾 泥橋頭	橫江鄉 塗川鄉 泥橋鄉	八三〇戶 三八九三口	三九	東至協進鄉 南至歡潭鄉 西至蕭山 北至天樂臨江鄉
所前東鄉	老河埠 上街 下街 衙門前 金家弄 導山王 上鹽地 胥江王 橫埠 灣頭 柯家 橋裏 祥裏王 山下陳 丁家 卸塢 岱塢 下坟 麻圓 南庄北 山頭王 燕窠王 山裏王 橫山	所前鎮 永安鄉 集安鄉 六安鄉	一二〇二戶 五三五七口	四五	東北接所前西鄉 南接臨浦鎮 西接蕭山縣

鄉鎮	村落	所轄鄉	戶口	面積	四至	
	李家閘 窰裏孫 三泉王 柳 家 孫夏鄭	王灣鄉				
所前西鄉	婁家灣 庄裏陳 張家坂 漁家埭 趙 塢 池頭沈 山裏沈 繆 家 東山下 夏家埭 上安王 嶺下金 塢店裏王 傅芳 杜 家 賈 家 鄭 家 汪 家 洪瓦池頭 山樓街 錢家灣 金雞山 四一房 舍裏周	柳塘鄉 張漁鄉 山樓鄉 崇麓鄉 崇越鄉 儀越鄉 金錢鄉	一九〇八戶 八八〇九口	五六	東[illegible]接第八區 南接青化鄉 西接蕭山縣	
臨浦鎮	臨浦鎮 大小華家 墨汀徐 屠家橋 娘娘廟前 墅上王	臨浦鎮 源長鄉 墅上王鄉	一〇九〇戶 五四二〇口	二五	東至青化鄉 南至天樂臨江鄉 西至蕭山縣 北至所前東鄉	
天樂臨江鄉	茅 潭 高田陳 新石橋 下 邵 坂裏陳 堪頭酈 沈家渡 朱家塔 大圓裏 觀音堂 鄭唐孔 下 顏 下坂邸 杜家隴	臨江鄉 邵陳顏鄉 沈墅鄉 鵠竿鄉 貓珊鄉 婁山鄉	一九四四戶 七八三九口	二·八	東至協進鄉 南至天樂上鄉 西至蕭山縣 北至臨浦鎮	
青化鄉	傅家墩 諸塢 羅家山 沈家埭 下章 石門王 石柱頭 橫路頭 新橋頭 安山陳 魯家 倪家庄 嶺頭王	傅家墩鄉 青溪鄉 嶺山鄉 化山鄉 磐里鄉	一一六四戶 五〇二九口	三·四	東至八區 南至協進鄉 西至臨浦鎮 北至所前西鄉	

鄉鎮	村落	所轄	戶口	面積	四至
協進鄉	上峴平　慈姑裘　山頭埠　山下蔣　王家閘　張家橋　鄒塢　大陽　平陽　胥漢里　裘家塢　城山王　蔣家塔　大湯塢　席家　新店王　湯家山下　華家店　李家塢　三大溪　肇家橋　婁家　馬家墊　盛家塢　姚家　廟後王　大巖　嶺下沈　曹塢	吉山鄉　花溪鄉　漢陽鄉　泗洲鄉　章塢鄉　相墅鄉　大同鄉　曹塢鄉	二四二二戶　一一一〇八口	七·五	東至八區　南至天樂上鄉　西至天樂臨江鄉　北至青化鄉

第八區十三鄉二鎮

鄉鎮	村落	所轄	戶口	面積	四至
柯橋鎮	柯橋　福年　管墅　黃社漊　中澤　南墩　環村　華墟　亭后　上午頭　后馬　前馬　前西墟　小豬　漁后　後趙　江墅　板橋	柯橋鎮　福年鄉　梅蕁鄉　中南鄉　華墟鄉　亭午鄉　旌善鄉　漁后鄉　江墅鄉　板橋鄉	六七一四戶　三〇八八四口	一一二	東至桑瀆梅袁　南至開泰一鏡　西至九曲南錢清　北至九區蕭山
梅袁鄉	中梅　謝橋　後梅　袁家埈	梅仙鄉　後梅鄉　石潭鄉	一八〇八戶　七八六二口	一九	東至九區　南至九區　西至柯橋　北至桑瀆賞舫
	蜀山　傅家塢　西澤　尹家塔　潘舫塢　彤山	蜀伊鄉　潘舫塢	四〇三五戶		東至梅袁　南至六區

柯山鄉	柯山 項里 秋湖 蔡堰 三佳村 墟葉家村 梅墅	鄉 湖中鄉 項湖鄉 蔡堰鄉 三葉墟鄉 梅墅鄉	一八一五四口	五七	西至六合 北至開泰及柯橋
賞舫鄉	賞舫 堵瀆 林江 東江 風車灣 屠家沿 葉江 薛瀆 東村 四村 壩頭 徐家瀆 蔡港 後隆 前梁 後社 大葛 楊港 上秧田 方田 姚家 匯頭 單四分 楊十房	賞舫鄉 大慶鄉	二四七二戶 一〇四九八口	三二	東至九區 南至一區 西至梅袁桑瀆 北至九區
桑瀆鄉	桑瀆	桑瀆鄉	八〇三戶 三七九〇口	八	東至賞舫 南至梅袁 西至柯橋 北至九區
開泰鄉	江頭寺 基莊 阮社 詹家灣 浪橋頭 道士瀆	江基鄉 阮社鄉	二二六九戶 一〇三九七口	二六	東至柯橋 南至柯山 西至六合 北至柯橋
一鏡鄉	西湖塘 板裏邊 桃花 杉樹頭 饅頭山 古城 陌塢 定山	湖塘鄉 鼎合鄉	一九七五戶 九九三二口	三三	東至開泰 南至六合 西至九曲 北至柯橋
	穀家山 同溪 犁塘 嶺下 錢蛟橋 西路 山墩 竹市 道士門				

六合鄉	大樹下 陸山頭 石頭橋 鮑家塘 光相 周傅家塢 壽勝 蓬山 葑里 何庵 乾溪 何家塔 容山嶺下 戴家 馬湖 余家埭 金家山 方家塢 俞家山 夾山 九嶺下 州山 河塔	山型鄉 勝九鄉 州山鄉	三四九七戶 一六五一一口	三六	東至柯山 南至六區 西至夏履橋 北至一鏡
南錢清鄉	錢清鎮南岸 竹園陳村 前東塘村 南錢清村 後東塘村 墅後村 江南村 抱古村 湖西村 上浦西村 下浦西村	南錢清鄉	一二〇三戶 五二二〇口	三四	東至柯橋 南至九曲 西至前梅 北至蕭山
九曲鄉	賓舍村 余支村 前漊村 後漊村 唐郎灣村 昌村 盛家渡村 何家渡村 漊村 龍山村 塘灣村 潘家漊村 大王廟村 道士漊村 馬家莊村 丁家橋村 外大塢村 裏大塢村 九巖村 東高村 俞家坂村 橋下村 東家坂村 高家坂村 廣溪橋村 山田坂村	賓舍鎮 余支鄉 廣陵鄉 九巖鄉	一八七六戶 一〇〇三八口	三八	東至柯橋一鏡 南至夏履橋 西至夏履橋 北至南錢清前梅延壽

前梅鄉	前梅村 東江村 後坂村 大嶺下村 磚窰裏村 陳家漊村 宋家塢 竹嶺頭村 梯櫈村	前梅鄉	六八五戶 二六四二口	一七	東至錢清 南至錢清 西至延壽 北至新安蕭山
新安鄉	梅湖村 湖頭方村 東坂村 東江陳村 下堡村 沙地鋪村 臨江村 前施家村 後施家村 中央方村 十房道士村 廿七房村 廟前村 山下金村 孫家橋村 江南周村 西江下村 唐家村 王家塔村 上孫村 江口村 姚家山下村 楊六房村 楊汎橋村 沙田傅村 袁家塔村 蒲蕩夏村 保家橋村 邵家坂村 河西岸村 吳家坂村 黃泥牆村 下坂村	梅湖鄉 楊汎橋鄉 蒲蕩夏鄉	一九一〇戶 八二〇八口	三九	東至蕭山 南至前梅延壽 西至前梅延壽 北至蕭山
	竹院童村 江橋村 沈家村 唐家橋村 仁里王村 陳家村 上塘橋村 張吳渡村 陸家坂村 陳家埭	江橋鎮			東至新安前梅

延壽鄉	村 園裏塢村 江塘村 胡家村 營里村 靑窶里村 外塢村 廟上村 横山頭村 金家塢村 梅塢村 山下婁村 炭石下村 芝湖村 山下王村 馮家塢村 湖裏陳村 上坂村	張吳渡鄉 江塘鄉 芝湖鄉	二四二六戶 一〇八一八口	六八	南至九曲夏履橋七區 西至漁臨 北至蕭山
漁臨鄉	漁臨關村 塿上村 下岸王村 馬林村 宣家匯村 穆和程村 韓家沿村 胡家匯村 上坂村	漁臨鄉	六三七戶 二七五〇口	一三	東至延壽 南至七區 西北至蕭山
夏履橋鄉	夏履橋市 虞山村 楊家埭 汪家埭村 鄭家閭 謝家湖村 淸塢村 高田陳村 繆家溇村 界塘埠村 墅塢村 忠村 上莊村 界塘塢村 南塢村 嶺下村 麻園村 梅園村 出水埠村 何家埠村 陶家弄村 白石山村 淸潭村 蒲棚弄村 王家莊村 施家塢村 横山塢村 五部廟村 金家塔村 西塢	夏履橋鎮	二三八三戶 一二八一八口	一〇四	東至九曲一鏡六合 南至七區諸暨 西至七區

	口村 裏西塢村 周家田頭村 門台村 雙橋村 周家塢村 葉家山村 嶺下灣村 大横坑村 石道地村 仙家塢村 鄭家埭村 下岸張村 夏澤村 木橋頭村				北至延壽	

第九區十七鄉五鎮

安昌鎮	安昌市 白馬山 蜀阜 遺風 念魚灘 西屒 大西莊 坂里王 南包 西池頭	安昌鎮 瑞瓜鄉 蜀山鄉 西屒鄉	六九三四戶 三一二〇三口	四〇	東至陶里 南至華舍 西至蕭山 北至沙北	本表鄉鎮著名村落均已填明尚有各村落附屬之小村名限於欄位不克詳填
沙北鄉	黄公漊 衆興菴 長沙殿 鎮鄉村 盛陵村 毓秀村 西洋坂	沙北鄉	二五九三戶 一〇三七二口	五〇	東至大和 南至安昌 西至蕭山 北至海	
大和鄉	白洋山 西後渡 西塘下 趙家漊 前庄 小西莊 梅龍灣	大和東鄉 大和西鄉	二五八八戶 一〇三五二口	六〇	東至黨山 南至安昌 西至沙北 北至海	
華舍鎮	前圓渡 後圓渡 姚弄 啞婆漊 東漊 新漊	華舍鎮	二〇二〇戶 七九六八口	一五	東至嘉會 南至八區 西至安昌 北至安昌	

禹會鄉	張瀴 潭底 温瀆 少里王 待鴛橋 待川村 光華瀴 朱咸 許墅	中川鄉 禹會東鄉 禹會西鄉	四〇一四戶 一六四一六口	三五	東至嘉會 南至瓜渚湖 西至八區 北至安昌
嘉會鄉	陽嘉龍 橫湖沿 溜頭 陳港 上澤 膏澤 前瀴 中瀴 後瀴	興浦鄉 陽川鄉	一八六五戶 七四六〇口	一五	東至齊賢 南至八區 西至禹會 北至安昌
齊賢鄉	下方橋 上方橋 山頭 山南 西徐巷 鳳林山西 湖塽 屠家瀴 沃家瀴 道士瀴 竹場瀴 浦沿	集賢鄉 齊賢鄉 羣玉鄉	三三四九戶 一五〇六八口	二五	東至山海會宗 南至嘉會 西至禹會 北至陶里
黨山鄉	梅林 村里陳 黨山灣 倪家浦 團前 丈午村 魯家 三官埠 包殿灣 車路灣	黨山東鄉 黨山西鄉	三二四九戶 一二九九六口	四〇	東至山海會宗 南至陶里 西至禹會 北至海
陶里鄉	陶里 七里坂 大林 李家坂 包殿灣 鎮龍殿 南孫	陶里南鄉 鎮東鄉 陶里北鄉	二七三四戶 一〇九三六口	五〇	東至山海會宗 南至齊賢 西至安昌 北至黨山
山海會宗鄉	八字橋 扁陀 巷口 朱家埭 西閘街 下許 上許 大山下 夾瀆 夾蓬閘 莊裏浦	山海會宗鄉	一五四八戶 六一九二口	四〇	東至馬鞍西北 南至玉帶 西至齊賢 北至陶里

馬鞍西北鄉	寺橋頭 西塘下 夾濱夾灶 直柯頭 湖西岸 橫湖六 趙家灣	馬鞍西北鄉	一八三〇戶 七三二二口	五〇	東至馬鞍東南 南至璜梧 西至齊賢 北至海
馬鞍東南鎮	圓駕橋 丁家堰 姚家埠 童家搭 西陳 湯灣 潘家埭 坂里汍 湖家墩 橫塘頭	馬鞍東南鎮	三一二二戶 一四〇四九口	六五	東至海 南至荷湖 西至馬鞍西北 北至海
斗門鎮	馮村 倉瀆底 大江沿 月灣街 匯頭俞 百丈瀆 趙家橋 萬安橋 油樹下 花浦橋	斗門鎮	一六一七戶 七二七七口	二五	東至橫梧 南至楊望 西至玉帶 北至荷湖
玉帶鄉	朱儲 西山頭 莊頭 後諸 環埭 柘林 西堡 七里港	玉帶鄉	一五五七戶 六二二八口	二〇	東至斗門 南至狹猺湖 西至嘉會 北至山海會宗
三江鄉	荷湖 祝家莊 塘灣 湖裏頭 柏舟灣 南瀆底 後閘瀆 三江城 新塘登	三江鄉 荷湖鄉	一四七七戶 五九〇八口	二〇	東至海 南至感鳳 西至橫梧 北至海
楊望鄉	湖潮港 坂裏袁 架子頭 西河頭 何間房 上窖 楊望村	楊望鄉	六四九戶 二五九六口	一五	東至感鳳 南至瀝富 西至瀝富 北至斗門
	施家灣 峧裏謝港	瀝陽鄉	一四五八戶		東至感鳳 南至一區

潞富鄉	富陵 潞家莊 褚家 許間房 朱家潭 五楓	富峯鄉	五八三二口	三〇	西至狹獴湖 北至楊望
感鳳鄉	寺東 菖蒲漊 石泗 鍾家中 涇港 丁港 桑港 戚墅	感鳳鄉 丁桑墅鄉	一七七四戶 七〇九六口	二五	東至安墟 南至袍瀆 西至路富 北至横梧
嵩灣鄉	高木 楊樹漊 九頭漊 北里漊 肖家橋 巴里 塘上王	嵩灣鄉	八八五戶 一五四〇口	一五	東至海 南至安墟 西至感鳳 北至三江
安墟鄉	安城 形浦 丁墟	東安鄉 西安鄉	一〇三九戶 四一五六口	二〇	東至十區 南至一區 西至感鳳 北至嵩灣
袍瀆鄉	洋港 壩頭丁 壩裏金 葛家漊 方家 南北徐	袍瀆鄉	一一一七戶 四四六八口	三五	東至一區 南至一區 西至一區 北至感鳳
璜梧鄉	璜山 古岱 東堰 西堰 金溇底 前監 王相橋 相二房 高港 肥漊 頭段朱	璜梧鄉	一〇八六戶 四三四四口	一〇	東至嵩灣 南至斗門 西至山海會宗 北至山海會宗
第十區十三鄉二鎮					
孫端鎮	孫端市 廟漊底 東周 趙墓 西沈埭 後小庫 楡林 前桑盆	孫端鎮 後小庫鄉 楡林鄉 前桑盆鄉	一七一二戶 八一九九口	一七	東至六社 南至賀湖 西至吳融 北至海塘

桑盆海塘鄉	東楊港 西楊港 堰墩下 前車 塘灣 新屋下 屠家 馬家塘下 大吉庵 任家浦 東匯頭 鎮塘殿 西塘下 前禮江 後禮江 新埠頭 王公浦 王家漊 丈八漊 王老灣 殰鯉周 安橋頭 裏趙	東塘鄉 西塘鄉 桑盆南鄉 桑盆西鄉	一七三一戶 八三三一口	一一	東至合浦 南至孫端 西至姚江 北至曹娥	
姚江東鄉	長樂施 陸家埭 陳家横 宣港 韓家埭 徐家漊 圍前王 蔣家漊 酈沙埭	長樂施鄉 陸陳鄉 宣徐鄉	一一七九戶 五三六一口	一三	東至桑盆 南至吳融 西至姚江 北至曹娥	
姚江西鄉	姚家埭 高車頭 王家漊 港口馮 後高車頭 大小潭 湖北漊 淡坂大屋 陶家埭 傅家埭 俞家漊 外班 花徑 田港 坡塘 送鴐漊	姚家埭鎮 高王港潭鄉 陶傅田鄉 送鴐漊鄉	二〇一五戶 九一九二口	一九	東至姚港 南至漁港 西至九區 北至九區	
漁港鄉	漁港鄉	漁港鄉	三四三戶 一五五六口	二	東至姚江 南至二區 西至姚江 北至姚江	
吳融鄉	吳融 單家埭 碧波潭 欒港 墈頭 許家埭 許家圖 許家橋	欒許鄉 吳融鄉	一三九〇戶 六二八一口	一二	東南至孫端 西北至二區	

舊鄉名	村莊	新鄉鎮	戶口		四至	
賀湖鄉	前小庫 王府莊	前小庫鄉 王府莊鄉	九三〇戶 四二一六口	九	東至六社 南至陶堰 西至后池 北至孫端	
武勝鄉	車家弄 柳家塗 上許 薛家漊 柳家埭 宋大房 韓家漊	車上鄉 柳韓鄉	八〇六戶 三八二〇口	一〇	東至后池 南至二區 西至二區 北至孫端	
后池鄉	后堡 柳港 孟涇頭 南池	后池鄉	三五二戶 一七七六口	五	東北至賀湖陶堰 南至二區 西至武勝 北至孫端	
六社鄉	村頭 繆家橫 銅杓漊 前後溤 趙橫 短漊張 東岸 西岸 楊家 外匯 前後楊 范家 前漊 後港口 淡坂 王家漊 寺西 袁港 楊家瀵 橋頭瀵口 南岸 北岸	六社鄉	一〇二一戶 四七五二口	八	東至嘯唫 南至陶堰 西至孫端 北至合浦	
	荷花瀵北岸 東弄口 打 鐵漊 關殿前 鴛鴦街 鹽廠匯頭 賣草匯頭 見 龍橋下 後街 大湖東岸 大湖西岸 東匯陳 魏家 西匯陳 南岸頭 坂里童	嘯唫鎮			東至三區	

嘯唫鎮	荷花漊南岸　一堵王　上廟　東桑巷牌頭　前後高田頭　廟弄　四將殿前　茂照當沿　石家漊　莫家漊　尙義橋　車家浦塘上　車家浦六房　後車　前車　長漊底　徐家堰　上廠新頭港　謝家　陸家機坊　前中小陳　後中小陳　洋港　坂里顧　荷婆漊　義門橋　丁家灣頭　屯頭　上陳　廟裏　吳家莊　後橫江　鄔家港　錢家漊　新路亭　汪家地　閔家地　朱家地　謝家地　閔家漊　王家漊　潘家　謝家　王家山莊　上阮　下阮　沿塘　阮家地　趙柳魏潘家地　嚴家地　林家地　張家地　水倉　後阮　中阮　寺前灣底　顧家　陳家　諸李邵　高田頭　前王　前倪　趙家　俞家　應家　後倪	韓濱六處鄉 屯上錢鄉 嘯唫扇地鄉 古渚聯塘鄉	三四三九戶 一五八七三口 一七〇七戶	三八	南至陶堰 西至六社 北至曹娥 東南北至上虞

瀝海鄉	西門 北門 東門邵 大平巷 木橋頭 中邵 前邵 西蔣 前台門 後道地 東蔣 後橫河 塘外 茅蓬上 舍後邵 前邵	瀝海鄉	七八六五口	一六	西至南匯
南匯鄉	南匯	南匯東鄉 南匯西鄉	九四一戶 四三六六口	二八	東至上虞 南至曹娥 西至宣港 北至九區
合浦鄉	鱣浦東 堰頭 夏家 張家 後楊下 莊裏前楊下 湖池下 常頭王 邵家漊 鱣浦西 後市 塘下 蔣家 橫湖 高李沈許家 楝樹下 西昂 三條漊 後溤 前溤	合浦鄉	一〇一一戶 四五九六口	一二	東至嘯唫 南至六社 西至孫端 北至曹娥
	前吳家 後吳家 市鎮 市後 大水港 金家漊 大莊 世科第 水廊下 東圖 西圖 西圖後江 西圖鋪前 西圖洋前 洋口 橫街 謝家埭 西上塘 東南湖 西南湖 泥刀漊 南苑 花莊倒址	陶堰第一鄉	三二三〇戶		東至三區 南至二區

陶堰鄉	蘭蘆 橫旦北岸 橫旦南岸 橫涇 費墅 張家漊 後橫蘆徐 田家埭 茅洋 唐家漊 湖裏沿 南皋 虹橋 石橋弄 魚肚下 楊家漊 賴橋 邵家漊 西岸陳 張家塽 涇口 塽裏東西岸 魚池前 涇口橋南 老屋 涇口戴家村 涇口官塘 茶亭 蛇頭山 直江漊 周家灣 下家灣 蕩灣瓜山 繆家漊 莫家漊 大溜 丁家埭 洋堰 白塔
陶堰第二鄉	一六一四五口
四〇	
西至二區 北至后池 賀湖六社三鄉	

清季宣統二年籌備地方自治省中設專處主持具有條理其時地方人士咸冀自治之實現辦理頗踴躍認眞城鎭鄉之區域範圍得有基礎入民國後尙沿之十七年省頒村里制仍沿舊貫約略損益以舊日之一城四鎭七十四鄉分爲十五區編成四十三里四百四十七村然過繁矣十八年部頒劃區辦法改減十五區爲十區如左表

新定區	地域	原村里區	新定區	地域	原村里區
第一區	城區昌安	第一區第十一區	第六區	瀝渚	第七區
第二區	皋埠	第二區	第七區	臨浦天樂	第十區

第三區	東關	第三區	第八區	柯橋錢清	第八第九區
第四區	湯浦	第四區	第九區	安昌斗門	第十二第十三區
第五區	平水	第五第六區	第十區	孫端嘯唫	第十四第十五區

每區均設一公所派一區長如左表

民國十九年四月擬定區公所地點區長姓名表

區別	區公所設置地點	區長姓名	公所成定日期	區公所所用房舍
第一區	昌安	金林	四月二十五日	中山紀念廳
第二區	皋埠市	王誠志	同上	皋埠東茶亭廟皋埠里委員會
第三區	東關鎮	陳樹芳	同上	中山紀念廳即東關里委員會
第四區	湯浦市	董溥泉	同上	三餘俱樂部即湯浦里委員會
第五區	平水市	陳錦鏞	同上	石帆里委員會租賃民房
第六區	漓渚市	章壽祺	四月二十八日	白鶴庵即漓渚里委員會
第七區	臨浦鎮	湯斅	四月十四日	臨浦里委員會
第八區	柯橋鎮	朱椒蕃	四月二十五日	土穀祠即柯橋里委員會
第九區	下方橋市	王鴻澤	同上	大佛寺
第十區	孫端鎮	金殿英	四月二十日	上亭公園即孫端里委員會

附錄縣長湯日新代電浙江省民政廳文十九年四月十二日

奉鈞廳合代電指示業經將改編鄉鎮逐加詳核將未及百戶者酌量合編第二區翠山灣村原係由桐塢村分出現仍合編一鄉第五區俞村祇八十一戶謝村祇一百八十一戶又係毗隣面積不廣經合編一鄉盤谷村原由大盤細盤編成肇湖村由肇湖編成均屬山鄉面積尚不廣亦經合併編鄉駱鄉屬山鄉南界嵊縣面積遼長實有二百十三戶前因塡表漏寫百字戶數見少現仍獨編一鄉廟前鄉雖僅九十七戶因地屬山鄉毗連駱鄉及諸暨嵊縣無可合編仍獨編一鄉其餘各區鄉鎮併經認眞查編有可合者已經合編

二十三年浙江省民政廳擬具改進方針定有各縣整理鄉鎮區劃實施辦法其整理之標準凡三(一)地理上有自然形勢者(二)歷史上有聯合關係者(三)人民意見融洽可以合作者於是又有整理各區鄉鎮之舉茲輯自清季創辦城鎮鄉自治至整理鄉鎮各表備列之以明鄉鎮之沿革如是惟原定十區今僅設區長六人爲六區城區即第一區曰城區第二第十區曰皋埠區第三第四區曰東關區第五第六區曰南池區第七第八區曰柯橋區第九區曰安昌區

附錄

前人記述及採訪所得有彷彿地志體裁者已悉入地志叢刻中別有里巷鄉村或誇其地望或稱其形勝或正其名稱所自短篇記述舊聞流傳蓋亦不少玆就已得者附於此詩賦一類有序言甚詳者如墟中十八詠蠣陽十六詠存其序而删其詩若註古蹟於詩中則存其詩以殿是錄總期有裨考證而已

孝女衖考 葛幼蘭撰

第一區城東鎮

城東鎮處蠡城之僻壤有一孝女弄昔該弄居民有章某者(佚其名)貧而早喪妻遺腹有娠及分娩產一女取名貞兒幼聰慧長至十齡佐母操井臼日代人洗衣以度生活性又至孝一日母病危甚無資延醫割股以療母病果輕而女侍母日不飽夜不眠已二旬於是母愈而女疾矣謂母曰兒病終難𢌞生望母嗣後珍重兒死後請勿惜兒命也語畢大哭母問之女欲言而終不出口再三詢女始以割股之事告母見女臂果一巨創未愈逾日女卒母告隣居事傳全縣爲縣府洞悉經縣官親查事實因將此弄原名長弄改爲孝女弄以旌其孝焉

新河小記 劉應桂撰見水澄劉氏譜

第一區城中鎮

新河爲明季八世伯祖司馬公諱楝疏鑿載在劉子全書編爲宗祠樂産代遠年湮就地民衆不知地主爲何人清光緒丙申丁家衖口失愼兩岸居民瓦礫塡河藉修圖佔經秉藜房稟縣示禁民國十九年庚午年奉令拆讓街道並望江橋跨河廟宇祖宗遺産幾將不保繼仁房提出證據聲明權原蒙上大里委員會呈復建設局略稱橋上建築僅有關帝廟及東首樓房其關帝廟之所以建自橋上者蓋新河街河道係屬劉姓私有産執有戸糧爲憑等語癸酉上大鎭擬改如意橋爲平橋族長樹昌等又函致第一區並上大水澄兩鎭轉報備案建設科派員查明亦稱新河係屬劉姓完糧從此望江樓關帝廟宇及新河街河道屬於劉氏所有均爲官民所公認木本水源永垂不朽知祖宗之流澤遠矣是爲記

附記　劉氏七世祖戒謀於水澄巷故居設有容堂今稱有容堂訛爲右營堂

越城古貢院考　錢唐唐風原名詠裳字健堂撰　第一區城西鎭

光緒二十一年賃舂廡古貢院地爲臥龍山陰俗稱府山後某身非梁鴻寄有孟光炊臼告凶與廡長別宣統□□□年復居古貢院子舍實兩宅也乾隆朝李太守亨特紹興府志建置卷南宋浙東貢院在錦麟橋西按麟應作鱗近鯉魚橋錦鱗鯉魚固當日貢院兩旁橋猶吾杭貢院之有東橋西橋焉康熙三十三年知山陰縣遲燾於錦鱗橋下建石坊題曰古貢院李志職官卷誤燾且誤書旗下燾爲閭陽世家以名進士令浙有名燾者官階較崇工六法內府有其畫蓋兄弟行也李志古蹟卷宋貢院又有專條鱗燾字亦不誤志固非出一手耳節其文曰寶慶會稽續志郡昔遇科舉卽僧舍爲試所乾道四年史忠定鎭越時得爽塏地九年守錢端禮首創貢院其時舉人比今僅及其半嘉定十五年大比守汪綱重行整葺增屋三十間庭下地遇雨泥濘又鑿石加甃坦然如砥士子便之院前待試地亦計工石塡砌爲永久利某按南宋建行都會垣浙東西皆有貢院浙西者建於秀州康熙朝俞太守卿紹興府志古貢院在郡城西北隅三十三年貢生周廷翰請於布政使蔣毓英檄山陰知縣遲燾豎石坊表之今坊字尚存甚整敕疑卽燾書廷翰記曰余世居臥龍山之陰左近有鯉魚橋不數武又有錦鱗橋幼時問里中長年者以二橋所由命名而不得考山陰縣志知爲宋貢院故址歲甲戌謁方伯蔣公於紫薇官署具以白公公曰子曷表之亟割俸十金爲倡檄郡邑長吏鳩工築石坊表於道曰古貢院嗟夫貢院之名歷五百年而不隳亦慕古者所大快也宋自崇甯乾道間學術大興朝廷頒三舍法於天下諸州皆貢士而會稽人才輩出後先彪炳何人不從此中搦管抽思咿唔徹夜以期中式則當年千百文人之流風遺緒迄今猶可想見癸巳夏烏程鄭子只怡攜宋本會稽前後志示余乃得貢院之詳東南重廡爲屋數百楹衡文有所宴止有房謄錄糊名有舍中門外門規制屹然其宏遠若此則二橋緣河以西又北折至西如庵以及棄地十餘畝皆貢院所有而二橋之得名非偶然也越中古蹟皆流傳失其處所茲貢院一隅非得蔣公則文物聲明之地埋沒於灌莽蓬蒿誰知之者余徘徊數十年得公一慰素願亦厚幸矣廷翰之言如此某按康熙俞志全爲郡人周徐彩所撰而不居總纂名徐彩必廷翰一家也記中甲戌歲爲仁廟三十三年癸巳則五十二年是廷翰得讀宋志而爲是記已去遲大令立坊二十載周氏之年亦殆將老矣鉤考里故自走謁至成坊至蔵筆勤且久若此可仰也其曰考山陰縣志者萬歷重修本也蔣方伯遴東籍字集公其

先諸暨人祖若父爲天聰朝歸命之尼堪姓㝹尼堪姓見皇朝通志氏族略者烏程鄭元慶字芷畦康熙吳興大布衣之一多著作汪剛木先生曰楨所稱古文有法者宋本前後志嘉泰施志寶慶張志也西如庵今西如坊有里社焉灌莽蓬蒿棄地今尙彌目乾隆朝曾設養濟院於彼抑行都貢院之外此亦爲善舉義地吾家菜圃中得宋萬善甎萬作万猶今之同善局也志所未載而某所蒐廣州磚拓本亦有之以是知宋貢院旁昔又毗連官設萬善局院焉吾杭貢院毀於光緒三十三年富陽人陸梓星手轉無一甓之存可慨孰甚且歎後之人決無蔣遲周三君子者可慨又孰甚周氏以老明經留心文獻掌故奔走焉紀載焉方當□朝全盛時世居古貢院藉志釣游之迹橋道之名詎有席帽之感桑海之戚今里中久無周氏宅越士亦鮮道纂志撰記之兩周氏者遲大令石坊亦掀去其頂僅留二柱一額摧毀恐在卽某本非土著昔也偶居已絕場屋今茲重住實蹔浮生溯我先子同治六年之舉不肖也在城南劉子古小學卽稽山書院降生古小學待死古貢院期不戾於古人耳流寓近五世行年踰六秩爲鮮民二十三年諸弟無祿兩妻卽世家國之悲夫旣如是亦豈考據方志網羅舊聞哉則仍悼吾兩浙者而已一則慕逝於里宅一則欲偕居郡城而不果爲是考而俯仰有餘哀云時年六十有六之十二月也

草藐橋說 唐風撰

第一區城北鎮

草藐橋以草藐畈得名蓋古之草場也度昔在郭外元徵之於平水草市見村塾誦白樂天詩可證草市非城中市也距草藐橋不半里卽曰江橋市今尙仍之下更有望江樓古之江距城近可知橋數武更有藥王廟其先固草市草區且字亦可徑作貌藐邈古通浙西設稅所在曰場浙東曰貌稅或偸漏偵者貌之責令納稅作聲曰貌今越語戲與小兒鬬隙處輒曰張貌湖州語則曰張場張者闞也古語多湮幸而留得草貌之義如此此越先達張馥翁晚年說翁之子婦草藐橋辟又爾雅釋草藐爲染物別一義而明以來此地設胭脂坊又宋有糧料院城中院址不可求料卽草貌稅也附郭橋例如曰酒務橋如曰鹽倉類多宋設藉補志缺而余嗣是詩文直書草貌此本小詩之序略改以拾於斯編

林頭地理圖說 見林頭王氏譜

第一區東合北鄉

林頭者山陰之中鄉越郡之中氣也夫越佳山水古稱小蓬萊正南開面起祖秦望來自剡中數百里之外至此而巍然獨尊西行破塘諸甏起筆架峯出亭山一脈回頭爲朱雀而結相地亭山正北出脈屈曲隱露至臥龍山回頭而結府治其東行天柱香爐結禹陵而北一起一伏至西施山又北而至梅山由是渡水穿田歷五峯謝港而至林頭回顧逆結平洋一支東西南北各里許正南開局前距十里視臥龍距三十里視秦望皆正對不差毫末後蓄𤃩湖爲玄武水再北三十里而橫環大海夫郡城宅中而出治雄居山陰左會稽右蕭山爲兩翼會稽東南嵊水出於舜江北至曹娥而達於海蕭山西南浙水出於錢塘由東北過豬山而與曹江之水合於海此則外局也迺其中東西橫亙二百數十餘里南出新嵊諸暨者千峯萬壑大溪七十二條趨赴以前而會稽一縣之水東趨而來蕭山一縣之水西趨而來左迴右抱總歸三江閘口而我林頭端

拱居中坐享其穩而與臥龍秦望雍容揖讓且帖身砂水雙雙環護東南去水轉入斜涇抱身出湖東蕭家漊西黃泥漊緊鎖關東面前橫眠一案圓淨小巧此其形勝力量當何如者試觀前後左右十餘里內曾有端嚴秀活如此局面者乎曰然則此地何古無發歟古越城南湖鄉高中鄉數尺江北比中鄉更窪則地勢傾瀉而三縣之水又四散漫泄今三鄉坦夷而水歸一處與古迥別故於造闢之後我王氏始發貴而朱氏發相嗟夫我祖宗以來曾未有究心於地理者此殆其天授之歟然而美玉之瑕不可不指東震行龍坐坎結穴木龍水穴雖得生旺而長生申水東西分泄旺水不歸堂而汴後辰方梅嶽又爲殺曜人丁財祿之所以不盛由此故也總之吉龍到頭丁方秀水入局龍從左轉水向右旋雌雄交媾孕育綿長富貴壽考皆方來而未有艾也嗚呼山川如昨老少遞更人傑地靈古今一轍其或存心險刻制行不臧自治不嚴教子或惰亦安在乎其得形勝耶

筓山村居圖說 阮煒藻亭撰見筓山周氏譜

第二區桐眉鄉

吾越擅東南之勝自古號佳山水梅谿風俗一賦抒寫景物酣暢盡致顧惟於名勝之區掇其大略已耳若夫村落之偏居一隅雖有定稱安能備述蠡城東南二十里許距吾村西北約里三有山兀峙自平原涌出名曰筓所高不過數仞童然如拳其山巔有古刹山之陽聚族而居者不一姓也周氏迺三分有二相傳明初建昌太守巽菴公諱景聖者由周家溇贅於村之陳氏遂家焉數傳而後氏族蕃衍耕讀參半雅尚淳樸如繪豳風迄今蓋十八傳云環其村者田數頃水一渠當夫農祥晨正土膏脈起遐阡繩直逼陌如矢溝塍刻鏤原隰龍鱗決渠降雨荷插成雲一橋相對喜話桑枌當暑則槐蔭調遮荷香遠逗薰風午清新篁挺秀桔槔遍野饁餉連陧炊煙遐邇時聞村雞迨至玉露澄清羅雲縣邈鄰界隔乎廣花水園分乎菱角鳧雁交飛魚蝦攙濟印明月於漣漪恍吾魄之已濯既而烏桕雕殼楓林染丹朔風入牖鴉陣催寒一邱晴雪萬樹琅玕野老於斯鼓腹待迎歲而盤桓此則村居之足樂匪盡筆所能殫惟廉吏之後昆守先疇與舊德念累代之釣游敬桑梓而歛抑譜牒既修鄉鄰共式古處敍敦井廉生色迺命剞劂迺列斯圖大璺環拱遐谿右紆抱村絲淨排闥青腴亮沃土其不淫恢可農而可儒披圖神會超心物外瞻佳氣兮鬱蒼緬吉人兮藹藹蓋洽比而孔云咸宜保世以滋大矧愛蓮之舊家固方興而未艾

墟中十八詠詩敍 清會稽章世法宗之撰

第三區道墟鎮

會稽有道墟（墟名有道）去縣治六十里背稱面稷左江右原地勢交錯川澮輻輳土厚而沃風淳俗美宋光寧間始祖諱彥武居此始祖五代閩王時太傅宋追封瑯琊王諡忠懿諱仔鈞十二世孫也由始祖傳至今又二十世子孫蕃衍至萬求昔始祖同居友民遺緒不過一二姓三兩家止矣由我忠憲公夫人渤海郡君練氏全城陰德至厚故惟章氏族大於此始祖以來亦世守郡君德以善行著聞溢載族譜剏有道之名墟之中方里而遙皆章氏一姓所居間廁者若駢枝附焉其外三五里而近亦以墟屬而異其名我輩與父兄叔伯居遊其間皆始祖處仁擇也

時挹其風光幽致樂其土俗不有賦詠山川笑之洽我同志墟得十八擇境十八倡爲詩章共一百八十更爲圖弁卷首四方未履其地者得以觀記地題下以備圖詠所未及或曰有李唐王裴輞川遺意焉我同志曰未敢而入與詩數則過之

墟中十八詠記地（詩略）

齋臺　越絕書稷山者句踐齋戒之臺今有刹在稷山東麓以齋臺名

第一泉　稷山之東有小山刳其半石壁峨立環抱若蜂窠下有三坎勢俱窅深畜泉不竭其最西一坎水白狀若乳味最美名第一泉石刻在焉

柴隖　過稷嶺又東北迤有山曰柴隖窅曲枝偶薪翹翹若蓺爲樵所託亦名柴務　柴隖以上皆墟南

南陽坂　墟正南皆坂厥名南陽中開平流境最曠國初有望海亭（明季章重所建）在坂西今爲禾黍也

鑊　亦在墟南而近

麻園　明章稷峯諱禮第東稍北麻園在焉中有小池昔民漚麻處也蕭散幽別僧僻恆居之

籟適樓　明季隱士章格菴諱正宸讀書樓也額爲石齋黃先生題居墟西樓前有方池可樹藕花畜魚鰱

裏港　港名裏左則近江於墟爲最東自西有港不一而此最墟之裏也人家鮮少業習農桑可想見舊民風焉

東市　市有西此則東南面無居舍山簇簇如浪擁原野橫帶苗麥鋪繡川迴瑩淨霞天澈映雖市而有幽散致也

江山環秀樓　我九世祖贈太僕公諱珙所建昔時居舍間散四面受山川之供今東南而北尚見名樓之意其西南則密屋掩之

果園　墟正北果園一帶多棗柿明高皇時勅種濱海土恆有之而墟產則佳其美者尤在梨橘梨可消熱每枚買至銀一兩以上橘無核味甘若蜜皮則金色有繡紋餘果不可殫記遊至其處則甚紛鬱耐觀也

杜浦　杜浦濟曹江墟東極而稍北也由古虞之郡城則度之在虞曰江北在會曰江南民苦水沙潮未來舟不得達岸雖冬月亦殺足焉其境則疏曠遠淡以雲樹村坨江沙山隰映帶助之

黃艸灘　由杜浦南上海塘達之灘以黃艸名卽黃茅也可取代瓦亦助薪灘上舊有閘明湯郡守三江閘建則廢塞境稍比杜浦

楮木彎　稱山之東去資德寺（卽古稱心寺）近山勢幽曲以楮木名彎章氏祖墓多在焉夏月最宜憩息樹喬柔架日涼若新秋楮一作樹

楮木又作子母

浴鸖泉　泉在稱山師古奥玉屏之右丹山之下清潔可鑑形傍多危石趨仆可憑坐挹其味與山中竹園井泉不異相傳昔有鸖浴泉中遂名或曰泉有浴鸖之勢故名浴鸖按唐方干來稱山有花藏浴鸖泉之句卽其地也

海崖　稱山正北石壁高三丈餘亙四百餘武距海口里許昔時海水直至其處蕩激土盡而石骨立焉是名海崖後沙漲則去海漸遠傍崖且

可樹桑柘不麥崖則碧蘚古繡矣

兩山洞天　卽師古奧也山有鐫石可考歷玉屏儷姑兩峯青丹二山伏師浴鶴龍鏡諸境裏羅其中迴曲里餘谷底跨南嶺娥江曲瀉風帆出沒頗銜遠致其鐫石龍井章氏丹山青山丹山宋元嘉曾來宋考功之間景泰壬申緇師邵訪宋考功題名字及此八宜嘉尖

稱山之中是爲絶頂南望賀池北極滄海東觀曹江西窮沃野川原陵谷渠巷竹樹不可指屈言狀觀止矣　楮木以下皆載稱山志居墟之北

附記

范寅越諺論古今山海變易云會稽東北僻山者元末明初尚如海島福建章某學齊劉青田有大志由閩越偷山迨明太祖定鼎青田揚而三聘知天下已定不出太祖稱爲有道之墟今村名道墟者以此而村北有黃草灘閘焉

苞山記　王風采（會稽縣令）撰見苞山徐氏譜　第三區長興鄉

苞山距蠡城東七十里高不過百丈而岡巒秀聳參差可觀長不踰三里而體勢縈迴委蛇可愛環是山也清流一帶東本康湖西本於青塘之南溪交其南而匯其北其間物產甚良屈水計士壤數十頃旱澇無虞所藝禾種曰廣秈有紅白二色百日稷造飯較勝於黃粱田以外危峯疊嶂繚繞四隅未易悉數其名而要皆森列如城櫓苞山蓋中立焉山中多怪石其狀如楸枰如丹灶如斧鑿玲瓏虎豹蹲狀又多嘉泉泉幽而味冽泉之源皆出月半池中冬夏不涸居是山者禪隱之味不深城市之風已遠可以讀可以耕可以樵可以漁可以輿馬可以舟楫熙熙攘攘取樂於天倫日用之常而非分之想勿設也自昔稱爲孝義鄉宋建炎初大冢宰徐公處仁護駕南渡賜第蠡城後遷其派於苞山更名保駕山至是繞山而屋者皆徐氏徐之族或仕或隱出處不同而聲華文物之盛卓冠一時豈非是山靈秀所鍾毓哉予備員於茲愧未身歷今以禱雨既應謝龍神於義峯之上趨便道而登之時值秋雨新晴山光爽發林木如洗涼颸拂拂襲衣袂自覺塵襟一滌樂而忘歸因嘆會稽故巖壑名區而苞山獨以澹雅勝也徐生振從予坐予以山城飲予以苞泉飯予以廣山之米餉予以溪魚菱芡之屬予曰美哉此桃源風味也淵明去後不知誰是問津者

湯浦橐潭村記　鄭夢生撰　第四區湯浦鎮

越城東南七十里湯鎮之南十五里有一村也村後之山環托如椅村前兩湖連鎮如環湖成天然水深而潔故吾始祖來斯號爲湖頭村也湖外百餘武桑麻盡處舜水橫流對江之山名曰石壁江水與山岩相激其聲橐橐渦旋成潭名曰橐潭此地爲剡北稽南之要道熙攘往來者無不知是潭之名故吾村亦隨衆名之而更爲橐潭村也村人均鄭姓百餘家聚族而居溯我遠祖本出西周自宋室南遷一支由青州而遷錢塘

今嵊邑之長岑村即錢塘派也紹屬八鄭村始於元時由長岑遷居今已入海宇鱗爲該鄉之巨族吾村於明季嘉靖間由八鄭分移蓋三百年前吾村原屬一家想此敦睦和愛之誼守望相助之心不啻油然而生矣先祖崇尚樸素故吾族婚嫁不用彩輿承遺訓也清嘉慶間于孺人青年苦節代夫承歡宗祧昆也村傍之洞口茅菴本爲焚修之處今假作校舍爲培植子弟之地村左嶽廟作村人之瞻仰廟左宗祠爲祖先之憑依村東山上有朱相公廟焉神靈顯赫佑祜衆庶吾村奉爲鄉主村前舜江自西徂東建涼亭濟義渡以便行旅此數者皆吾歷祖近賢之所創凡吾村人當歲修不怠不忘先賢經營之苦志也予不善文此非貽謀錄也使後之子孫毋違祖德而已矣

八鄭山川記 見八鄭鄭氏譜

第四區德政鄉

山林藪澤所以阜財用衣食者也吾地山多沙石水易涸竭民所賴以利用者蓋亦鮮矣然傳之先人列之境內亦當誌載以備稽考山之在東者葡萄嶺蠏石山新樣山朝山西山小樣山廟山黃鱔塘岡在南者賀家墩頭下鄭山小湖山龜山小山樣猪頭山打鼯山大墳山跳山頭蛟山中央山在西者綿紙山大巖山長山麻湖山大木上岡上家山黃蛇山王孟山在北者大雷山紅巖山旗脚山在前者後溪山塘等山墳南山前山嶺隻山在中者龍山在後者張伯後門鳥祭岡　川門前溪大塊溪椿家塊溪葡萄塊溪金家橋下　潭梅樹潭三角潭　湖白蕩湖中央湖章家湖水滄湖小樣湖　閘廿四畝閘章家湖閘豐安大閘

橋梁道路記雨畢除道水涸成梁載於敎令者如此其詳盡也孰云橋梁道路無關於民事乎茲地僻居山隅路非通衢易於淹塞橋僅徒杠屢患傾圮時以治之庶步履無艱而厲揭無憂矣　路百家廟前路祠堂前路姨婆井路龍山後路三板橋頭路蠻石橋頭路沙樸樹下路後山衕園塘等路圓塘下田外路　橋高屋橋吳庚房門前橋蠻石橋三板橋魚池塘橋小橋大板橋橫路橋白蕩湖坂浦橋章家湖閘橋朝山下橋蔣家橋金家橋宋公橋　水塘後山園塘豪一祠大路塘啓字門前塘漁池塘萬家塘百家廟前藕塘以上水塘俱係各房已產但在民居之間可以備災濟用者恐有湮廢故併及之　井園塘下井姨婆井沙樸樹下井三板橋頭新井漁池塘井祠堂前新井上家山井淘坵井

太平里形勝記 宋福撰見日鑄宋氏譜

第四區安仁鄉

會稽日鑄嶺之南二十里許有山曰太平晉謝敷與母偕隱結廬山巔想望太平故名其山曰太平載在縣府志我祖息耕公家於是山之麓遂以里名也自古卜宅之所每見山川之勢雄深奇麗而獨於吾里則不然景緻雅秀形勢平坦無高峯深潭無異崖削壁但見衆山透迤不亢不卑二流夾帶若奔若蹲長峯大塊屏其後禪師巖基照其前伏虎踞其右馴獅眠其左亭閣巍然幾疑高峻小山屏立宛若羅城惟黃巖突兀異常與諸峯輝映不可掩蔽登壽星頭之上遙望日鑄噴泉由北而南傾瀉奔騰二十餘里至龜山而匯相傳龜山爲吾里出水之關鍵折而東視徐后峯高入雲際横亙剡江爲吾里屏藩與大斗岡遙相對峙蓋吾里山派本至挨磨尖盤旋曲折蜿蜒數十里所經諸山卑相附高相靡亭然

起峯然止皆可指數故老流傳謂吾里形若燕窩是耶非耶問諸山林山林默默問諸花鳥花鳥寂寂卒莫名其妙予遂置不問里有賢達研詢精堪輿者曰謂合里箇條不如初何以故精堪輿者曰里名燕窩大忌蛇盤周道易於里外實成巨觀而予於此始得悉盛衰之交父老又告予曰方吾族盛時周道縛里而行紳商往來絡繹不絕皆自周道入吾里者由支道詎後周道茅塞不可驅履道經里中而不顧何後人之不能復舊迹耶噫予雖不能竟復道之志觀里外蔭木培養基盛族中先哲久已議禁砍斫禁後方十載而虎梓虬松淺黛濃蔭綴翠飛紅雖非綠柳三千家桑八百亦可謂樹於有用之鄉而成故國喬木之觀矣里中十景禰高祖鑾公譜於詩毋容贅述也聊誌之以垂觀感云

陸翰記 陶乾始撰　第五區柯南鄉

陸翰何由而昉乎自四世祖諱彥才公愛嚮山泉谷之勝遂由陶堰徙居焉然則曷以陸翰名或曰人傑地靈斯地山川毓秀相傳六植翰林云是說也予嘗疑之蓋十室有忠信人文崛起原不以地限然稽諸藏籍書缺有間矣不足徵或曰山村水郭恆以類名鄰里號清潭斯殆宜易陸為綠翰為岸也是說也予始然之繼亦疑也蓋沿襲易訛斷碩睇夷聲相近而誤讀者所在多有乃歷有明以來父老傳寫絕無綠岸隻字生其後者庸可以臆見易乎今檢家乘得三世祖諱崑來公配陸翰陸氏或當日者村以姓著而人物品望詩書風教不減西園翰墨也故曰陸翰此地也距陶晏嶺十餘里處鹿嶺之麓與清潭夾流而居土地平曠屋舍星驪其良田美池桑竹之屬以視五柳先生所記桃源人家者為何如耶而況上接王顧下通王壇南岸東山諸境相接壤者指不勝屈鄉稱東土虞帝福庇乎羣生里名擊壤柯王靈照於比戶閭廬子姓食德飲和會稽多佳山水其與有幾且也百尖帳開乎其後五通帶環於其前流水高山不乏樵漁之叟平原曠野更多耕牧之夫梵菴之鐘聲暮動茅山之隱跡遙傳志所載貞白公晏息之所意在斯乎況夫響巖仙洞據上流之源頭遠嶺龜山扼下關之水口升高而望也峯號回龍之異臨流而賞也潭呈硯石之奇固不惟修竹環村盤松蔭宇之足以怡顏適志也予生於斯長於斯管窺蠡測未能摹擬盡情姑書所見所聞以記之他若風俗光景之辭皆略而不陳懼褻也時咸豐四年甲寅中秋

蠣陽十六景詩敘 錢屭漁撰　第七區集慶鄉

鏡水松濤　小金山一名牛山相傳有金牛渡水之兆亦稱眠牛為三牛落屭之一山上松林合抱古木成陰地擅幽勝山後有港曰小金塘俗名中央港又名石婆墩南臨雖源橋橋南龍舌嘴一名大江口明圓如鏡故有鏡石墩之勝山之陰背山臨河風景清幽罕與為儷若於山沿河濱添築釣臺或有水閣涼亭之勝映帶左右以壯觀瞻每逢晝長吟罷入其境登其臺臨流垂釣清風徐來眞有却暑忘炎之快有時瑤琴一曲松風入絃籟籟清音如發幽響不啻義皇上人超塵絕俗矣隔水有蠣陽小學基址旁設體操場西山日落冠者五六相與觴詠於其中仿之舞雩春風抑何多讓

蘇蘭泉石　漓渚卽蠡陽之渚一名蠡駐相傳越王句踐植蘭山下故有蘭渚之稱其實爲城南之離水名曰離渚志乘班班可考現在市廛林立混入闤闠泉石之勝不數數覯其山之最名者曰蘇峯登蘇山而導蘭渚厥惟龍潭風味獨樹優聲考龍潭泉源分上中下三潭一派相距無幾泉色亦清淺可愛市人烹茶煮茗往來汲引絡繹於途雖長夏大旱涓涓不竭實資利賴焉嘗於暮春首夏閒步登山循龍潭而入幽勝山香撲鼻蘭蕙爭芳古木垂陰槐檀合抱不啻賀蘭阮祉有絕俗忘年之概下龍潭地勢清閒尤占幽勝風清日朗漱石枕流酌彼清泉如灌醍醐如遊四香亭尙香留齒頰也

雙峯懷古　雙峯在中嶺之西九畈橋銀關廟東南一名雙壠又有龍尾把之稱相傳舊有吳越王鐵劵塚今不知所在考吳越王錢武肅起自布衣平董昌黃巢之亂據有兩浙三世四王傾向中央供輸不絕我中國自三代以來志在保民不存帝王思想者厥惟吳越錢氏與民休息史稱治安宋時歸國於朝賜鐵劵累世將帥與同休戚至今祀典相望鐵劵昭垂民懷其德有自來歟

五嶺登高　茅洋嶺爲吾鄉西界山陰道上千山萬壑多由此地發生中有五龍並出渡峽穿田由徐村母嶺頭五峯並峙迤邐至於黃山嶺化生西幹出牛頭山西小江渡老黃婆山至馬鞍駝峯而達三江口爲浙東之保障因其峽上五星聚奎故有五嶺之稱母嶺實五嶺之轉音山之東自木狠尖（卽筆架峯）漓渚諸山直抵中庄峽山至對徐山而止中由棠裏六峯出吾鄉之蠡陽經斗山龍尾復船諸山下達三山石堰東跨湖橋爲鑑湖之屏蔽上下二嶺茂林修竹地擅幽勝登高四望萬山拱衞大有崑崙天柱之目（晉郭景純自稱遊仙著有遊仙江海等賦並葬書一卷後世堪輿家奉爲圭臬其葬經造端首曰萬山之脈起自崑崙故崑崙名爲天柱其源實出北冰洋法蘭西約瑟與北東各地由喀拉海諾瓦則穆列島順烏拉大山沿裏海迤邐至干阿爾金山與阿爾泰山脈起自五嶺抑何不可高山仰止非吾鄉之一大偉觀者歟統目之曰崑崙也可）故謂吾中國萬山之脈起自崑崙吾山陰道上萬山之脈起自五嶺也可

屭嶺探幽　屭石嶺北通雄山地臨大道嶺上有廟僅足容膝嶺東山腰舊有小庵（一名龍墀蓋由龍塢清流而得名焉內容頗稱幽適山後邱陵相望爲故宋宮嬪陵寢所在俗傳二十四堆者近是此地古木成陰地擅清幽野逸擬於此庵添設妃嬪宮寢顏其廷曰妃子以供香火而備遊觀亦闡發幽光之一得云

墨池修禊　吾紹名區勝境首稱禹穴其次則爲蘭亭千秋禊事名播寰球伊古以來名流顯宦登會稽探禹穴導蘭渚修雅禊者指不勝屈獨至前清高宗南幸宸翰留題始興誤入崑崙之感若有遺憾焉今之蘭亭地點既無崇山峻嶺茂林修竹之勝所謂清流激湍映帶左右景由裝點名實難孚多聞闕疑姑記之以俟考相傳蘭亭舊址一在灰敝上游花街之西北陽明墓道所在崇山競秀曲水悠長尙稱鉅觀一在蘭山之中流有所謂上下天章寺基者其地上通古竹中連謝塢下接沅溪循名責實亦足流傳要之事越數千年時經百餘變欲求其是渺若山河而地在山陰足資考鏡東山不改離水長流導蘭渚而西上由萬勝庵至九版橋古通舟楫夙稱市集爲水陸交通之會橋下有溪溪之西北有二池卽所謂大小墨池者是也池水幽碧中有泉源甚深遂灌溉臨池田畝不下百餘壤旱乾之歲士人晝夜車戽輪流灌輸源源不

竭相傳有綠毛龜跡現于池中靈異之感水聚天心名泉傳播足爲吾鄉之冠昔王氏臨池學書池水皆墨池之得名或亦因此沿池西上地臨大道道之兩旁修竹漪漪極形茂密近爲小步六順張氏所管業林泉之勝別具清幽竹林西盡處駕有平橋跨溪而臨水溪源出自東山即今所謂東山下者非昔人東山之志所自來歟橋下溪水灣曲瀠洄瀏漾繞竹林而下達墨池眞有九曲迴環百道清泉之勝橋南有嶺二一爲銅坑路通古竹一爲中嶺道出謝塢下達沅溪亦要道也考古竹有城謝媛有塢王謝風流薈萃於此亦未可知此地有崇山峻嶺茂林修竹又有清流激湍映帶左右引以爲流觴曲水誰曰不宜撫今追昔何多讓焉

禪門嵐影　寶壽禪院爲吾鄉古剎之勝寺內曲徑通幽禪房花木夙稱幽逸回憶三十年前讀書蕭寺昕夕優游晝長吟罷閒步山門見古柏成行修篁四抱憑欄箕踞竹引風來不禁飄飄欲仙頓忘溽暑南首竹林深處隱約有池艸色青葱池水亦甚清冽可資點綴山口歇心亭當路而跨形勢軒敞引人入勝景物昭然亦禪門梵語之嵐光也夫

龍塢名泉　龍池塢在蔡家下園之北池水清幽泉源深邃居民汲引灌溉雖大旱不涸足爲吾鄉名泉之冠西望螄峯三台鼎立（花景山以下三峯鼎峙形如筆架）北臨獅麓西水歸源相傳蟠常變現於池中故名龍池每逢秋高氣爽登獅山之巔臨風長嘯磐石高吟俯瞰池濱山環水抱圓瑩如鏡水聚天心宛在水晶盤裏云（此亦區區獨具隻眼所謂山水有清音足供賞玩者非點綴也）

義橋牧笛　義橋村負山而帶河居民十餘戶勤於耕牧兼擅漁樵之利南有二嶺爲通沅溪達楓橋之要道西導蘭渚爲入屬湖通柯鎭之要津行舟肩輿水陸交通地占優勝瀕河垂柳成陰松篁罨蔚數家臨水自足清幽每於天朗氣清惠風和暢沿堤散步別饒勝趣漁歌牧笛鳥語花香亦清明佳節之勝遊也

錢江漁隱　小步灣里村落灣曲居民十餘家臨水而居頗稱幽逸中有錢氏故居背山臨河場圃築前松篁繞後故有環綠山莊之稱瀕河有小橋一名興龍橋橋畔兩大樟隔江對峙合抱交柯地占幽勝橋外山下港護家漊地點一名錢小江中有泉源甚深邃雖大旱不乾水色亦淵雅可餐每於清晨傍晚沿堤散步垂楊裊裊瞻彼河濱綠竹漪漪不禁超然世外之想屬漁生斯長斯更鑒及於斯爰是編竹爲臺臨流垂釣蓋將終老云

鏡石春泉　楊公漊鯰魚灘一名鏡石墩又名小石婆墩相傳有石氏居此故名此灘來脈出自蔡家下園沿大溪由山下港中央港大石婆墩穿田渡水逆流而止於灘頭故有上灘鯰魚之稱蓋象形焉墩後石骨橫江形若長虹墩傍大江口澄江如練明湖若鏡春水綠波映帶左右故又有鏡石墩之勝前因大小步水道攸關乃於中流鑿通舟楫以便輸運非即賈讓所謂大禹鑿龍門闢伊闕斵斷天地之靈性此乃人工所造何足言也

平橋秋月　六峯墺口一帶溪源深遠水色清幽溪中沙石瑩瑩五色咸備玲瓏剔透巧奪天工南宮有知當有不勝其摩挲者此溪源出六峯入山探勝沿溪行吟不啻身在桃源藍橋路近墻口下游有石橋一其平如砥道旁蒼松鼎峙老若龍鱗每於夕陽西下散步橋邊跣足長嘯

西望六峯萬山競秀一變新月斜挂林梢可勝醉倒崑崙之概

中嶺星光　中嶺爲古竹謝塢之要道前陳筆架右臨墨池左倚銅坑後蘊金窖銀關廟中有一楹聯已詳言之可以省覽蘇蘭之秀盡萃於此故寶藏興焉嶺下有土墩七相傳人靜更闌萬里無雲之會有星光下射墩上燦若明霞故名七星墩文明之象足徵本地風光云

程頭夕照　程頭爲瀝渚市三社廟負蘇峯面䲭水旁有文昌閣東嶽廟控扼東南爲瀝市之保障相傳古有城壘故一名城頭廟前層階疊上有若平臺石欄曲折古木陰翳地擅形勝瀕河衆水交流明淨如鏡每於夕陽返照登臨憑吊不啻雲程萬里云

鰲麓高風　鰲麓姜家塢在鄭墓左近東北爲古慧日寺遺址上有唐康日知藩王塚下有洗馬石皆鰲陽古蹟也姜原呂姓爲宋呂正獻後裔南渡時避亂來浙以呂本於姜遂更姜姓家於鰲山之麓正獻即文靖三子其子希哲希純輩皆學有淵源高風足尚焉

六峯競秀　六峯爲吾鄉諸山之望中有大小髻頭峯巒之秀誠爲山陰道上不可多得之觀昔賴布衣來自江西登六峯遊髻頭繪圖作紀發歌謠其詞曰山陰之西六峯裏髻頭一山應無比迢迢天皇人天市卓卓星峯雲外起金釵形穴甚分明玉女粧臺清如洗我今醉後發狂歌世人不識奈若何墈輿家言雖近迷信然歌詞古奧語出雅馴以之點綴山川正足爲鰲麓增光六峯生色

䲭湖十景詩敍附徵詩小引

錢䲭漁撰　第七區集慶鄉

平田望月　地在劉氏祖塋即犀牛望月之後隔水有方田一區四圍繞水爲湖之中心點地占優勝若能創立姚江舜水與蕺山祠宇配以越中諸名賢中設亭臺精舍時則講學其中提倡後進謂爲中流砥柱誰曰不宜時則憑軒四望水天一色月到風來當不減堯夫雅致云

新港荷風　義橋爲鰲陽十景之一該處南通阮溪北臨新港西導蘭渚東接中庄水陸交通爲瀝渚達西興往來之大道由新港曲折而東北通䲭湖港汊紛歧黑夜行舟莫辨西北有所謂亂界窩者舟客苦之於是有琉璃閣之設蓋即指南焉閣前新港一帶洲墩錯落星羅棋布宛如海上蓬萊若隱若現湖田多種菱藕鑑湖五月言采其蓮則漁舟仙子眞有凌波之趣中庄山一名飛蝶䲭湖各墩半由此山落脈穿田渡水北通犀牛望月之道中有一墩地形方圓寬廣居中立極似有控扼羣洲之勢地在新港東南中庄之北隔水兩重即達其境若於中庄山上北望沙洲一目瞭然宛在水晶宮裏矣此地建設亭臺仰觀俯察雖河源星宿不是過也

龍山返照　龍尾山西臨䲭湖懸崖峭壁突兀嶙峋若仿東都龍門香山之勝中鑿神龕多處石刻龍門二十種與夫兩漢六朝諸名人手蹟以備文字家瀏覽不啻淩雲闕峙落日宮明之景（龍門即景詩句）山形俯瞰䲭濱明湖若鏡旁有曹孝女祠宇樓臺輝映山水爭光每逢西山日落皓月東升不啻水晶宮影金碧輝煌倒映玲瓏亦洞天福地中景物也

䲭水南針　地在湖之中心點設有琉璃閣以爲舟客指南閣本西向形勢狹隘鄙見須改南向則爐峯秦望如在目前兼之萬山競秀四水歸源地占優勝亦形勢使然耳

星台步斗　山南洲斗山三面臨湖西通屬嶺形勢寬廣頂有平地一區塡造觀象臺臺上築樓三層八面開窗以時啓閉每當秋高氣爽人靜更闌開步登山憑窗觀覽三垣畢露萬象悉陳亦夜遊一景也

蓉湖觀潮　斗山後新橋一名凝龍橋北達容山南跨屬澤相傳每逢子午有暗潮來自直埠流經蓉山湖上至屬湖中心點而隱湖心劉氏墓前有案如新月蛾眉故名犀牛望月實驗家有日月吸潮之說詩中新月娥眉殆係寓言要之劉氏墓前爲衆水匯聚之所全湖之水亦以該處爲最深近而言之則爲劉氏塋前四水歸堂之會遠而大之實爲六峯髻頭山之總水口湖者朝也謂爲萬水朝宗亦何不可而觀潮地點乃在蓉湖者何哉蓋觀水必觀其瀾此潮自直埠而入蓉湖湖之中心點有地一區低徊曲折宛在水中若於此田創立伍胥山祠宇配以文大夫陸秀夫與花涇七賢則地靈人傑與水長流足爲湖山生色並於子午之交臨流俯眺則一縷潮頭瀠洄瀁瀁暗渡新橋溯洄從之伊人宛在矣其地左倚斗山右控鎭底山其形如鼓北望容山則大二護尖與夫大小青山峯巒競秀萬壑爭雄更與六峯諸山相錯峙山川之秀別具大觀此地有崇山峻嶺信不誣焉（隔田數頃有望杜石坟卽爲史氏墓道俗稱史狀元墓者近是）

秋崗夜月　地在斗山之西屬巒疊上直達屬石嶺中有大小峯巒十八面臨屬水後有宋陵二十四堆俗名停獅山蓋爲獅山支麓故有眠獅之稱前清光緒初年忽傳每夜五更有光如神默自獅山屬嶺飛馳而東直奔至斗山而隱如是者幾一月事之所有非出謠傳蓋亦山川之靈異也山前有畈甚長形如西湖之孤山臨流一望平崗疊疊勝於爐峯若由斗山西上涉崗步月直達屬嶺則重巒疊嶂層層入勝夜遊之景雅勝春遊更於各巒頭裝設亭臺以備行人休息則秋風秋夜秋色迷離倂可作秋崗弔古觀

池塘春泛　地在池塘坂中心點相傳賈村賈氏之祖塋堪輿家指爲蟲塘牯牛傳有歌詞不足爲信其地北面臨河有隙地一區前爲瀉渚趙子明觀察購作塋地後仍廢棄移轉於城中能仁寺仍爲稻田若能購得此地中設壇場仿舞雩春風之樂登臨嘯傲西望六峯星峯卓卓妝臺明鏡悉在目前鄙人周游南北歷覽諸名山大川雄壯或有過之而山水之秀未見有出其右者誠有如右軍所謂山陰道上吾將樂死安石身在朝廷而東山之志未嘗須臾忘也此地曠野無禁若於元宵燈節設施烟火賽會迎燈或風清日朗施放紙鳶或紅樹青山放舟競渡則鳶飛魚躍各得其時人傑地靈各安其所抑亦承平景象之希望也夫

洞天鏡石　地在中央港口新港之西相傳爲蟲塘牯牛之盡結地形三面臨河前砌石岸後通一線可達池塘坂與賈氏墓道相聯屬人謂賈墓左近卽爲蟲塘牯牛之眞相吾不信也此地方圓約二十餘畝田之東北角瀕河有蕭山某氏古墓堪輿家稱爲龜肩穴有靈龜浮文之稱田後來龍束細如線卽所謂束气也峽口有坟人稱龜尾亦不足徵堪輿名家夙稱管郭楊曾何吳廖賴賴氏名文進俗稱賴布衣善地理著有天元四經催官篇撥砂法等書宋時起江西越常玉二山尋龍覓幹由西而東先導浙西由天目而達臨安登武林諸山至吳山大觀卽所謂城隍山者山形西向知爲會稽之附（俗傳十龍九回頭一龍直到長河頭蓋爲禹穴之左衛南海普陀洛伽與定海諸山島亦爲會稽之右衛故潮汎東來亦卽萬水朝宗之意）於是南登會稽探禹穴先定城中四大地乃返棹蕭山道出錢清西小江回望東南角上萬山競秀

星峯卓卓迥出羣山詢之則爲吾鄉之六峯（如雙山嶺玉女尖茶山於子尖大小髻頭六峯山火天乂大護尖二護尖以迄梅里尖不下十餘峯均高出雲表秀逸絕倫）隨復回舟遍遊山陰道上歷諸名山大川流連不置乃發爲詩歌先成八大鈐吾鄉髻頭山卽在其列後定三十六鈐記亦列髻頭在內卽所爲大小雞頭者是也歌詞古奥似出眞手賴於地學具有心得仿之晚近之甘圖以及司馬頭陀輩諸鈐記不啻古今霄壤之判又泛舟湖上有所謂三鴈落秋湖三牛落鴈湖者亦傳自布衣卽今嶀陽之鄭墓與夫秋湖之鴈墩鴈湖之犀牛望月均爲賴氏所鈐亦有由來惟出自口傳非經手定相傳劉氏卜吉湖濱雖獲牛眠而未得眞相後遇牛童於新港得聞賴氏遺傳有所謂牛洞石骨者卽在港口指爲犀牛遂定望月之案其言雖似俗造惟揆諸時代尙稱符合但不知牛洞何在石髓何形蓋亦如軒轅鏡石作一紀念也可回憶二十年前忽傳中央港口石塴河濱每於風雨凄迷時隱約有金牛見湖應驗近時又有人探得此地石岸之右下有穴洞甚深邃洞內眞有二石光滑如鏡謂非牛洞石髓之眞相抑亦洞天鏡石之幽光也夫地內有田一區約十餘畝若於此設立公園試種桃柳蔬果之類供人瀏覽久之卽爲桃林歸牛景物昭然矣

湖心尺印　地在山南洲菴基之西隔水三重始達其境若於秋嶺夜月之前登山望水三洲畢現墩形鼎立一墩平方如印堪輿家謂之印浮水面可造文才印之東南角一墩如尺又如劍相傳有鉅石豎立如鏡鏡石之稱或由於此因其墩形如劍又如角故堪輿家指爲落水牯牛蓋亦三牛落鴈湖之一印之西一墩稍大甘圖指爲三洲落鴈中有古墓一四圍皆柏因其地由三南洲斗山落脈下經菴基渡水穿田逆行而西故坟形西向有三洲落鴈之稱要之地經造作水道已有變遷相傳爲康希銑墓道亦難確證竊不自量爲之懸斷曰三洲落鴈與落水牯牛果否在此姑不具論究之印浮水面玉尺衡文山水之秀文明之域有目共賞昔聞何氏有讀書之堂謝公有退隱之墩近在鴈濱亦必有取於此者鴈漁囘里十年餘有暇必泛舟其境流連忘返目曠神怡蓋平生心眼所注鴈湖十景中有特別貫注於玆者至形諸夢寐而不置焉嘗思印墩之中造一文境或公立學校一處附設藏書樓卽將家藏書籍移置其中每逢暮春和煦或秋高氣爽與二三童子旅行講學造就文明端在於此或於清晨傍晚登場憑眺則沿山一帶炊煙明滅如練又如長虹誠有古樹煙橫夢繞巫山之慨乃限於財力願與心違不得已形諸簡端以供同好更於山南洲菴後瀬湖各田悉栽修竹俟成園林後則東方有護於是由斗山以西秋嶺夜月之前沿山一帶平田可以起造祠宇或亭臺樓閣映帶左右不亞西湖孤山之勝沿河地勢平衍可築長堤一道中栽桃柳直達夏嶺村後而止又於三洲各墩建設橋梁敷道以便遊覽如此分別佈置仿之蘇隄春曉六橋楊柳抑何多讓他日騎驢湖上或有識者點而綴之贊而成之不惟山川生色而鴈漁亦與有榮施

附徵詩小引

鴈湖十景野逸已陸續登諸詩社以供遊覽吾浙名湖大者有三在浙西者爲杭州之西湖在浙東者爲越州之鑑湖明州之東湖西湖其最

著焉西湖古稱明聖以漢時金牛見湖山水效靈瑞應明聖故有是名自慧理西來宋高南渡翠華臨幸宸翰留題名勝之著端賴於此吾鄉有鼉石湖者地處鑑湖之西山水之秀遠勝西湖蓋西湖僅有三墩鼎立湖心可稱名勝他如花港觀魚柳浪聞鶯曲院風荷斷橋殘雪景由點綴非出天然鼉湖周圍方廣與西湖埒而湖墩林立星羅棋布眞如海上蓬萊可望而不可即探奇攬勝足備搜羅天然之景誠有山陰道上應接不暇之觀惜無如香山玉局觴咏登臨古刹明王捐金施捨地處偏僻閴焉無聞非缺點歟鼉漁居近湖濱有暇輒泛舟其境尋幽覓勝心醉神馳爰就聞見所及彙爲十景綴以詩歌卽景生情文言道俗僅紀實事未足名區兼之有說無圖徒增悵望心滋歉焉嘗擬聯句曰知地知醫竊慕周張行誼（周號梅梁著有仁孝必讀張卽戴人著有儒門事親）學書學畫獨慚唐祝風流把鏡自觀亦堪自笑他日騎驢湖上或有過而問之者贈以詩歌匡予不逮不惟山川之幸鼉漁亦何幸如之湖面方廣二十餘里遠客遊臨有需時日故徵詩期約限以三年短什長篇不拘一格郵筒詩社隨意留題水色山光略有酬品（如碑帖古玩之類因人而施並無定品）至於圖繪之事更有特別之希望瞻仰湖山緬懷松島流連愛慕蓋三致意云

歡潭記　田問端撰　第七區歡潭鄉

歡潭距紹城百二十里處天樂鄉大巖山之陽南鄰諸暨西界蕭山中隔新江江口有渡兼通輪軌輪達杭諸軌通浙贛東渡卽傅家村屬山陰距新江口三里卽歡潭歡潭者因有天潭故以潭名村潭在村口湖隄邊宋時古蹟也周不數尋深不及丈四時澄澈不涸不溢水清味甘自宋岳飛行軍經此飲潭水而歡故名遂名其村曰歡潭

所前鎭沿革　李永和采訪　第七區所前東鄉

自前明中葉鹽政改革設紹興批驗所衙門凡東江曹娥錢清三江金山五場捆載鹽斤運赴引地經過批驗所上地至春秋兩季過掣所前名稱原始於此其地有鹽運使行臺及寧紹分司署洪楊難後改委爲綱隨到隨掣各署均廢僅存批驗所署駐大使一員專司掣驗光復後改爲查驗所民國二十二年裁撤其廢署歸所前小學租用此所前鎭沿革之大略也

鹽地記　李永和采訪　第七區所前東鄉

沿西小江一帶上自金家街下至舊志所載之竺山埠止約長三里均稱鹽地前清沿明舊制鹽包上地設有鹽號四十八家杭徽紹各鹽商均住此頗稱繁盛後塘設有妓院十數家爲往來商賈娛樂之所考婁草廬詩稿中有夜航已過貓兒口曉夢猶濃燕子樓句洪楊難作燒毀無遺其地多爲鄉民佔有貓兒口爲對岸渡名隸蕭山

三泉村名由來 王夢庚 王錫桐 合撰 見三泉王氏譜 第七區所前東鄉

自始祖道立公當宋南渡時拜疏乞歸慕靑化峯黃灣鄉山川秀麗尋正幹卜居於外王山麓所謂樂歸隱者堪作南山霧豹矣一帶平原地在山陽因名曰山前村至九世祖永康公披荆斬棘闢草萊相陰陽觀流泉於虎山麓大啓爾宇四面環山一溪流水較之外王山下却亦別一洞天忽有流泉出自屋後其水清芬可以飲汲遂乃築闌爲井名曰虎泉所云伏虎流涎者是幷於屋之前右復得一泉水亦清洌淘之築之深約二丈名曰小泉井（現在信川房屋側）後向前山之平野開墾荒土拓闢田原疏瀹水性爲灌溉計乃低原中有泉突湧相度地勢追溯源頭係自靑化伏流而下於此氣脈聚注遂湫以石又成一泉名曰大泉井其水清而腴味旨且厚每交伏暑冷冽而甘美寒可沁齒一至嚴冬氣熱鬱騰氤氳靉靆蓬蓬然如釜上蒸試探以手則溫而和古人所云湯泉溫泉者奚啻過之四近各村約數千家咸來提汲雖甚亢旱取之不竭用之不盡幾疑造物之無盡藏焉永康公於建宅後不幾年連得源泉三處因仍舊名改其字曰三泉村此乃命名之由來特誌焉使後之人各得飲水知源之義焉爾同治八年歲次己巳仲秋之吉

羊山祖居記 韓潮文若撰 見羊山韓氏譜 第九區齊賢鄉

山陰爲越之北境而羊山又在山陰之北去郡城三十五里負海而立緜亙數里前後左右村落環聚其南爲沙田爲溧埭爲陳家坂其東爲柘林爲朱墅爲陡亹其西爲湖塽爲興浦爲楊家弄其北爲下方橋爲陶里而下方橋又爲羊山前後左右貿易之市予族居羊山之南名小山南其西居多陳姓烟火數百家名大山南其東居皆同姓以其在山之頭名山頭而北居皆馮姓陸姓孫姓山之得名石小似羊在下方橋章氏廚下（浙江通志山川志云羊石山在紹興府城西江北三十六里有石如羊故名）予聞諸故老云予祖浩一公自柘林徙居草創基業至八世慕椿公闢地治舍遂稱巨室依山面水左右兩橋前橫石塘西南兩瀁旋繞東北迴抱新河予聞五世祖仕能公與姪開河時得古塚碑文於萬安橋下云五百年前一老翁五百年後此河通吩咐白洋張巡檢輕輕移過小橋東予竊以隱士疑之惜其名之不傳也山之頭有古石佛寺佛高七八丈大數十圍穴石而成面目手足無不備具其像創於晉聞當時以一人任之舍後百餘步又有精舍數椽名伴石居予八世悟空公無子養老於此後有高僧挂錫且行事多出人意外一日雀三啄其頂依然兀坐久而圓寂相傳爲得道僧云噫越多名山茲山之於越不足數也而異人異事多所未聞豈非茲山之靈歟自海水爲災屢興石工而採鑿無餘殘山剩水碧澗深潭問所謂羊山者無存焉禹貢以山水誌州水之變動不可知而山之堅凝亦不可保耶予故爲記之以示予族後世子孫居他方而欲訪祖居者

孫端孫氏地望考 孫鈞泰（清道光時人）撰 第十區孫端鎮

我孫氏居堰之北海塘之南相傳爲上亭鄉靖志里按嘉泰會稽志鄉凡十有四上亭其一也在縣治東北二十二里管里三其一曰靖志統上許淳賢爲三也形家者言地脈自稱山來去里東二十餘里雄據海濱脈落平陽隨水西注約二十里有墩曰鎮地墩亦名繡衣墩高盈丈廣倍之儼然一小山由是折而西南行二三里而成居址在縣册七都三圖遠祖孫端嘗居於此地以人著遂名孫端其形如掌爲瀆三溜一區其地若五指然西有潭寬廣而深東南諸水之所匯也潭水西則自南而北東則自北而南春漲波平去來若織潭北地勢逆上其盡處曲而東顧里人呼之爲鳳凰頭里之南爲大坂湖周廣十餘里勢若朝宗南望諸山如拱如揖川原繚繞枕亙海而控賀湖（本名慶湖爲鑑湖東尾避漢安帝本生諱改賀氏水亦號賀家湖詳謝承先賢傳俗呼賀家池）洵幽居之勝地也跨潭爲橋曰見龍建自國朝詳郡志（孫斷大橋在吳融孫斷之中張賢臣捐百金造之見縣志世傳張賢臣余貴村人按孫斷即孫端也）橋之東北不及半里宗祠在焉祠右一橋鎖去水曰元度廟橋按晉丞相許元度捨山陰宅爲祇園即今大能仁寺是也意必德及茲土因於橋近處立廟後人遂以名橋張岱過元度祠詩有解下紫貂猶脫蜺擕來明月是分身之句岱生明之季年則廟毀於國初可知里之北爲福慶寺或云實即許元度公廟也廟圮址廢因改建寺按嘉泰會稽志福慶寺在縣東南七十里爲晉將軍何充故宅世傳充嘗設大會有僧形容甚醜齋畢擲鉢騰空而去且曰此當爲寺號靈嘉充遂捨爲靈嘉寺寺有千閭鐘大中祥符六年改今額唐寶祚作千閭鐘歌送靈徹上人歸越序引越中記故云靈嘉寺今福慶寺也寺額爲祁雪瓢所書其果由許公祠廢址改建抑由何充所捨不得而知考充曾爲會稽內史固應築宅於茲第去縣治非七十里以道里計之似又不符也吾宗自有明天順成化間卜居於此迄今三百數十年室宇相望族大丁繁風俗純樸人文蔚起雖山水佳麗其蜿蜒磅薄之氣必有以鍾於人然非祖宗積善相承佑啓厥後亦曷克臻此易曰地勢坤君子以厚德載物凡我後昆毋棄德恃地而以培元植本爲心則蒸蒸日盛豈有艾歟（按郡志靖志里作靜志里）

送駕漊正名記

陳曰淀津門采訪　　第十區姚江西鄉

送駕漊屬姚江西鄉相傳爲南宋全后停鸞處全后公主尙駙馬殷某殷家姚家埭西北其東南有橋后常幸主家歸於此橋驗視車駕主送駕至三都一圖塘北漊因以得名漊有二廟曰上廟下廟均有神籤下廟之籤則刻送駕漊上廟則刻宋家漊因其地有富室宋氏遂訛爲宋家漊官文書中亦相沿呼之近有住民陳津門詳述原委呈縣更正已由縣令各屬照改矣

吳融村名考

馬驤（清道光時人）撰見吳融馬氏譜　　第十區吳融鄉

吾族所居村名吳融不知所自始故老相傳謂此地多芙蓉本名芙蓉村蓉融同音芙與吳又音類故以訛傳訛云及考名勝志山陰吳融村即吳融宅村人立祠祀之今遍訪山陰縣境並無村名吳融者又考會稽縣志見龍庵在縣北三十里係吳融村土穀祠註云吳融係唐名臣贅居

於此有賢德卽以名村與名勝志所稱在山陰者又異按山陰縣本隸會稽郡唐時雖已有會稽縣名而去古未遠人或第知有古郡而不知有新縣故以會稽爲山陰歟且今之山陰雖無此村名而唐時會稽山陰二縣究不知以何地爲界或今在會稽境內者昔時在山陰境內歟至縣志所載居此之說必非無據所謂見龍庵者卽吾族之社廟有舊碑可稽確無疑義名勝志所云村人立廟祀之者迄今雖無遺址而村之西北有吳家瀆地穹如相傳爲學士第基益足爲吳公居此之證是吾村之爲吳融而非芙蓉也審矣考唐書公字子華工詞華龍紀初及第累遷侍御史以翰林學士拜中書舍人昭宗反正融最先至帝有指授纍十餘稿融跪作詔語當意詳帝咨賞良厚鳳陽刦遷客閿鄉召還授翰林遷承旨卒蓋不獨以文詞顯其忠節有過人者村以公名爲居之者之幸第昔賢名諱日在人齒頰間究有未安能如謝公墩鄭公鄉之例名爲吳公村則善矣村中旣無公祠擬合同志祀之社廟兩廡以存古跡且誌遺愛焉

附吳公祠碑記

公吳姓諱融字子華文學德行卓著唐代吾鄉爲桑梓地僻近海濱民不知禮公勸耕讀興孝弟遐邇化之俗皆成仁里也登龍紀進士歷任翰林學士中書舍人除戶部侍郎遷翰林承旨昭宗反正羣臣稱賀公跪成十詔上大嘉納天祐元年扈蹕幸長安卒於官後人思之遂以公諱名其村有吳家瀆（今呼爲湖）瀆底者其聚族處也宋淳熙辛丑朱文公熹提舉浙東慕公之賢建牌坊於鄉曰唐吳子華故里惜毀於祝融士人尚呼其地曰牌下夫公之德行久爲先賢所品題況遺愛茲土敢湮沒而不傳乎故乙酉秋購牌下片地建廟立像俾鄉人瞻仰數年來靈爽式憑應若影響族人士咸齋金集會爲歲祀計乃重立石碑以續文公遺跡云光緒戊子慶珊鍾子英敬識

馬叔卿採訪

嘯唫調查記 阮翰齋仝子善昌採訪

第十區嘯唫鎭

（嘯唫市）（前街後街鴛鴦街）距城東北三十餘里宋前爲賀家湖之北端一角嗣逐墾田野迨宋季時有阮孟閔程魏林六姓避元兵亂相挈自城移居於此內阮叔繩傷宋社旣屋不願仕進結構望江亭（今之嘯唫小學校址）日與賓朋讌樂嘯傲吟咏其間過其地者嘗聞吟嘯之聲是卽嘯吟命名之由後里人循俗呼爲嘯唫（唫吟古寫）故阮氏爲本地大族蔚成今日人口稠密土地肥沃之市鎭矣東接道墟南接陶堰西連合浦六社西南臨賀家湖北濱曹娥江扼至瀝海鄉及上虞屬崧厦各處要道元明以來北面濱江沙塗日漲墾爲膏地萬餘畝市廛因之日興不料民元後沙地日漸坍甃市面與之俱衰商店約四十餘家近年農村衰落商業凋敝每年交易約不過十萬左右光緒以前以煎鹽及年糕馳名現祇以老南瓜濕腐皮霉千張蜂蜜出品尚優尤以老南瓜最著稱此外不過艸包繂鱅而已

偁浦地望 見偁浦王氏譜

第十區合浦鄉

王氏所居海濱衝要之地自鑑湖侵廢爲田而支流汊港縈繞連絡大者爲湖小者爲浦近海之浦有四（有金塹浦爲定海慈溪相界之地北連大海西連伏龍山松浦在古窰東堰浦在古窰西）其一則北對浙西石墩曰蟶浦又名蟶江俗蓋云多蟶焉先時與海通若突腹裏後築塘隔海遂淤積成田而爲人居第防海之塘自昔以來未免世多潮患至我朝乾隆四年四川曾公（名省四川潼川人舉孝廉）來令茲邑閔是塘危險詳請領帑東起魚池頭西至萬勝庵外築石隄以護土塘儼若石城既完且固由是潮患以息奠厥攸居皆邑侯曾公力也其地距蠡城南四十里抱江負海自昔稱爲袁孝鄉（以袁孝子得名不知何時人失其名）通德里而形家者言地脈自𠌫山來山去里東十餘里雄據海濱脈落平陽隨水西注而後亙爲三區形如鼎足其信然乎我王氏聚族於茲支庶繁碩偏于江滸乃分區爲庄而成居址自南以上爲蟶南庄有大浦直而長周袤十許里以橋鎖其浦口因大浦得名曰台浦橋接鏡湖之來水控賀池爲外援浦之西岸有墩曰綿綣墩（俗名眠犬墩）祖塋永藏于此雲礽千指歲時展拜影纓垂組者前後數十輩此前明地師目講僧之所穆卜也浦之東爲蟶東莊折而北曰放生池廣而深環亙瀦堰底其堰抵海僅隔一塘備設煙墩爲蟶浦口次卽古所謂清河渡也由堰轉南大廟峙其西岸曰天后宮殿宇華敞神像以旃檀香刻相傳明初洪武間浮黿來海濱里人祀爲土穀神管社十三殿外兩廡繪圖歷顯聖蹟皆爲當時工書手筆今已塋毁良可惜也廟後卽秀峯書塾爲族士讀書講學之所塾中荷沼與放生池通有湖山聳翠蓮湧金波諸額皆名筆焉其間竹坪花塢鐘韻潮聲咸佐勝于塾中沼上鋪石徑以達奎辟樓上供奎宿樓後建三層閣遙凌霄漢曰文昌閣吾族學校振興科名接踵大係文明之運不僅爲登臨滴觀之助已也閣下卽祇林禪院爲本境之功德林至于廟前左有鐘樓右有張仙閣閣下乃龎公祠（公號惺齋明嘉靖間巡撫浙江監察御史曾施德澤於吾里者）直南轉西不及半里宗祠在焉南望諸山如拱如揖前臨大浦迺繞迺縈祠中雙桂扶蘇三秋競放合浦幽香宗人護花作供莫敢攀折也祠以西爲蟶西莊直西一帶曰盧溪跨溪木橋曰盧溪橋蓋先有盧姓者居此厥後世更人易而名從之自木橋西數百步爲里中後市復數十步有橋攬其去水曰廣居橋橋之北貼塘一庵卽萬勝庵蓋地勢形便相而宅之宜亦樂幽勝者之所居也浦水出廣居橋直西而去經宋家漊匯入三江爲吾越尾閭自有明湯公建應宿閘於江口旱則蓄儲溉田潦則放逐洩海保釐奠安無水潦之患者豈特吾里蒙庥也哉吾宗自宋末避元亂卜居於此迄今數百餘年閭閻相望族大丁繁風俗淳龎人文蔚起雖秀凝山海其蜿蜒磅礴之氣必有以鍾於人然非祖宗積善相承佑啓厥後亦曷克臻此易曰地勢坤君子以厚德載物凡我後昆毋棄德恃地而以培元植本爲心則蒸蒸日盛豈有艾歟

陶堰考

陶望齡撰見陶堰陶氏譜　　第十區陶堰鄉

陶氏所居鑑湖洲渾地漢永和間太守馬臻始築湖防水灌田防首尾二江袤百三十里爲堰二十有五名陶者二湖水西南穴城入樹堤遮之曰西陶家堰東去城四十里居茅洋瓜山間之間曰東陶家堰堰之先其有陶姓者聚族於是乎姓先於湖與世更人易而名從之皆不可知然其爲漢唐著姓支庶繁碩偏於州之東西湖之涯瀠可逆而睹也東堰至今別有陶氏居堰北稱堰下陶而吾祖宗陽公以勝國時來居堰南渚

閒蓋曩者蔆荇所都帆檣所馳至宋中葉防壞湖落而後洲渚出焉稍耕爲汙萊室爲瓜牛蕩譎葑茀千有餘歲而後復爲人居其風氣宜有鬱而將發者矣而形家者言地脈從箬簣山伏行水中若龜魚浮沉藕斷絲續行三十里而後亙爲五洲縱四横一縱若瓣横若蒂如夫渠華云其信然乎後枕廣野負賀池而帶巨海左爲越嶺諸山若列扆然一峯嶜然出於震曰稷其南則湖水之所匯也衆山之所揖也諸山勢飛舞遇若止立白堵之浸最廣至是廹束若壺罌之頸然宜亦樂幽勝者之所居也相傳宗陽公之始來也葢相而宅之然地陿隘所居徒數百畝無以畜衆而象形爲浮木乘木大川所任鍾石耳易曰地勢坤君子以厚德載物吾之先葢世有淳固故子孫藉之厥指巨千影纓垂組者前後數十輩命氏以來庶幾稱盛其祖考之厚德與秉德恃地其誰能載之哉先是新安程子鉞來爲杭州府推官行部至越言其先世善言地理賈於會稽還謂其孥曰吾買地某所法當富貴將徙而家焉其室人難之乃止其名形此地也然程亦世顯於徽抑其澤固能昌後無煩於去就乎將地之居人亦有緣會爲之耶

元藻曰余聞宗陽公初來越中將卜吉以居先至蕭邑冠山下徘徊良久曰此地頗佳雖然姑置之遂泛舟而東入郡城出五雲門至箬簣山登高而望見洲渚忽斷忽續者不可勝計心異之緣洲行三十里許以抵於陶堰欣然曰得之矣乃誅茅穿徑隱居其中然則堰之地脈權輿於箬簣也明甚箬簣多骨石工鑿取由來舊矣至前明中葉族有長老忽夢列祖詔之曰山頂龍池庵有池池中有石此陶堰陽基發祖處住持僧嫌其礙碍將剗而平之於吾家大不利宜亟止之翼日長老語族人族人亦各以夢告夢相符遂奔詣僧僧曰然吾誠有此意然居士何由知之咸告以故并捐金於僧戒世世無相妨也犯斯禁者必舉族共擊之事乃寢今山之石用日廣伐石於山者亦倍多於昔揆諸銅山西崩洛鐘東應之理能無杞憂然人傑地靈賢哲挺生有非岡巒剝蝕所能損其休徵挫其豐碩光昌之氣者則維持補救以無負我祖卜居肇造之心是有望於有德者之奮興其地也已

馬鞍村雜詠并序

清 沈少鳳 撰

第九區馬鞍西北鄉馬鞍東南鄉

余家在馬鞍村村口有山其形如馬秦始皇時望氣者云南海有五色氣遂發卒千人鑿斷山之岡阜形如馬鞍附山居民遂以名村至今山頂鑿痕俱在其鑿下殘石後人壘成石窟大者可藏十餘人小者亦容六七人以避風潮之患父老相傳謂之救難洞今山北大悲菴左右遺跡尚存或云是山本名民安山至唐天寶七年因追諱太宗御名改爲人安山今考之郡縣各志僅稱天寶間改爲人安山均無避諱更名之說宋元時戎馬倥傯海盜充斥更若颶潮衝突水旱頻仍是以居民寥落素號荒村迨前明嘉靖間湯太守特建大閘水有所歸清朝康熙時俞郡伯改築石塘潮不能進遂變滄海爲桑田利漁鹽而安耕鑿此後居民漸夥屋舍增新竹樹紛栽湖山日秀百餘十年竟成樂土其南自太平橋東南自夾篷閘至亭山第一橋入口向北轉東一水迤邐至湯灣十餘里共十九橋山環水抱花樹繽紛廛閈稠疊鷄犬相聞登高一覽宛若桃源且東南有駝峯山層巒秀列爲郡治後障北捍海門烟雲縹緲遠望若海上三山昔人稱爲小蓬萊今志乘內載蓬萊山山之左右有安嶺蒙搥覆

釜仙人諸山東西拱立南挹稽山之秀麗北瞰大海之蒼茫崖谷幽邃雲鶴斐亹樵唱書聲鳥啼花落晦明風雨無不宜人山之北又多精舍竹屋松欅各極清雅游屐吟筇往來不絕昔王墨池倘曾讀書最高之蘭若厥後前輩各詩人及近日諸名士無不隨時登覽歌嘯流連嘗讀昔人舊作有將村名橋名隨意成詩者覈其相題名景物類互異總因素無定名率逞私臆亦有故爲藻飾謬涉子虛以訛襲訛流傳既久莫可探求噫天生名勝幾泯滅矣予生長是鄉一邱一壑皆總角嬉遊之地既知山水之佳奚忍聽其湮沒近幸息老里門閒無箇事因邀諸同人於十餘里內冥搜縷訪得實有以遊賞之地十處可見先人紛紛題詠不盡也昔左太沖云升高能賦者頌其所見也又云讚事者必本其實爰與諸友援古證今斥虛存實擬定十名幷擬俚句十首記錄於後又於各名下分綴小序俾後之題詠者不致涇渭淄澠之混而亦以免玉樹盧橘之虛

湖村春曉（湖邨即湖塘村在駝峯山之北翠巒圍繞綠水迴環竹樹千尋人家兩岸當三春日出時花鳥烟雲風光最麗）

仙鳥紅分旭日光湖村景色曉蒼蒼樓臺兩岸烟嵐碧花竹千家風露香獅口噴雲過別岫雞冠啼月下橫塘（駝峯山有雞冠石獅子岩與湖村相對獅子岩俗名獅子口）何須遠訪桃源洞春在安昌第一鄉（湖塘村一帶宋時爲安昌鄉）

獅巖旭日（獅子巖舊有浴日亭遺址凡孟冬之朔遠望日出初見紅白兩輪互相上下轉瞬紅輪躍上白輪漸隱此時但見金光浩渺橫無際涯洵稱一大奇觀）

底事嵎夷宅遠方獅巖東望即扶桑雙輪破浪天皆赤一鏡摩空海半黃波撼魚鱗金閃閃（乾隆廿一年興太守補築大池後一帶石塘四百丈名魚鱗塘）氣蒸鼇背火煌煌斯須江上青山頂萬國同瞻五色光（青山在獅巖東道墟村北）

駝峯遠眺（駝峯山博碩坡陀連峯聳翠越北諸山無出其右其最高處有平岡一帶名牛游岡東對稽山北瞰滄海登臨顧盼難書難書）

雙峯盤結翠微間吐納烟霞高莫攀樹底遠生滄海日雲邊低盡會稽山三江北注分仍合萬壑東流去不還何處潮聲起天末布帆無數出湯灣

亭山夕照（亭山在第一橋之側向西卓立碧波迴繞西對平疇數百頃當夕陽在山紅光瀲灩一望無垠）

鑑水分支結小亭（鑑湖內有亭山較此山高大）夕陽西照影熒熒疏烟紅樹高低坂畫槳烏篷遠近汀雲斂雙丁天馬紫（馬鞍山在亭山之北上有雙峯）風牽一髮海龜青（龜山跨海在白洋之西與亭山相對）遊人莫嘆黃昏近九曲漁歌正可聽

東樓晚鐘（第六橋靈秘寺本晉征虜將軍豫州刺史毛公住宅至梁大同十年改建此寺殿後有鎮東樓旁懸大鐘古翠斑斕音韻洪亮叩之聲聞十餘里）

鹿苑瓊樓倚夕曛蒲牢嘷吼徹榆枌月移湯伯祠邊過（湯太守祠在三江口外）風送俞公塘外聞（鞍村海塘皆俞太守築名俞公塘）號令十方皈帝釋聲靈千載拜將軍餘奇散入蓬萊岫喚起仙宮萬樹雲

錦屏納涼（錦屏菴在駝峯之北樓倚山石窗含碧海雲烟縹渺松竹葱蘢時逢三伏涼若九秋遠近詩人往往嘯詠棲遲以消溽暑）

錦列雲屏翠結樓花宮別自占清幽泉噴石罅晴疑雨洞轉風輪夏若秋（石罅泉風洞俱在錦屏之上）蓬社新詩題彩扇（錦屏之東即自在居再入禪師曾結蓬萊詩社）竹林佳釀滿冰甌北窗已得羲皇樂肯接鼇敖汗漫（遊佛樓窗皆向北）

佛潭秋月（第十二橋尚社廟之西羣山迢遞曲水灣環迤西最深處名拜佛潭波清岸闊四面芳疇每逢秋月當空水天一色幽趣無窮）

團團秋月麗晴霄拜佛潭清烟霧消四面水天人在鏡滿船風露客吹簫綠陰香火蓬萊寺（蓬萊山在佛潭之南）紅樹漁燈尚社橋（第十二橋在佛潭之東本名會龍橋俗呼尚社橋）不用平湖誇勝賞（平湖秋景爲西湖十景之一）山村也自有良宵

南塘觀潮（南塘在第十五橋之北北捍大海東接三江口每年八月十八日午後潮至直趣塘脚浮天捲地翻雪奔雷其勢整齊雄健較錢江秋汛尤爲可觀）

八月南塘海氣清秋潮遠向海門生聲飛兩浙天搥鼓浪壓三江雪滿城羅刹岸頭爭退避神仙島下任縱行洶洶不用彎弓射看到浮山勢自平（浮山與三江城相對潮至山麓而退）

鞍湖紅葉（馬鞍湖在鞍山西麓俗名木枝湖周圍八里許流波百折掩映羣峯曲岸彎環多栽烏桕秋霜初白樹葉盡紅遠近望之爛若雲錦）

馬鞍山下馬鞍湖湖曲山環風景殊百折清波秋瀲灔千章紅樹影縈紆仙人醉臥流霞室（仙人山在鞍湖之北）美女寒吟織錦圖（美女山即亭山在鞍湖之南）落日第三橋上望（甲登橋爲安村第三橋在鞍湖之西）水天一色鬭珊瑚

鞍嶺霽雪（馬鞍山四面凌空峭岩壁立雪後初霽朗若玉山其西北一路平疇連海海水連天一望浩然無際與他山積雪光景不同）

誰策公孫白馬來迎風卓立勢崔嵬寒呑牛背半天浪（海北有牛山與鞍山相對）香嚼駝峯千樹梅夜月淡含銀膀冷夕陽紅對玉花開高吟安得歐蘇筆手不持兵戰一回

馬鞍村春日竹枝詞　錄八首之三

事業

田乾養麥宜春雨潮退拖泥趁晚晴日落獅巖松竹靜滿山明月讀書聲（村人讀書之外皆種田刮沙爲業刮沙俗名拖泥）

油旛船

龍華相約會蓬萊細布長旛手自裁蘇式春衫元寶髻一船船進寺橋來（婦女斂油以助神前之燈又用布懸於神前謂之掛油舊又名做龍華會每年春間畫船唧尾皆從靈秘寺前迎佛橋進口往駝峯各菴懸拜　迎佛橋俗名寺橋宋咸淳二年建）

遊女

扶姑喚嫂走蹁蹮行路還推老者先遊過錦屏羅漢殿玄壇廟裏問流年（錦屏有五百羅漢殿四面觀音樓鞍山南麓有玄壇殿籤極靈士女求禱絡繹不絕

村居四時雜詠 錄二十二首之四

追涼特地到僧家竹翠松陰面面遮六十畝泉寒似雪（六十畝泉在錦屏菴之下一潭如鏡味甲諸泉汲之不窮旱年不涸曲流而下可以灌田六十畝故名）風爐香試本山茶（駝峯山頂產有雲霧茶色味俱佳惜不多得僅敷山僧供佛而已）

料得秋來鹵價昂灌耘暫暇刮淋忙沙堆處處如高屋三伏先飛九月霜

蘆荻風清暑暫消海田無事共逍遙淡烟紅樹湖西岸爲買鱸魚過板橋（湖西岸在仙人橋之北秋日多鱸魚）

佛潭秋水浴嬋娟一碧寒光四面天簇簇菱花風拂拂細香吹上釣魚船（拜佛潭多種青菱漁者日夜不絕）

楓柏斕斑杞菊妍重陽景物可人憐高歌暢飲羣仙會多在蓬萊第六天（第六天即他化菴昔詩僧再人每逢九日置酒招客）

村名詞 幷序

舊傳馬鞍十三村亦有說十八村者蓋指聚族大村而言若於十餘里內大小統計共有四十七村今增夾篷閘太平橋兩路入口處起直至湯灣止將各村名次集成俚句共得十二首

馬鞍風俗最淳良耕讀家家各守常十里湖山如畫就好將村景付詞章

蓬萊閘近傳家莊（夾蓬閘莊裏傳）曲水湖頭訪沈郎（湖頭沈）上下山村山幾許（上許下許）亭山卓立大山旁（大山下亭山下）

周門積善自凝祥（台門周祥凝瀼）細石階前野草芳（細石階頭）最愛木枝湖裏景（湖裏頭即馬鞍湖）人家半在水中央

巷口春風鶯燕忙（巷口）仙人架鏡巧梳妝（錦架瀼在仙人山之南）畫船搖過湖西岸（湖西岸）迎佛橋頭去進香（寺橋頭）

傳家港口陸家長（傳家港陸家港）楊柳千株映夕陽（楊千瀼）夾岸桃花浜幾曲（夾浜）小橋流水泛春舫（小橋頭）

山居各有舊門牆一埭中分章與楊（楊家埭章家埭）東望直湖新漲綠（直湖頭）香風兩岸菜花黃

陳胡千宅喜同坊東里西鄰共守望（西陳東湖）爲訪旗杆舊蹤跡（旗杆下）西塘日落海風狂（西塘下）

南周譜與西周別（南周坂西周）中隔蘇墩水一方（石蘇墩）看到圓橋山更好（圓鶴橋）駝峯環繞錦迴廊

童童寶塔昔煇煌（童家塔）陳跡凄迷草滿莊（陳莊）花落園前春已老（園前）高田幾處插新秧（高田）

橫塘佇立望湖塘（湖塘墩橫塘頭）山下風來嶨下涼（山下鄭嶨下傅）八詠樓高秋坂閣（坂裏沈）榮陽舊埭倘繁昌（潘家埭）水曲山彎烟樹蒼（山彎裏）畦丁築堰衛田桑（丁家堰）而今姚埠安恬久（姚家埠）何用新城設海防（新城）南塘到處頌神湯（南塘頭）蘭若灣深恩莫忘（湯灣蘭若灣俗名爛船灣）增此桃源仙路隔海天雲水兩茫茫（鞍村水路至湯灣沙湖壖而止東隔巡司嶺嶺之東即三江海口矣）

𠑊亹十景詩 陡亹吳慶莪釆之甫撰

雞籠朝暾

泱泱東海浙江潮朝旭曈曈萬丈高望嶽未曾登日觀（余客山東惜未登嶽）臨風直欲奏雲璈一輪出海騎鯨立八翼生天逐鳳翱地近蓬萊水清淺（駝峯一名蓬萊山）此山下定有靈鼇

牛岡夕照

牛羊日夕下平岡暮色淒迷弔北邙虹飲江心收宿靄鷹磨雲背露斜陽（幼時牛山日暮有飛鷹千百成羣盤繞山頂今已稀矣云有靈石被人取去）三家綠盡前村樹（山麓有三家村）一角紅添古寺牆我是風塵倦遊客卜居猶得白雲鄉

古閘秋濤

古閘中流一柱尊魚龍鼓舞馬飛奔（老閘劇臺後有額題曰魚龍鼓舞）三江鎖鑰憑天險萬派朝宗繞禹門（陡亹一名禹門鄉）岸闊潮來天有色梁空水落石無痕（應宿閘築而玉山閘廢矣）山川形勢今更變籌海防邊已撤屯（三江瀝海兩城均圮）

月彎殘雪

一彎新月照疏欞殘雪未消酒未醒壓竹風來驚碎玉探梅人去帶餘馨街頭深印新泥屐殿角微鳴夜雨鈴粉琢銀粧煙市裏兩峯相向作圍屏（月彎在金玉兩峯之間）

官渡人聲

襜帷久未駐旌旗（設渡處爲古接官亭鼎革後歇寂無聞矣）寂寂郵亭古渡頭隔岸人聲紅日晚臨江樹影碧雲秋中流擊楫喧春鴨夜泊停篙對水鷗普濟慈航吾有願熙熙爭爲利名謀（清高宗渡江時對臣下語）

西山樵唱

一客荷樵愧不如杖頭買醉有錢餘枕流令我懷巢父負擔何人讀漢書日入有歌同擊壤雲深無語獨攜鋤偶然市酒歸來晚稚子候門母倚閭

花浦漁歌

日坐孤篷作釣翁不愁時難不愁窮欸聲款乃柔如篴橋影團圞滿似弓（花浦橋孔圓形影落江心如弓如月）一曲流波鷗鳥白半江風信鯉魚紅收竿飽飯黃昏後醉臥船頭唱晚風

玉峯夜月

山光明媚月廉纖山月同形似玉蟾（山名玉蟾）竹隱菴寒霜信緊（上有竹隱菴）水晶宮冷露華嚴嫦娥倦倚闌干尺素女粧開鏡一奩我欲乘風歸碧海昨宵消息又重添

寶積晚鐘

七寶金身積珞瓔梵音高出上方清兩山幽夢驚胡蝶百八雄聲起大鯨人靜羣僧都入定夜深萬籟不爭鳴依稀舊日寒山寺有客停船話別程

芳洲春草

笙歌盛事已全休（舊事三月初五六日龍舟競渡繞洲必三今無聞矣）芳草萋萋色更幽鸂鶒何曾翻漢水關睢今尙在河洲（新婚夫婦入廟酧神舟每經此）蓬飄一葉浮天際（洲土名曰圖四面環水）漏轉雙環繞地球最是江心春雨後平蕪眺盡暮雲收

雜記

本會初旨冀各鄉村一切狀況皆有詳確之記述然其結果所得寥寥因之片詞隻句亦覺可貴故悉記之其他門類亦本斯旨

曲屯　在第一區繩港鄉宋潘居喬遷官萬戶府屯義兵於此

陳江　在第一區繩港鄉李越漫先生所著西郭李氏譜略作澄港

則水牌　在第一區會龍鄉縣北昌安門外十五里初名巫山鄉賞泗里自清郡守戴琥樹則水牌於此遂稱今名牌在跨龍橋上　巫山在則水牌之東水心庵東南丈餘水底水淺則見在兩縣未併前分隸兩縣屬會稽者曰向北莊朱尉鄉屬山陰者曰會龍鄉之二都五圖及一都六圖以河爲界在田中者以石路爲界　太平軍以前僅小市集後漸繁盛今有大小商店四十餘家以魚米酒醬南北雜貨爲大宗每年交易約十二三萬漁人所用魚網出是地　童谷幹采訪（下簡稱童訪）

松林　在第一區會龍鄉按嵩臨朱氏家譜朱嵩臨居此故名今訛松林距昌安門五里造船製篷者多在此

鳳林鄉　在第一區世傳禹受圖籙時鳳凰依於林木見華鎭考古

臯埠市　在第二區相傳前本無市與樊江合現之市屋前皆民居又佔官河市廛益增有商店一百二十餘家魚米產量較多　童訪

樊江市　在第二區出五雲都泗二十五里單日爲市有商店三十七家出產以米麥魚蝦爲大宗松子糕是其著名食品　童訪

東關街　在第三區距城七十里有新街鵝行街雞行街大街米市街諸稱商店三百家據營業稅局調查營業總額約二百萬其農產品爲荳麥玉蜀黍　米市街之北舊有街衢自五昌廟前進士台門起西迄戴家街止自米市街興而舊街廢今遺址尚可辨　東關鎮公所采訪

裏湖兜　在第三區東關鎮據東關任氏譜稱黎湖兜

湯浦鎮　在第四區距城八十里有商店一百零七家營業分類三十三種有過塘行有罐頭筍廠二十四年營業稅徵十七萬七千六百五十元又米營業稅二十餘萬元其出品以茶繭筍竹木爲最盛　吳魯卿采訪

車頭　在第五區舜水鄉距城六十五里起於宋紹興年間有茶棧一商店十八每歲營業約八萬元出品以茶筍爲大宗　余竺莊采訪

南池街　在第六區朱華南鄉距南門十五里有店百餘家出品爲草紙竹木柴薪　童訪

犁塘街　在第八區六合鄉距城三十五里上通諸暨店口商店二十餘家其交易以竹木爲大宗筍次之　童訪

壽勝埠街　在第八區六合鄉距城三十里地接犁塘先有當光緒間遭刼而停

錢清街　在第八區距西郭五十里其街南屬紹興北屬蕭山有醬園一家其餘商店多數在蕭山界内

賓舍　在第八區九曲鄉距城四十三里商店十餘家每歲交易可三萬元出品爲魚菜米　九曲鄉鄉公所采訪

楊汛橋　在第八區新安鄉距城六十五里商店四五十家每年營業數約十萬此地營業全賴錫箔箔業既衰市遂彫敝　周經夫採訪

江橋街　在第八區延壽鄉距城八十三里商店五十餘家出品以米爲大宗

大橋二橋　在第九區華舍鎮距城四十里其地同治初始振興商業以絲綢爲大宗盛時有綢莊三十餘家絲寓七十餘家商店一百三十餘家每歲交易綢可念萬疋絲行交易近百萬　趙竹泉採訪

孫端市　在第十區距城三十里清同治初始興有商店二百餘家交易歲可八萬元以雙日爲市日出品爲魚蝦米麥酒布　蔣和湘採訪

姚家埭市　在第十區姚江西鄉商店約四十家交易歲可十餘萬元無市日出品有海蝦等海貨　鮑蔭餘采訪